教育部人文社会科学研究规划基金项目"苏联思想政治教育的得失及其启示——从马克思主义哲学教育层面考察"（批准号：12YJA710062）资助

# 苏联马克思主义哲学教育研究

孙自胜 著

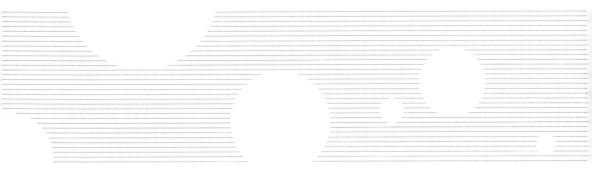

中国社会科学出版社

图书在版编目(CIP)数据

苏联马克思主义哲学教育研究/孙自胜著.—北京:中国社会科学出版社,
2015.12
ISBN 978 - 7 - 5161 - 7225 - 4

Ⅰ.①苏…　Ⅱ.①孙…　Ⅲ.①思想政治教育—研究—苏联
Ⅳ.①D751.24

中国版本图书馆 CIP 数据核字(2015)第 291106 号

出 版 人　赵剑英
责任编辑　田　文
特约编辑　陈　琳
责任校对　张爱华
责任印制　王　超

出　　　版　中国社会科学出版社
社　　　址　北京鼓楼西大街甲 158 号
邮　　　编　100720
网　　　址　http://www.csspw.cn
发 行 部　010 - 84083685
门 市 部　010 - 84029450
经　　　销　新华书店及其他书店

印　　　刷　北京明恒达印务有限公司
装　　　订　廊坊市广阳区广增装订厂
版　　　次　2015 年 12 月第 1 版
印　　　次　2015 年 12 月第 1 次印刷

开　　　本　710×1000　1/16
印　　　张　13
插　　　页　2
字　　　数　220 千字
定　　　价　48.00 元

# 序

由于地缘和历史原因，我国和苏联之间具有特别重要的关联。这种关联不仅影响了我国社会的发展历史，而且对我国的未来发展仍将具有重要影响。因此，从马克思主义哲学教育层面深入系统地研究苏联思想政治教育及其得失启示，对我国思想政治教育的现实发展无疑具有特殊意义。

孙自胜的《苏联马克思主义哲学教育研究》一书，是在他的博士论文《苏联马克思主义哲学教育及其得失启示》基础上形成的。本书对苏联马克思主义哲学普及教育研究，由于在系统探索基础上涉及其得失，并得到对我国思想政治教育发展的启示，具有较大的学理价值和现实意义。书中对苏联马克思主义哲学教育的发展轨迹、基本特征、得失和对我国马克思主义哲学教育乃至思想政治教育启示的研究，角度较新，分析较为透彻，属于现实和历史意义兼具的研究成果。

在"冷战"时期，两种不同社会制度的国家之间意识形态斗争空前加剧。在很长时期内，资本主义国家和社会主义国家的意识形态斗争甚至凌驾于国家利益之上。为了巩固社会主义制度、应对西方资本主义的挑战，社会主义国家在反对资产阶级意识形态前提下，着力建立和巩固无产阶级意识形态。

作为第一个建立起社会主义制度的国家，苏联除了在政治经济领域与资本主义国家竞争之外，在思想文化领域，以思想政治教育为主要手段，通过加强马克思主义、爱国主义、集体主义和共产主义教育，着力巩固和完善无产阶级的意识形态。随后建立起来的各社会主义国家承袭了苏联的做法，在整个社会主义阵营，形成了以马克思主义理论为指导思想的社会主义思想政治理论教育形式。

在思想政治教育实践中，各社会主义国家取得了一定的成功，但由于实际经验的欠缺和盲目模仿苏联的做法，导致脱离本国实际，由此亦产生诸多弊端。苏联思想政治教育主要用固化的理论，采取强制"灌输"的方法，向广大人民群众传播马克思主义理论和社会主义思想，苏共遵照列宁对马克思主义理论三个方面内容的划分，分别开展了马克思主义哲学教育、政治经济学教育和科学社会主义教育以及党史和革命史教育等，形成了独特的共产主义教育体系。这一教育体系，成为各国共产党长期开展思想政治教育的范本。

今天，苏联已经解体，无论在苏联发展还是解体过程中，无疑都有思想政治教育方面的经验和教训。苏联这段思想政治教育历史，仍然是我们开展思想政治教育研究的重要内容。本书从苏联马克思主义哲学教育层面展开，对苏联思想政治教育进行系统探讨，抓住了苏联思想政治教育的关键。通观全书，主要有以下几个特点。

一是选题恰当，视角适切。社会主义意识形态领域建设的主阵地是思想政治教育，思想政治教育的重点应着眼于马克思主义哲学教育。在思想政治教育中，会遇到一系列错综复杂的理论问题，这些问题的解决，都需要在马克思主义哲学中找到答案。可见，马克思主义哲学教育在思想政治教育中具有突出地位和作用。

苏联思想政治教育千头万绪，纷繁复杂，从各个层面都可以对其进行研究。本书从马克思主义哲学教育的角度展开，既抓住了苏联思想政治教育的基础和核心，也能由此窥见苏联思想政治教育的概貌。

二是思路清晰，定位准确。自苏联解体以后，在世界范围内，苏联经济、政治和思想文化建设成为人们反思和批判的对象，更多人则选择了对苏联时期的有意识遗忘。而事实是，苏联时期波澜壮阔的社会主义探索史，包括马克思主义哲学及其教育实践在内的各个方面，对世界共产主义运动和社会主义国家的影响都是巨大的。面对这一复杂的历史过程，准确定位研究目标至关重要。本书不仅以苏联思想政治教育为广阔背景，抓住苏联马克思主义哲学教育这一主题，而且以清晰的思路达到了准确定位的目的：在得失上下功夫，在启示上做文章。

苏联马克思主义哲学教育较为复杂，但本书找准了问题，既不是正面研究包括专业教育在内的马克思主义哲学教育，也没有去探讨马克思主义哲学教育的苏联模式，而是把马克思主义哲学教育作为思想政治教育的重要内容研究，着重研究苏联思想政治教育的得失及其启示。明确了在苏联思想政治教育兴衰过程中，马克思主义哲学在苏联的发展不仅是思想政治教育成败的关键，而且是苏联解体的意识形态原因中的重要因素。

无论关于苏联结合自身实践发展马克思主义哲学教育，根据时代发展大力推进马克思主义发展，有效普及马克思主义哲学等方面的理论总结，还是关于模式化的苏联马克思主义哲学体系，把马克思主义哲学封闭起来，缺乏更新，导致教育的教条化；千篇一律的统一教育模式，窒息了哲学教育的多样化和灵活性；理论固化和实践发展脱节以及马克思主义哲学政治化甚至庸俗化等研究，对于不断深入推进马克思主义中国化，持续推进马克思主义时代化，广泛推进马克思主义大众化，都具有重要意义。

三是史论结合，有所创新。本书以苏联马克思主义哲学教育为中心，一方面通过大量的历史资料，给予苏联思想政治教育明确的分期，对苏联70多年的思想政治教育整体状况进行了概括性描述；另一方面并不局限于史料梳理，不仅分析了苏联哲学教育的基本特征，而且，通过独立思考，揭示了苏联哲学教育的历史贡献、失误和教训，达到以史鉴今，从苏联马克思主义哲学教育的得失中，获得对我国思想政治教育的诸多启示。

虽然由于语言限制，本书俄文原文文献掌握尚嫌不足，但作者对苏联马克思主义哲学的发展及其与思想政治教育的关系，苏联马克思主义哲学在思想政治教育中的地位、作用及其关系，都有较好把握。因而能够从马克思主义哲学教育的角度，扩展到苏联解体的意识形态原因的系统考察，并从马克思主义哲学扩大到马克思主义理论。

马克思主义哲学是思想政治教育的理论基础，苏联在这方面有很多的经验教训。对苏联马克思主义哲学教育基本特征及其得失启示的研究，对于我国思想政治教育的发展具有重要的现实针对性。本书文献梳理、提炼和评述客观，评价也较为中肯，内容充实、结构合理，无论对苏联马克思主义哲学教育的得失分析，还是由此所得到的对于我国思想政治教育发展的启示，对我国马克思主义理论教育的发展都有重要的理论意义和实践价值，值得我国当前高校思想政治教育教学借鉴。

2015 年 9 月于上海

# 目　　录

# 第一章

# 导　论

## 一　选题的目的

苏联解体已经二十余年，曾经显赫一时的苏联模式也早已风光不再，关于苏联经济、政治和思想文化以及教育的话题已经淡出很多人的视野。尽管如此，共产主义运动还在当今世界上曲折发展，世界领域的意识形态领域斗争日趋复杂。新时期中国的改革开放，就是摆脱苏联模式，走中国特色社会主义道路的探索。中苏两党意识形态建设的共通性，对我国意识形态建设具有长期而重要的影响。

在社会主义国家中，思想政治教育是无产阶级政党的政治理论优势与优良传统。马克思主义哲学教育是思想政治教育的前沿阵地，它是在马克思主义哲学研究的基础上，对马克思主义哲学的教学和理论宣传活动。[①]作为世界上第一个社会主义国家，苏联的思想政治教育具有自己的特色，在其他社会主义国家（包括我国）引起广泛的影响。其中，马克思主义哲学教育的影响是巨大的和深远的。新中国思想政治教育的体系几乎照搬了苏联的模式。今天，我们改革思想政治教育，一定程度上就是脱离苏联思想政治教育，走中国特色的思想政治教育之路。

本课题进行研究的主要目的在于两个方面：其一，从思想政治教育的视角，对苏联马克思主义哲学教育开展研究，梳理苏联马克思主义哲学教育发展的轨迹，揭示苏联马克思主义哲学教育的基本特征，进一步揭示苏联马克思主义哲学教育的得失。其二，在对苏联马克思主义哲学教育深入研究的基础上，对我国马克思主义哲学教育甚至思想政治教育的创新提供有意义的启示，促进我国马克思主义的中国化、时代化和大众化建设。

---

[①]　倪志安等：《马克思主义哲学教育方法论研究》，人民出版社 2006 年版，第 34 页。

## 二 研究的现状

### （一）国内研究现状

1. 对苏联哲学的研究。20 世纪 50 年代以前，我国对苏联哲学基本上是全面模仿，照抄照搬。60 年代以后，中苏两国关系逐渐疏远，对苏联哲学采取避而不谈的做法，具体研究上也基本没有起色。在"文化大革命"期间，对苏联哲学持否定态度，研究基本中断。仅仅留存下来的成果是，《哲学研究》编辑部收集出版了一批《苏联哲学资料选辑》，作为内部资料使用。粉碎"四人帮"以后，一些学者开始重新收集苏联哲学的资料，翻译了一些苏联哲学的论著，对苏联哲学的新动态、新现象、新问题也有所介绍。主要有贾泽林的《苏联哲学纪事》（1979 年），张念丰等编译的《德波林学派资料选编》（1981 年）等。1985 年，在广西南宁召开了全国第一次苏联哲学讨论会。1987 年，全国苏联东欧哲学研究会成立。到 80 年代末，"苏联哲学"已经成为一个独立的学科。

改革开放以来，研究工作有了新的进展，围绕苏联哲学形成和发展出版了一批哲学著作。主要有贾泽林的《苏联当代哲学（1945—1982）》（1986 年），重点介绍了第二次世界大战结束以后到 1982 年苏联哲学发展的概况，揭示苏联哲学在这段时期所经历的复杂而曲折的发展和变化过程。安启念的《苏联哲学 70 年》（1990 年），对过渡时期的哲学斗争、斯大林时代的苏联哲学、哲学发展不平坦的道路、哲学理论的发展和改革浪潮对哲学的冲击，分析了苏联哲学发展的曲折道路。《俄罗斯向何处去——苏联解体后的俄罗斯哲学》（2003 年），重点分析了苏联解体以前几年哲学讨论会的概况，对苏联哲学发展进行了历史反思、同时对俄罗斯发展道路开展的哲学思考，聚焦了苏联解体后俄罗斯哲学界争论的焦点问题。李尚德的《20 世纪马克思主义哲学在苏联》（2009 年），总结了苏联哲学的发展脉络和重要的理论成果。对苏联马克思主义哲学的整体发展状况进行了梳理，辨析了苏联哲学的来源、发展过程、主要特征等基本问题，分析了马克思主义哲学在俄罗斯的传播情况，以及十月革命以后马克思主义哲学作为苏联国家哲学的地位。同时，还对苏联马克思主义的社会哲学、经济哲学、科学哲学、语言哲学、人的哲学等部门哲学作了论证，展示了苏联马克思主义哲学的全面性。

当前，对苏联哲学研究资料的汇编也已经涉足。袁贵仁、杨耕主编的《当代学者视野中的马克思主义哲学》（2008 年），其中安启念主编的《俄罗斯学者卷》和衣俊卿、陈树林主编的《东欧苏联学者卷》，汇集了东欧、苏联和今日俄罗斯主要学者的马克思主义研究著作或论文摘选，反映了苏联哲学家们对马克思主义哲学的贡献。

上述对苏联哲学的介绍和研究从哲学专业的角度揭示了苏联哲学发展的历程，折射了苏联哲学及其宣传教育的成败，同时为思想理论界开展苏联哲学理论探讨和哲学教育研究提供了丰富资料。

2. 对苏联哲学教科书的研究。延安时期和新中国成立以后的整个 50 年代，我国基本上是全面模仿接纳苏联的哲学教育模式，模仿建立新哲学会，建立学哲学小组，成立马列学院（中央研究院），编辑马克思、恩格斯、列宁、斯大林著作的有关论述摘录。20 世纪 50 年代开始，翻译苏联哲学教科书作为我国高校公共理论课哲学教材，邀请苏联哲学教员来校讲课等。

20 世纪 60 年代，由于和苏联的分歧，我国开始自己编写教科书。1961 年，由艾思奇主编的我国第一部哲学教科书《辩证唯物主义 历史唯物主义》（人民出版社，1961 年）出版，在高校中一直沿用到"文化大革命"结束。整个教科书除了在具体事例上采用中国传统文化和实际发展情况外，基本上模仿的是苏联教科书体系。同时，也编印出版了一批哲学原理的参考资料，供教学使用。此后很长一段时间，我国出版的哲学教科书基本上就是按照这一体例修订的。1965 年，李达主编的《马克思主义哲学大纲》，由于特殊原因未能出版。

20 世纪 80 年代以后，思想理论教育界也对苏联哲学教科书进行了研究。主要涵盖对苏联哲学教科书形成发展的研究、存在弊端的研究、对思想政治教育的束缚研究等。苏联解体以后，我国哲学理论界曾经一度有全面否定苏联哲学教科书的情况。2004 年，黄楠森指出，奠定辩证唯物主义在马克思主义哲学中的核心地位是列宁最大的哲学贡献，对苏联哲学家的贡献也不能否认。苏联哲学体系是一个有问题但仍然不失为科学的体系。① 此后，哲学理论界对苏联哲学教学体系的研究渐趋客观。诸如，黎

---

① 黄楠森：《正确评价列宁和苏联哲学家的哲学贡献》，《西南师范大学学报》（人文社会科学版）2004 年第 3 期。

学军认为，苏联哲学教科书经历了从多到一、从一到多的过程，对统一思想、坚定信念起到了一定的作用。① 闫晓勇认为，苏联哲学教科书的教条化、简单化、僵化已经得到学界认可，重要的是从教科书的不足和缺陷中找到发展中国马克思主义哲学的道路。② 也有学者以苏联哲学教科书为主题作为博士论文③，对苏联哲学体系的来源、流变和功过进行了详细的阐述。近年来，马克思主义哲学教学体系的资料汇编也已经出版。由袁贵仁、杨耕主编的《马克思主义哲学教学体系：历史与现状》（上、中、下册，2011 年），对苏联、东欧和我国出版的主要哲学教科书进行剪辑汇编，条理分明地展现了社会主义国家马克思主义哲学教科书发展的基本状况，为进一步研究马克思主义哲学教学提供了比较详实的资料。

3. 对苏联思想政治教育的研究。从 20 世纪 80 年代以来，特别在苏联解体以后，思想理论界对苏联思想政治教育的研究才真正展开，相关的研究著作主要围绕苏联解体，分别从政治教育、思想教育、思想政治工作、党的建设、德育、哲学和意识形态等角度体现出来。高放的《苏联兴亡通鉴：六十年跟踪研究评析》（2011 年）对苏联社会主义的发展进行了六十年的跟踪研究指出，任何国家要实现社会主义，其政党必须要在马克思主义指导下，在思想上建党。布尔什维克党把马克思主义和苏联实际相结合，取得了革命的胜利，而自斯大林开始，违背马克思主义，实行党的专权，从而导致矛盾的集聚和爆发。邢广程的《苏联高层决策 70 年——从列宁到戈尔巴乔夫》（1998 年），分析了十月革命以后的思想文化战线的形势问题，以及苏共中央采取的对策。孟迎辉的《政治信仰与苏联巨变》（2005 年）分析了苏联在政治信仰教育上出现的巩固—扭曲—危机—崩溃的过程。曹长盛等《苏联演变进程中的意识形态研究》（2004 年），马龙闪的《苏联巨变的文化透视》（2005 年），分析了意识形态建设上的经验和教训，对苏联解体的影响。刘书林等编写的《斯大林评价的历史与现实》（2009 年），沈志华等编写的《苏联共产党九十三年》

---

① 黎学军：《前苏联哲学教科书的演进轨迹》，《社会科学辑刊》2008 年第 4 期。

② 闫晓勇：《论苏联哲学教科书的历史命运与现代启示》，《甘肃社会科学》2013 年第 6 期。

③ 参见 2007 年侯依成博士的《马克思哲学革命后的形而上学补写——苏联教科书哲学形成的历史和逻辑》，2008 年张旭博士的《真理还是权威——苏联教科书哲学探源》和 2011 年王兰博士的《普列汉诺夫与苏联哲学教科书体系》等。

（1993 年）等，对苏联意识形态和思想政治教育也有所涉及。

开展了对苏联大学生思想政治教育的专题研究。改革开放初期，教育理论界仅局限于对苏联高校思想政治教育开展情况的介绍。介绍了苏联加强大学生思想政治教育采取的具体措施，取得的正反两方面的经验教训，对我国思想政治教育的借鉴，介绍了苏联高校四门思想政治教育主干课程（苏共党史、马列主义哲学、政治经济学和科学共产主义）和思政课教师的培训情况。① 苏联解体以后，思想理论界的研究重点转向于对苏联思想政治教育得失的评价上。有学者认为，在改革中，苏共中央尽管强调大学生思想政治教育的重要性，但却用否定党对学校"阶级要求"的"合作教育学"代替马克思主义思想体系。也有学者指出，苏联高校的思想政治教育和品德教育，爱国主义、集体主义、社会主义教育等，为我们提供了很好的经验，但其同时存在着很多弊端。主要表现在教育内容脱离实际、缺少现实针对性；大学生在政治高压之下，出现人格分裂等，结果导致大学生厌弃思想政治理论学习，对社会主义前途迷茫，理想信念崩溃，甚至怀疑和敌视苏共和苏联的社会主义制度而向往西方自由主义生活方式。②

在苏联思想政治教育的比较研究方面，陈立思在《当代世界思想政治教育》（1999 年）中指出，苏联思想政治教育工作具有自己的特色，但在教育过程中也犯下了严重的错误。特别在戈尔巴乔夫时期，思想政治教育脱离了苏共和苏联国内的现实，从根本上背离了马列主义基本原理，造成人们思想的混乱。赵康太在《世界马克思主义理论教育比较研究》（2006 年）中，分析了苏联、东欧、越南、朝鲜、古巴等乃至西方民主党的马克思主义理论教育，展开综合性比较、分析和研究。范国瑞等编撰的《教育政策国际比较》（2009 年），也用一定篇幅分析了苏联思想政治教

---

① 主要有倪家泰的《苏联大学生的思想政治教育》，《外国教育资料》1982 年第 2 期；林毅、张才兰的《苏联大学生思想教育漫谈》，《苏联东欧问题》1984 年第 2 期；吴先报的《苏联高校的思想政治教育》，《高等工程教育研究》1985 年第 3 期；孟祥才的《近年来苏联高校思想政治教育工作的情况》，《煤炭高等教育》1986 年第 1 期；张玉婷的《苏联对我国高校思想政治教育的影响》，《高校教育管理》2011 年第 6 期，等等。

② 主要有张丹华的《苏俄意识形态教育的变迁与重建》，《当代青年研究》2011 年第 2 期；董士武的《苏联高校思想政治教育失策解读》，《中国教师》2008 年第 S1 期；黄永鹏等的《苏联大学生思想政治教育工作失败因缘考察》，《思想政治教育研究》2009 年第 3 期；王文东的《苏联道德教育的历史经验与教训》，《思想理论教育导刊》2010 年第 7 期，等等。

育的共性和个性，取得的成就和失败的教训。

### （二）俄罗斯学者对马克思主义理论教育的反思

自苏联解体以后，俄罗斯学者对苏联哲学及其教育进行了深入的反思。他们认为，苏联解体的一个重要的原因是苏联意识形态领域出了问题。苏联社会的文化核心和传统之所以受到破坏，是由于各种内外力量通过一定的手段、技巧及其苏联意识形态专家们所起的反作用造成的。[1] 雷日科夫也认为，在改革中，由于公开性和"意见多元化"，一批"60年代人"控制了宣传领域，他们不是用建设性的办法来医治社会，而是利用言论自由来攻击苏共，消灭这个社会。[2]

对苏联马克思主义的重新认识。苏联解体导致大批学者重新认识马克思主义，其中以伊奥泽尔曼的反思最具典型性。他认为，苏联人把科学理论的马克思主义作为意识形态来理解和解释，造成其成为孤立的学说。苏联马克思主义哲学并不是像斯大林时期吹捧的那样已经达到了顶峰，而是处于初创的不成熟阶段。而马克思等经典作家被公共理论课教师吹捧为拥有绝对真理的思想家，造成马克思主义教条化和庸俗化。[3] 谢苗诺夫则认为，斯大林式马克思主义是丧失了鲜活内容的适应极权专制需要的僵死的公式，但要想摆脱它也是一件困难的事情。更不可思议的是，在苏联解体以后，有目的的否定马克思主义和歪曲社会主义实践的学者中，竟然是以往最为著名的"马克思主义者"和"共产主义者"。[4]

苏联哲学对改革的影响。弗罗洛夫认为，苏联哲学对改革产生过重要影响。粗鄙的、斯大林式的马克思主义早已经被许多人所否定，现在宣传的是一般的人道主义哲学。正是戈尔巴乔夫接受了人道主义，并把它作为人道的民主的社会主义理论基础，形成了新思维。[5] 而斯焦宾则认为，科

---

① 参见［俄］谢·卡拉—穆尔扎《论意识操纵》（上、下），社会科学文献出版社2000年版。

② 参见［俄］雷日科夫《大国悲剧：苏联解体的前因后果》，新华出版社2010年版。

③ 参见［俄］奥伊则尔曼《马克思主义与乌托邦》，莫斯科，进步—传统出版社2003年版。

④ 参见俄罗斯科学院哲学研究所纪念马克思诞辰180周年学术研讨会论文集《卡尔·马克思与现代哲学》中《现实中的马克思主义及其一个半世纪发展历史的教训》一文，莫斯科，1999年。

⑤ 参见［俄］弗罗洛夫《人的前景》，中国社会科学出版社1989年版。

学理论和意识形态以及具体实践具有复杂的关系，苏联哲学只是马克思主义的一个流派，所以不应该把斯大林主义对人的压制和苏联解体归罪于马克思主义和马克思主义哲学。[1]

苏联解体以来，俄罗斯总体上对苏联意识形态的评价经历了从完全否定到比较理性的过程。在"重新评价斯大林"的风潮中，对斯大林的评价仍然毁誉参半。2004 年，俄罗斯重新出版了《联共（布）党史简明教程》，作为教科研参考书，可以见得俄罗斯人对苏联意识形态建设越来越正视，评价也越来越走向理性和开放。

### （三）西方学者对苏联意识形态的批判

西方右翼学者对苏联意识形态持极端的批判态度。为了解苏联，欧美学者在对苏联的研究中产生了"苏联学"，斯大林本人及其时代是他们关注和研究的重点。但由于这些学者的反共产主义本质，其评价也带有过多的主观性。20 世纪 40—50 年代，他们提出斯大林是政治、经济和意识形态上的"集权主义"。[2] 也有学者认为，由于苏联当局对民众传输的都是虚假意识，苏联的思想政治教育在总体上是失败的。在苏联，人们入党不是出于信念，而是成为获得权利、地位和特权的必由之路；大学生被灌输了党史、哲学和列宁著作，但并没有精通这方面的基本原理，民众对政治的漠不关心，最终导致了宣传系统的失灵，这是一种意识形态教育控制的恶果。[3]

西方马克思主义者对苏联意识形态也进行了总体性的批判。在 20 世纪 40 年代，霍克海默发表《极权主义国家》，接着波洛克发表《国家资本主义》论文，成为学界评判苏联意识形态的方向标。霍克海默侧重于意识形态的批判，对苏联极权主义国家的起源与意义进行了追溯，而波洛克则偏向于从经济体制上进行分析，把苏联和纳粹德国混为一谈，当作极权主义国家的两个典型来加以总体性批判。他们基本抹杀了苏联社会主义建设的成就，夸大了苏联政治的消极特征。

---

[1] 参见俄罗斯科学院哲学研究所纪念马克思诞辰 180 周年学术研讨会论文集《卡尔·马克思与现代哲学》中《马克思和现代文明发展趋向》一文，莫斯科，1999 年。

[2] 参见英国学者哈耶克的《通往奴役之路》，中国社会科学出版社 1997 年版；美国学者阿伦特的《极权主义的起源》，生活·读书·新知三联书店 2008 年版，等等。

[3] 参见美国学者赫德里克·史密斯的《俄国人》，上海人民出版社 1977 年版。

综上所述，国内外在对苏联马克思主义哲学及其教育以及思想政治教育的研究中各抒己见，立场尖锐，成果丰硕，为本项目的研究提供了丰富的资料。但从苏联马克思主义哲学教育层面入手，开展苏联思想政治教育的专门研究还鲜有见到。在开展思想政治教育中，苏联马克思主义哲学教育的发展轨迹是怎样的？苏联结合自身实践在发展马克思主义（哲学）方面有哪些经验和失误？苏联马克思主义哲学教育的得失对苏联思想政治教育乃至意识形态建设造成了哪些影响？总结苏联马克思主义哲学教育的经验和教训，对进一步推进我国马克思主义（哲学）的中国化、时代化、大众化建设，具有哪些启示意义等，都是本研究所要深入思考和研究的重要问题。

## 三　研究的意义与方法

### （一）研究的意义

在中国特色社会主义建设中，有两个显著特点不容回避。一是必须坚持马克思主义的科学世界观和方法论为指导思想基础；二是必须坚持中国共产党为社会主义事业的领导核心。从指导思想和领导核心两个方面来说，都必须要求我们搞好马克思主义（哲学）理论教育。中国马克思主义哲学教育直接来源于苏联，通过对苏联马克思主义哲学教育的考察，有利于我国马克思主义哲学教育的顺利开展。

开展思想政治教育研究，是思想政治教育工作中一项十分迫切的任务。本课题在充分吸收学界相关研究成果的基础上，从苏联思想政治教育的层面，对苏联马克思主义哲学教育的得失及其对我国思想政治教育的启示作深入的探讨，既可以推动我们的基础理论研究，也有利于我们在实践中总结经验和教训。

马克思主义哲学教育作为苏联思想政治教育的基本组成部分，其成败得失都深刻地影响着苏联思想政治教育的开展。本课题的研究，能够进一步加强我们对思想政治教育基本规律和基本性质的把握，促进我国思想政治教育的不断发展、不断完善和不断繁荣。

### （二）研究的方法

苏联马克思主义哲学教育既培养了几代社会主义者，同时也与毁灭苏联国家的异己力量有很大的关系。面对如此复杂的社会政治现象，必须找到恰当的研究方法，才能透过现象看到本质。

首先，运用历史唯物主义的方法论。研究苏联马克思主义哲学教育，应放在苏联不同时期经济、政治、文化生活的背景之下。通过分析苏联在特定时期的思想文化状况，揭示苏联马克思主义哲学教育走向僵化基本原因，和其在持不同政见者的干扰中、在西方思潮的挤压下、在传统宗教哲学的排挤下，艰难地发展历程。

其次，运用事实分析和逻辑推理相结合的方法。本书坚持马克思主义实事求是的基本原则，从苏联马克思主义哲学教育的实际情况进行分析，在严密论证的基础上，科学判断苏联马克思主义哲学及其教育的历史演进过程、特点及影响、利弊与得失。

再次，运用比较的方法。本书通过对苏联马克思主义哲学教育的研究，在于探讨中国马克思主义哲学教育的建设。通过对苏联马克思主义哲学在其思想政治教育中的地位和作用研究，获得对马克思主义哲学教育的启示，以期推进中国思想政治教育的全面发展和繁荣。

最后，运用文献法。通过苏联和我国不同时期文献的运用，为观点的提出提供详实的资料依据。

## 四　对苏联马克思主义哲学教育研究的界定

苏联思想政治教育的发展历程，在世界共产主义运动史上具有十分典型的意义。我们认为，从马克思主义哲学教育的层面开展系统的研究，能基本上反映苏联思想政治教育的整体状况。苏联马克思主义哲学教育既有其开创性，又有其探索时期的不成熟性。所以，在概念运用上也比较复杂。马克思主义哲学教育是思想政治教育的一个重要组成部分，属于思想政治教育的最高层次，开展马克思主义哲学教育研究，会涉及意识形态教育、思想政治教育、马克思主义理论教育，以及马克思主义哲学等相关的概念。为了顺利开展研究，本书在这里对相关的概念进行辨析，是在开展苏联马克思主义哲学教育研究之前首先要深入思考和解决的问题。

### （一）相关概念辨析
1. 思想政治教育和马克思主义理论教育

思想政治教育是不同社会历史时期各阶级的共有活动。自阶级社会产生以来，思想政治教育一直是历代统治者教化国民的一种有效方式。在不同时期，思想政治教育有不同的内容和形式，主要反映了统治阶级的意志。但明确提出思想政治教育概念，突出思想政治教育的地位和功能是无产阶级政党的显著特征。无产阶级政党从一开始就非常重视科学理论对提高工人阶级阶级意识的作用，并在反抗资产阶级的斗争中不断积累经验，在思想政治教育上形成了优良传统。在《共产党宣言》中，马克思恩格斯就明确指出："共产党一分钟也不忽略教育工人尽可能明确地意识到资产阶级和无产阶级的敌对的对立"，要消除这种"对立"，则需要通过宣传、教育，把"全世界无产者，联合起来"的宣传战斗口号，号召全世界无产阶级来共同推翻资产阶级的剥削统治。从这时开始，无产阶级政党在教育自身的同时，对广大工人阶级的思想和政治教育实践也随着科学社会主义运动的扩大而愈发普及。

思想政治教育是一种教育活动，本质上是对人的思想、政治、品德进行改造，使其符合教育者要求的社会实践活动。但它区别于一般的专业知识教育，是从思想、政治和品德上教育人、树立人的信念的教育活动，具有其自身的特殊性。不同的阶级和集团都是按照自己的利益需求，确定开展思想政治教育的内容和形式。由于思想政治教育内容的丰富多彩，形式的多样性，使人们很难给思想政治教育下一个能得到全面认可的绝对统一的定义。通常情况下，思想政治教育是指"社会或社会群体用一定的思想观念、政治观点、道德规范对其成员施加有目的、有计划、有组织的影响，使他们形成符合一定社会、一定阶级所需要的思想品德的社会实践活动。"[1] 这一从教育主体、教育对象和教育内容等方面对思想政治教育的界定，对思想政治教育进行了比较客观地概括。无产阶级及其政党作为先进的阶级和具有先进性的党，其思想政治教育与以往历史上的剥削阶级思想政治教育具有本质的不同。无产阶级政党的思想政治教育主要由马克思主义基本理论体系和共产主义的理想信念为核心内容，其目的是为了培养全体社会成员的科学世界观和方法论，树立社会主义意识，根本目标是为实现人的自由而全面发展的共产主义而奋斗的教育实践活动。它是人类社会发展史上第一次真正实现以最大多数人的意志来确定思想政治教育的内容，并按照无产阶级政党的意志和需要来确定教育的形式，以达到无产阶

---

① 陈万柏、张耀灿：《思想政治教育学原理》，高等教育出版社 2001 年版，第 4 页。

级利益的实现。

社会主义国家的思想政治教育，属于其上层建筑的重要组成部分。在无产阶级政党的领导下，突出的是马克思主义意识形态，其指向是为社会主义国家建设服务。从内容上来看，无产阶级政党的思想政治教育，是以马克思主义理论教育为核心，辅之以爱国主义教育、道德品质教育、心理教育等实践活动，共同构成的社会主义国家思想政治教育体系。

可见，思想政治教育与马克思主义理论教育具有十分密切的关系，二者是包含与被包含、全面与重点的关系。思想政治教育包含马克思主义理论教育，马克思主义理论教育是思想政治教育的一个有机组成部分，融贯在思想政治教育的各个部分之中，但这个组成部分不仅仅是一般的组成部分，而是思想政治教育的核心组成部分，思想政治教育在马克思主义理论的指导之下来开展。只有坚持马克思主义理论的指导，思想政治教育才能保证其体现无产阶级的阶级性和社会主义的方向性。没有马克思主义理论教育这一引领思想政治教育全局和方向的存在，就谈不上思想政治教育。正是由于马克思主义理论教育的特殊地位，与思想政治教育相比较，其个性也很鲜明。其一，在教育内容上具有较强的专业性。马克思主义理论不是常识性的话语体系，它具有严密的逻辑层次，具有明显的专业化特性，涉及的专业领域非常广泛，主要包括哲学、经济学、历史学和社会学等专业领域。其二，在教育的思维方式上突出表现为抽象思维。马克思、恩格斯在社会实践基础上，通过对现实矛盾的剖析，揭示的是事物的本质和规律性联系。这种本质和规律只有通过抽象思维才能把握。所以，对马克思主义理论必须经过分析研究和宣传教育，才能为广大人民群众所掌握。也有学者认为，与一般的思想政治教育相比较，马克思主义理论教育不仅理论性、系统性更强，对教育者和受教育者的文化水平要求也更高。①

2. 马克思主义理论教育与马克思主义哲学教育

通常意义上，马克思主义理论教育是马克思主义政党用马克思主义理论来宣传、教育无产阶级和广大人民群众的社会实践活动。它是马克思主义政党根据实际需要，对马克思主义基本理论在社会发展过程中的运用。从教育内容和范围上看，马克思主义涉及"历史科学"的各个领域，其

———————————

① 孙来斌：《列宁的马克思主义理论教育思想研究》，中国社会科学出版社2003年版，第7页。

内容是丰富的。马克思本人在构建基本理论的过程中，其视野是宽广的，涉及和研究的领域是多样的。正如恩格斯所说："马克思在他所研究的每一个领域，甚至在数学领域，都有独到的发现。"① 如果按照列宁对马克思主义的理解，经典的马克思主义主要包括哲学、政治经济学和科学社会主义三大组成部分，并且这三部分绝不是各自不相干的，而是不可分割的一块整钢。随着世界社会主义运动的发展，各国马克思主义者又把马克思主义与各国实际情况相结合，不断进行理论创新，使马克思主义理论涉及的领域更加广泛。这样，马克思主义理论教育就形成了多学科、宽领域、丰富多彩的教育体系。

马克思主义哲学教育具有特殊性，它通过马克思主义哲学的特殊性表现出来。马克思主义哲学的特殊性在于，它是马克思主义全部学说的基础理论。从马克思、恩格斯的思想发展历程来看，正是唯物史观的发现，引起了马克思对资本主义经济的进一步探索，发现了剩余价值理论，揭示了资本主义的特殊运动规律。也正是马克思以社会实践为起点，揭示了社会意识决定社会存在的荒谬，找到了人类理性背后的物质动因，使社会主义由空想成为科学，为共产主义理论奠定了坚实的理论基础。马克思主义哲学是马克思主义全部理论体系的基础，其基本理论和方法论贯穿于马克思主义的始终。要理解马克思主义，首先必须理解马克思主义哲学。从这一意义上说，马克思主义哲学教育就是共产主义教育。

马克思主义哲学教育显然是马克思主义理论教育的一个组成部分，它从哲学的视角，以辩证唯物主义和历史唯物主义为主体内容，对无产阶级和广大人民群众进行哲学理论的教育实践活动。它不仅承担着人类文明精华的知识传承，更重要的是承担着改造人的世界观和方法论的任务。马克思主义哲学教育与马克思主义其他方面的教育一样，贯穿的是批判精神和思维方式的创新。但在整个马克思主义理论教育体系中，马克思主义哲学教育又呈现出独特的特点。一是马克思主义哲学教育传播的是人类的思想精华，它比马克思主义其他方面的教育层次更高。马克思主义哲学教育既包含了马克思主义者对自然、人类社会和思维的规律性探索，力图从最高层次把握世界的物质统一性，同时也集合了自古希腊以来世界哲学的教育思想精华，充满着深邃的理论魅力。二是马克思主义哲学教育体现的是对

---

① 《马克思恩格斯选集》第3卷，人民出版社1995年版，第776—777页。

人的自由和全面发展的终极关怀。教育人，培养人的科学世界观和方法论是马克思主义哲学教育的基本目的，它不是单纯传播诸如经济学等特定的知识体系，而是从社会实践出发，教会人们用辩证的方法进行思考，在对自由与必然的认识中进行反思、批判，最终树立对共产主义的信仰。三是马克思主义哲学教育是贯穿于全部马克思主义理论教育始终的实践活动。因为马克思主义的唯物辩证法和历史唯物论支撑着全部马克思主义的理论大厦，只有用马克思主义哲学武装无产阶级的头脑，无产阶级才能从根本上掌握通晓各门科学知识的认识工具。

3. 马克思主义哲学与马克思主义哲学教育

自从哲学出现以来，哲学和哲学教育就相伴相生，如影随形。哲学作为"智慧之学"的历史使命决定了哲学必然要推广到社会成员中间，才能实现其作为"时代的精神精华"的社会责任。而哲学的理论秉性决定了其不容易被一般群众所掌握，需要哲学研究者和教育者开展哲学教育才能实现。可见，"开展哲学教育是哲学家的重要任务。哲学的主要社会功能就是哲学教育，搞哲学的人最重要的就是从事哲学教育。"[①] 马克思主义哲学是哲学史上的精华，其首先具备的是哲学的理论本性。鉴于本文以苏联马克思主义哲学教育为研究主题，这里需要对马克思主义哲学及其教育进行细致深入的比较分析。

（1）马克思主义哲学与哲学教育具有密切的联系。首先，马克思主义哲学为哲学教育奠定了理论基础，马克思主义哲学教育在教学和宣传中传播了马克思主义哲学，为马克思主义哲学的发展提供了着力点。马克思主义哲学同时为马克思主义哲学教育提供了存在的必要性。没有马克思主义哲学理论和哲学学科的存在，没有马克思主义哲学对无产阶级革命和社会主义建设的科学理论指导作用，就无所谓开展哲学教育的问题。其次，马克思主义哲学的出现是指导无产阶级斗争的需要。作为科学的世界观、方法论体系和人类发展的学说，只有传播给无产阶级，才能指导革命的行动，这是马克思主义哲学教育得以存在的另一个前提。而无产阶级政党正是通过马克思主义哲学教育这一途径，使马克思主义哲学理论得以在工人阶级和广大群众中得到传播，成为推翻资产阶级统治的思想武器。从这一意义上说，马克思主义哲学教育贯穿着马克思主义哲学发展和无产阶级运

---

① 孙正聿：《我看哲学和哲学教育的特性》，《北京日报》2012 年 11 月 5 日。

动的全过程。马克思认为，在革命斗争中，哲学是头脑，无产阶级是心脏。要把马克思主义哲学这一精神武器和无产阶级这一物质武器结合起来，才能取得无产阶级推翻资产阶级的胜利。那么如何使哲学和无产阶级结合起来？主要途径就是通过对无产阶级的马克思主义哲学教育来实现。

自马克思主义哲学形成以来，无产阶级政党一直把马克思主义哲学教育作为宣传马克思主义的主要方式。在无产阶级斗争中，马克思恩格斯本人把马克思主义作为理论武器，战胜了形形色色的机会主义和反对派对科学社会主义的攻击和歪曲，培养了大批马克思主义者为科学社会主义运动而奋斗。在俄国，普列汉诺夫、列宁等马克思主义者通过对俄国具体情况的分析，把马克思主义理论进行了翻译、阐释和创新，通过多种途径传播马克思主义，培养了整整一代俄国马克思主义者。十月革命以后，俄国布尔什维克党掌握了国家政权，以国家力量为依托，广泛开展马克思主义哲学教育，把马克思主义哲学推广到整个国家和社会生活之中。

马克思主义哲学的理论本性决定了哲学教育的双重任务。一方面，马克思主义哲学既是马克思恩格斯继承和发展传统哲学的知识精华，又是其继任者如俄国马克思主义者和中国马克思主义者对这一体系不断丰富和发展创新。从知识传承方面来说，哲学教育的任务是使马克思主义哲学的科学知识体系得以传播，被更多的人所认知。同时，马克思主义哲学是以实践为基础的反思和批判的学说，它是一种实践的思维方式。这就要求马克思主义哲学教育具有培养受教育者的实践思维方式的任务。可见，马克思主义哲学教育首先是知识教育和思维方式的教育，与其他具体科学知识的传递和思维方式的教育具有共通性。另一方面，马克思主义哲学不是纯粹的知识体系，它是无产阶级的世界观、方法论，凸显的是共产主义理想与信念，具有承载指导无产阶级实现自身解放的伟大使命，具有鲜明的阶级性和革命性。这样，就决定了马克思主义哲学教育的思想政治教育特色，和其担负的培养无产阶级树立共产主义理想的任务。所以，马克思主义哲学教育与一般的教育活动具有本质的区别，它具有鲜明的思想政治教育功能和意识形态特色。由此可见，实现马克思主义哲学教育的任务主要在于，首先必须要了解、接纳马克思主义的科学理论，解决马克思主义"是什么"的实然问题；更进一步，在掌握马克思主义的基础上，结合现实的人类实践活动，完成共产主义理想信念的升华，解决马克思主义"怎么做"的应然问题。

（2）马克思主义哲学和哲学教育有明显的区别。尽管马克思主义哲学和马克思主义哲学教育具有紧密的联系，但二者也具有明显的区别。

其一，马克思主义哲学与马克思主义哲学教育在内涵和外延上都有差异。马克思主义哲学是马克思恩格斯创立的、以无产阶级和人类解放为理论主题，关于现实的人及其历史发展的学说，是关于自然、社会和人类思维发展普遍规律的学说。从内容上来看，马克思主义哲学是把唯物论与辩证法、唯物主义自然观和历史观结合起来而形成的辩证唯物主义和历史唯物主义。马克思主义哲学教育是对马克思主义哲学的研究、教学和宣传活动，它侧重于马克思主义哲学的具体应用。无产阶级政党依据马克思主义教育理论，采取多样性的教育方法，来实现无产阶级和广大民众对马克思主义哲学的认同，并为理想的实现而奋斗。要开展马克思主义哲学教育，首先要对马克思主义哲学进行遴选和归纳，既要对马克思主义创始人的哲学思想进行收集整理，使其条理化，适于宣传教育的需要，又要在革命和社会主义建设的实践中，对马克思主义与时俱进的研究，这种哲学研究既是对研究者的自我教育，同时又为开展哲学教育提供了文本依据。马克思主义哲学的教学活动是用多样化的形式和方法，把马克思主义哲学理论传授到受教育者，使其接纳、内化，变成自身的知识和信仰。

其二，对马克思主义哲学和马克思主义哲学教育的研究也有差异。对马克思主义哲学进行的是遵循哲学发生、发展的规律进行研究的活动，哲学教育研究遵循的是教育教学规律，即哲学理论如何被教育对象接受的活动。但也并不是说二者截然不同，相互割裂。马克思主义哲学研究和马克思主义哲学教育研究在内容上有交叉，因为马克思主义哲学教育是以马克思主义哲学为前提的，没有马克思主义哲学就没有相关的教育活动，对马克思主义哲学教育的研究离不开马克思主义哲学，并以其研究和发展为主要内容。对马克思主义哲学内容如何选择，选择的科学化程度性，决定了马克思主义哲学教育的内容是否具备科学性。马克思主义哲学研究的广度和深度，决定了哲学教育的丰富性和说服力。所以，在马克思主义哲学教育的研究中，必然会涉及马克思主义哲学研究领域的状况。

从对上述几对概念的辨析来看，马克思主义理论教育是思想政治教育的主干和核心，马克思主义哲学教育又是马克思主义理论教育的基础和核心。所以，马克思主义哲学教育是思想政治教育核心的核心，是思想政治教育的灵魂。通过对马克思主义哲学教育的研究，可以窥观整个思想政治教育的状况。这也是本书选择从苏联马克思主义哲学教育层面开展研究的初衷与目的。

从学科关系来看，本书开展对苏联马克思主义哲学教育的研究，既要涉及苏联马克思主义哲学的相关内容，也要涉及苏联教育学的内容，由于苏联马克思主义哲学教育受苏联政治变化的影响，还要涉及苏联政治学的情况。从各个社会主义国家马克思主义哲学教育的实施情况看，我们可以把马克思主义哲学教育分为广义和狭义两个层次。从广义上说，马克思主义哲学教育是无产阶级政党为了巩固社会主义意识形态，奠定意识形态教育的哲学基础，对全体社会成员的马克思主义哲学研究、教学和宣传活动。这样的哲学教育活动，一般是系统化、规范化的，诸如党校中的哲学培训和高校中的哲学教学；而根据社会需要开展的即时性教育活动，有些是零散的、不定期的，诸如报纸杂志的哲学宣传、教育者的哲学演讲、报告等。从狭义方面来说，马克思主义哲学教育是社会主义国家对青年学生在接受国民教育的过程中，进行的马克思主义哲学教学活动，主要是作为一门课程来展开的。青年是社会主义国家的未来和接班人，开展好青年的哲学教育，即抓住了教育对象的主体。本书对苏联马克思主义哲学教育的研究，不局限于高校马克思主义哲学的教学活动，还包括广义层面的哲学教育，但重点突出的是高校马克思主义哲学教育的研究。

## （二）苏联马克思主义哲学教育

苏联马克思主义哲学教育既是对俄国无产阶级革命时代开展马克思主义教育的继续，又在无产阶级专政下结合俄国实际情况，对马克思主义哲学教育的再发展。苏联马克思主义哲学教育经过整个苏联时期的探索、建构，最终形成了具有苏联特定色彩的哲学教育体系。苏联哲学教育曾经作为社会主义国家开展马克思主义哲学教育的典型形式，对东欧社会主义国家和我国的思想政治教育起过重要的示范作用，但这一哲学教育体系仍然不能等同于马克思主义哲学教育，它既不完全等同于马克思、恩格斯等马克思主义者在革命时代的哲学教育活动，也有别于当今中国特色社会主义时期的马克思主义哲学教育。苏联哲学教育是苏联社会主义建设特定时期的产物。

1. 研究的背景：苏联哲学教育是为了适应社会主义建设的需要，直接地看，是为了苏联共产党开展经济斗争、政治斗争和文化斗争的需要。

在不同时期，哲学教育随着苏共对社会发展的判断和阶级斗争的形式变化，而不断调整着自己的教育方向。所以，本研究是以苏联波澜壮阔的社会主义大革命、大建设为总背景的。苏联哲学教育一开始就是在国家政权力量的保护之下，以开展唯物论和无神论教育抵制宗教有神论和唯心主义开始，逐渐过渡到把哲学教育纳入到系统的党校教育和国民教育体系，成为苏联思想政治教育的基础组成部分。所以，研究苏联哲学教育需要在苏联整个思想政治教育的背景下，乃至在整个苏联意识形态教育的广阔视域下展开。

2. 对指导思想的研究。在苏联共产党的领导下，苏联社会的一切理论和实践活动都是围绕党的思想基础来展开。在苏联大百科全书中，对苏联共产党的思想基础进行过明确地归纳，即"苏联共产党的思想基础是列宁斯大林关于新型政党的社会主义体系的学说，关于这个思想体系是在社会发展中和无产阶级阶级斗争中的作用的学说，以及关于党是工人运动革命化因素和领导力量的学说，这个党把科学社会主义同群众性工人运动结合起来，领导着无产阶级为消灭资本主义和建立共产主义社会而进行的阶级斗争。"① 这一指导思想基础是苏联社会的一面旗帜，决定着苏联社会的发展方向。苏联的马克思主义哲学教育必须要按照这一指导思想来进行。由于苏联社会政治的变化，尽管对斯大林个人崇拜进行批判，但以马克思列宁主义为指导思想，遵循党的方针、路线和政策，一直是苏联哲学教育毫不动摇的核心观念。

3. 对研究领域的划定。由于马克思主义哲学作为一门学科在苏联有一个很长的形成过程，在探索之中不断完善，所以，马克思主义哲学教育的内容和形式都有一个从不完善到逐步完善的过程。本书对苏联哲学教育研究的范围较为广泛，主要以辩证唯物主义和历史唯物主义教育为主干，还涉及了苏共反对宗教思想的无神论教育。鉴于俄罗斯宗教文化的巨大影响，苏联共产党从根本上清除宗教唯心主义，建立全新无产阶级文化的需要，无神论教育是哲学教育不可分割的一部分。所以，在研究中，反对宗教有神论的无神论教育也纳入了本书的研究范围。

4. 研究的时间跨度。本书对苏联马克思主义哲学教育的研究，在研

① 转引自［苏］泽列诺夫《苏联贯彻党的思想基础》，人民出版社1954年版，第1页。原文见《苏联大百科全书》第2版第17卷，莫斯科，国家科学出版局。

究的时间点上，从 1917 年十月革命开始，到 1991 年苏联解体结束。这里有两点需要说明。其一，本书不仅仅局限于苏联时期的马克思主义哲学教育研究。1922 年，苏联社会主义国家才正式建立，而本书的研究延伸到 1917 年俄国十月革命时期。十月革命以后，俄国布尔什维克党已经掌握了国家政权，并开始了经济、政治和文化教育的建设，在共产主义教育中，事实上已经开始了马克思主义哲学教育的实践，而苏联成立以后的哲学教育与这一时期是不可分割的。其二，苏联解体之前的一段时期里，苏联反对派正在淡化或取消马克思主义作为指导思想的运动。1990 年，戈尔巴乔夫宣布在高校中停止思想政治教育课程的开设，实际上对青年的马克思主义哲学教育已经不复存在，但由于苏联仍然是社会主义国家，哲学教育还以其他不同的形式存在着。所以，本书的研究终止于 1991 年苏联解体。

5. 研究的对象。马克思主义哲学教育是苏联开展共产主义教育的基础组成部分。在教育对象上是一个庞大的群体，包括党和国家领导人，高级干部、党员、青年和一般的普通群众，几乎涉及苏联全体国民，教育的方式也多种多样。本书主要对苏联党校教育网和普通高校教育网开展哲学教育的研究。党校教育和高校教育是苏联马克思主义哲学教育的主阵地，立足于这两个阵地进行研究，能基本反映苏联哲学教育的全貌。

6. 对教育方式的研究。苏联哲学教育的文本基础是以马克思、恩格斯以及列宁、斯大林的经典文本为基本依据，以苏联哲学研究者和教育者根据苏联哲学教育的需要，对经典文本的阐释运用于教育的过程。对马克思主义哲学研究的本身就是对研究者的教育活动，以哲学教育为要旨的马克思主义哲学研究是其重要的方式。哲学教育的常规形式是通过对教育对象开展理论教学或实践教学活动，通过一定的教学手段灌输哲学理论，把教材体系转化为教学体系，达到教育对象对哲学的接纳和认可。所以，哲学教学活动是哲学教育的主要方式，也是最常见的方式。哲学教育是一种全民教育活动，不能仅仅局限于书斋里，也不能仅仅局限于课堂上，在社会生活中，苏联共产党通过报纸杂志的宣传、鼓动，教育工作者的演讲、做报告，群众的集会、讨论等形式，都能达到教育的效果。所以，这种通过宣传、鼓动、讲座、集会等开展的哲学教育活动，是哲学教育的一般方式。

通过上述的分析，我们对"苏联马克思主义哲学教育"①进行具体的界定，把它描述为十月革命以后，在苏联社会主义建设的背景下，苏联共产党为了巩固社会主义意识形态的需要，以马克思列宁主义为指导思想基础，以党校和高校为主阵地，开展的哲学研究、教学和宣传鼓动的教育实践活动。本研究主要从苏联马克思主义哲学教育的层面为研究对象而展开，来通观苏联思想政治教育的历史演进以及得失、启示。从学科的相互关系来说，在马克思主义哲学教育研究中，会涉及马克思主义理论、哲学、政治学、教育学等多学科的交叉。苏联马克思主义哲学教育研究，具有明显的多学科特征，它既是哲学理论研究，同时又是哲学教育研究。所以，本书的研究视角是，既是哲学研究和哲学教育研究的结合，也是基础研究和应用研究的结合。

### （三）苏联思想政治教育的缘起

社会主义国家开展以马克思主义为指导的思想政治教育活动，是以苏联为开端的，随着其他社会主义国家的建立，思想政治教育成为各国无产阶级政党的理论特色。历史地看，以往各种不同类型的国家，为了阶级统治的需要，历代统治阶级都或多或少的对国民开展思想政治教育活动，但没有哪一个国家像苏联这样，对思想政治教育给予了高度重视，并且把哲学教育放在思想政治教育的核心位置。甚至使思想政治教育打上了社会主义的标签，貌似只有在社会主义国家才开展思想政治教育。俄国共产党掌握国家政权以后，为什么会开展社会主义的思想政治教育活动，并且在国家意志之下，教育的规模不断壮大、程度不断加深？只有厘清这样一个令人疑惑的问题，才能继续开展后文的研究。苏联开展思想政治教育当然是为了巩固社会主义建设的需要，但在特定时期又有具体的原因。

其一，向党员干部和广大群众"灌输"马克思主义理论的需要。无产阶级政党承担的是实现共产主义的伟大使命，这是无产阶级政党与以往各个阶级政党的本质差别。根据斗争的经验，无产阶级政党及其广大工人阶级必须具有很高的理论素养，保持高度的理论感，用科学理论来武装，

---

① 为了行文的方便，在以下各部分的研究中，通常用"苏联哲学教育"指称"苏联马克思主义哲学教育"或"苏联的哲学教育"，用"哲学教育"简称"马克思主义哲学教育"，用"苏联哲学"简称"苏联马克思主义哲学"，文中如无特殊说明，二者之间的含义是相互通用的。

才能自觉接受科学社会主义。恩格斯曾总结过科学社会主义在德国之所以能深入人心的经验。他说：“如果不是先有德国哲学，特别是黑格尔哲学，那么德国科学社会主义，即过去从来没有过的唯一科学的社会主义，就绝不可能创立。如果德国工人没有理论感，那么这个科学社会主义就绝不可能是像现在这样深入他们的血肉。”① 而一切对理论漠视的政党及其领导的工人运动或者用错误理论指导的政党，都会不可避免地误入歧途或陷入迷惘，最终会丧失革命成功的机遇。列宁延续了恩格斯的教导，他说：“只有以先进理论为指南的党，才能实现先进战士的作用。”②

　　理论及理论斗争在革命运动中的重要地位，需要的是具备高度理论素质的革命阶级。而俄国经济文化的落后状况，造成的是无产阶级整体素质的底下，也决定了俄国工人阶级不具有接受科学社会主义的条件。那么如何才能用科学理论武装工人阶级，如何才能使俄国工人阶级具有与科学社会主义相适应的理论修养。列宁认为，不能等待工人阶级经过长期“自发的”觉醒，因为俄国“工人本来也不可能有社会民主主义的意识”，“工人阶级单靠自己本身的力量，只能形成工联主义的意识”③。要使工人阶级具有社会民主主义的意识，只有从外面“灌输”进去，即通过理论教育的途径来实现。列宁提出的“灌输”理论，就是通过注入、鼓动、宣传、教育等各种形式，把马克思主义理论“灌输”到工人阶级和广大人民群众的头脑中。在“劳动解放社”等革命组织对俄国民众的“灌输”实践中，教育大量革命青年投身无产阶级革命运动，取得了显著成效。

　　革命胜利以后，布尔什维克党面对的是比革命时期更加艰巨的建设共产主义的任务。这一任务的完成，不仅需要具备高度科学文化知识的人才，更需要思想上对共产主义的坚定信仰。广大党员干部和人民群众没有高度的科学文化知识和坚定的共产主义信念，共产主义的目标就不能实现。在国内外敌人武装干涉的特殊年代，列宁已经提出了在经济建设的同时，要加强政治教育，提高广大党员干部马克思主义理论水平，纯洁党的队伍问题。1922 年 3 月，召开的苏联共产党第十一次代表大会中，明确提出加强对党员干部的理论教育问题。“在国内战争的狂风暴雨的年代

---

① 《马克思恩格斯文集》第 2 卷，人民出版社 2009 年版，第 217 页。
② 《列宁选集》第 1 卷，人民出版社 1995 年版，第 312 页。
③ 同上书，第 317 页。

里，没有可能对提高普通党员的马克思主义教育和文化水平给予足够的注意和提供人力。最近几年内所应当进行的正是这一头等重要的任务。"①苏共还计划在党员工人中设立高级马克思主义学习小组，设立中级和高级党校，向青年进行广泛系统的、有效的马克思主义理论教育。为了方便教育的开展，设立政治教育总局统一对党员干部、军队、青年和非党群众开展政治教育工作。以党的决议，从组织上规定开展思想政治教育，使苏联思想政治教育逐渐走向规范化。

其二，是俄国工人阶级继续开展思想斗争的需要。在共产主义运动中，革命前进的每一步都充满了无产阶级与资产阶级的斗争。恩格斯和列宁都明确地说过，无产阶级政党的伟大斗争有三种形式，除了政治的和经济的斗争之外，还有同这两种斗争相并列的理论斗争。无产阶级只有掌握马克思主义理论，才能具备理论斗争的能力。列宁认为，革命后的俄国，仍然处于与世界资产阶级继续进行斗争的时期，要突出把理论教育作为斗争的重要手段，来提高苏维埃人民的思想政治觉悟。他说："我们应当在这个时期内坚持革命建设，用军事的方法、尤其是用思想的方法、教育的方法同资产阶级进行斗争，以便把工人阶级几十年来争取政治自由的斗争中形成的习惯、风气和信念，用作教育全体劳动者的手段。"② 这是列宁通过开展思想政治教育，来加强全体国民的阶级斗争意识的重要论述。

党的高级领导人布哈林也认为，工人阶级斗争的每一步都离不开社会科学的指导。在社会科学中，有两门重要的科学，即历史学和社会学，它们不是考察社会生活的某一领域，而是对所有社会现象的考察，研究的是社会生活的全面。马克思和恩格斯创立的历史唯物主义就是工人阶级自己的社会学，它是关于社会及其发展规律的一般科学，是人类思维和认识的最锐利的武器。通过对党员干部进行历史唯物主义的理论训练，使他们更加深刻、更加全面的认识社会发展趋势，来"消灭资本主义制度，确保工人阶级的统治，从而改造整个世界"③。布哈林还认为，通过发展科学理论，开展理论教育，能满足两个方面斗争的需要：其一是工人阶级阶级斗争的需要。革命以后，在苏俄之外还有其他资本主义国家存在、国内的

---

①《苏联共产党代表大会、代表会议和中央全会文件汇编》第2分册，人民出版社1964年版，第176页。

②《列宁选集》第4卷，人民出版社1995年版，第303页。

③〔俄〕尼·布哈林：《历史唯物主义理论》，人民出版社1983年版，第3页。

反革命势力还没有完全消失，工人阶级还要用科学理论武装自身，不断提高阶级觉悟，坚定革命必胜的信念。其二是生产斗争的需要。革命胜利以后，工人阶级还面临着极其艰巨的组织生产和分配等方面的任务。要在国家未来的建设中制定什么样的经济计划，怎么样对其他阶级阶层进行共产主义教育，以及怎么样从工人中培养管理人员等，都需要社会科学。而上述两方面的斗争任务，都需要在具备马克思主义修养的基础上，制定科学的政策来解决。因为"改造社会的实际任务，要有工人阶级的科学的政策，也就是说，要有以科学理论（无产阶级的科学理论就是马克思所奠基的理论）为依据的政策，才能得到解决。"①

斯大林对思想斗争极为重视，他认为，只有加强对人民群众的思想政治教育工作，才能最终战胜资产阶级，巩固无产阶级专政。他说："不依据马克思列宁主义理论同资产阶级理论做不调和的斗争，就不能彻底战胜阶级敌人。"② 这也是在社会主义建设时期，苏联重视开展思想政治教育的重要依据。

其三，是为了消灭和对抗宗教世界观的需要。苏联几代领导者都认为，宗教是剥削阶级麻醉人民群众的精神工具，马克思主义和宗教神学是势不两立的，在社会主义建设中要开展与宗教的坚决斗争。列宁认为："宗教是一生为他人干活而又深受穷困和孤独之苦的人民群众所普遍遭受的种种精神压迫之一。"③ 所以，社会主义国家要与宗教相分离，"应当把剥削阶级与助长群众愚昧的宗教宣传的组织之间的联系彻底摧毁。"④ 十月革命胜利以后，苏维埃首先就是发布宗教与国家、宗教与学校相分离的法令，在全苏范围内，关闭宗教场所、清除宗教设施、逮捕神职人员，试图从物质上、肉体上消灭宗教。但这种物质上的清除，不仅伤害了信教群众的思想感情，也没有达到马克思主义科学世界观在经济政治和社会生活领域占领全部阵地的效果。宗教神学、唯心论仍然在广大群众和教徒的内心占有重要的位置，宗教还在通过不同的形式不断地反对和排挤马克思主义哲学，甚至被反动者利用，不断地向社会主义发起攻击。反宗教领域新问题的出现，促使列宁及其政党采取新的对策。列宁认为，消灭宗教的任

①　[俄] 尼·布哈林：《历史唯物主义理论》，人民出版社 1983 年版，第 1—2 页。
②　《斯大林全集》第 12 卷，人民出版社 1956 年版，第 127 页。
③　《列宁全集》第 12 卷，人民出版社 1987 年版，第 131 页。
④　《列宁全集》第 36 卷，人民出版社 1985 年版，第 86 页。

务是艰巨的和长期的，物质和肉体上的消灭只是暂时性的，要清除宗教的不利影响，彻底消灭宗教，需要通过持续不断的无神论教育和反宗教宣传，来排除普通群众心底的宗教意识，"唤起最落后的群众自觉地对待宗教问题，自觉地批判宗教"①，才有可能从根本上解决宗教问题。可见，用思想政治教育的方式，开展唯物主义、辩证法和无神论教育，既是使宗教彻底消灭的一个步骤，同时又是防止过于强制的方式伤害群众思想感情，缓和社会矛盾的有效措施。

在俄国，宗教历史悠久，东正教具有1000多年的历史，宗教被作为统治者教化国民的精神工具，广大群众经过长期的宗教熏陶，对宗教有深厚的情感，在革命时代，资产阶级还经常利用群众对宗教的这份情感来对抗苏维埃。列宁认为，在无产阶级与宗教作斗争的过程中，资产阶级总是想方设法来复活宗教。"俄国资产阶级为了反革命的目的，需要复活宗教，唤起对宗教的需求，制造宗教，向人民灌输宗教或用新的方法在人民中间巩固宗教。"② 所以，宗教斗争就是无产阶级和资产阶级争夺群众的斗争，无产阶级也有必要采取"灌输"办法，来消灭宗教。为了建设社会主义，需要解除人民大众思想上的宗教枷锁，帮助他们从宗教偏见中彻底解脱出来，"在宗教世界观的地盘上建立严格的共产主义科学体系，这一体系能对工农大众至今一直在宗教中寻找答案的各种问题进行解答"③。1919年，俄共（布）八大的纲领中指出："党力求完全摧毁剥削阶级和宗教宣传组织之间的联系，使劳动群众实际上从宗教偏见中解放出来并组织最广泛的科学教育和反宗教的宣传工作。"④ 在党的宣传教育工作中，明确提出政治教育总局的"重要任务之一是在广大劳动群众中广泛地组织、领导和促进反宗教宣传"⑤。

所以，在十月革命取得成功以后，布尔什维克党面临着首先要解除宗教对人民的愚昧和束缚。宗教存在的长期性决定了开展无神论宣传教育的长期性和艰巨性。正如列宁所估计的，"我们永远要宣传科学的世界观，

---

① 《列宁选集》第4卷，人民出版社1995年版，第649页。

② 《列宁全集》第19卷，人民出版社1989年版，第89页。

③ 《列宁全集》第43卷，人民出版社1987年版，第378页。

④ 《苏联共产党代表大会，代表会议和中央全会决议汇编》第1分册，人民出版社1964年版，第590页。

⑤ 《苏联共产党代表大会，代表会议和中央全会决议汇编》第2分册，人民出版社1964年版，第91页。

我们必须跟某些'基督教徒'的不彻底性进行斗争。"①

最后，是实现无产阶级文化革命的需要。十月革命以后，列宁领导的布尔什维克党秉承理想化的社会主义信念，结合俄罗斯当时的经济政治和文化的落后现状，认识到发展文化教育事业在资本主义向社会主义转型过程中的重要性。布尔什维克党理想化的社会建设是实现广大无产阶级在物质上的富足和精神上的富有，最终达到共产主义社会。列宁认为，俄国开展革命乃至取得革命胜利比较容易，而经济文化上的落后，使俄国继续进行社会主义建设反而比较难。所以，在社会主义建设中，不仅需要经济的发展和政治的稳定，更需要使广大群众文化水平得到提高。既要肃清旧的资产阶级文化，又要建立新的无产阶级文化。这是列宁开展文化革命的初衷，而进行文化革命的重要手段就是要通过对广大民众的文化政治教育，帮助劳动者掌握人类文化的成就，获得全面发展的个性。

苏联开展文化革命是其走向共产主义的一个重要步骤。列宁一度认为："只要实现了这个文化革命，我们的国家就能成为完全社会主义的国家了。"② 苏联无产阶级文化革命的实质是，在社会精神生活根本变革基础上，最终确立不同于资产阶级文化的社会主义文化。这一文化革命体现在两个方面：其一是意识形态的文化革命；其二是提高社会大众知识和文化水平的革命。可见，苏联文化革命的目的是把全体人民群众全部纳入社会主义建设的轨道，在文化素质不断提高的基础上，坚守社会主义意识形态，来抗衡世界资本主义在政治和思想上的进攻，早日使苏联建成理想中的共产主义制度。对于苏联人民群众知识文化水平的提高，主要是通过开办学校和扫盲班，加强科学知识教育，提高群众的识字能力的方式，使他们摆脱文盲状态。而意识形态文化革命的完成，则是通过开展思想政治教育，用马克思主义理论武装群众，使广大群众从资产阶级意识转为共产主义的意识。在具体措施上，苏共主要通过思想政治教育活动，来改变旧社会遗留下来的知识分子思想观念，使他们转变为苏维埃建设服务；在对青年的培养上，主要通过各种方式，既要丰富青年的科学文化知识，也要开展马克思主义的宣传和教育，使广大青年成为具有共产主义信仰的新人。

从上述苏联开展思想政治教育的主要原因来看，苏联思想政治教育是

---

① 《列宁全集》第 12 卷，人民出版社 1987 年版，第 135 页。
② 《列宁选集》第 4 卷，人民出版社 1995 年版，第 774 页。

在俄国特殊环境下形成的。苏联思想政治教育的开展，既延续了马克思主义教育的历史传统，在世界共产主义运动中具有普遍性，又是顺应苏联社会主义建设的要求，是苏联特定时期的产物，不可避免地打上了苏联民族化、时代化的烙印。而苏联马克思主义哲学教育作为基础的、核心的教育实践活动，正是在苏联思想政治教育的整体框架下逐渐展开的。

# 第二章

# 苏联马克思主义哲学教育的
# 发展轨迹

马克思主义认为，任何事物都有其发生、发展和灭亡的过程。苏联哲学教育作为苏联社会主义时期的一项社会实践活动，贯穿于苏联社会主义革命和建设的全过程。作为一种国家行为，苏联哲学教育体现的是国家意志，承担的是为社会主义建设服务的任务。作为苏共开展共产主义教育的基础形式，哲学教育与思想政治教育的其他形式交织在一起。所以，本书以苏联哲学教育发展过程为主线，需要关涉到苏联思想政治教育乃至意识形态教育的整体状况。

## 一 马克思主义哲学教育的开端
### （十月革命以前）

苏联哲学教育的特殊使命决定了其与以往时代的哲学教育不同，它不仅是针对社会成员个体的教育活动，更重要的是针对无产阶级这一群体的特定教育活动。我们对苏联哲学教育的研究，主要从国家教育的层面进行梳理和阐释。苏联哲学教育发端于十月革命以前，特别是普列汉诺夫和列宁在马克思主义哲学教育上，留下了丰富的理论遗产和实践经验，为革命成功以后布尔什维克党进一步开展马克思主义哲学教育提供了参照。所以，我们对十月革命以前马克思主义哲学在俄国传播和教育状况的简要阐释，是为了兼顾苏联哲学教育的系统完整性。

### （一）开启俄国化哲学教育
出于俄国革命的需要，俄国革命者在实践中接受了马克思主义，并尝试开展马克思主义的传播和教育活动。较早承担起马克思主义理论教育普及任务的是普列汉诺夫和他成立的"劳动解放社"。1883 年前后，普列汉诺夫从俄国民粹派人士转变为马克思主义者，他与巴维尔·波利索维奇·阿克雪里罗得、维拉·伊万诺夫娜·查苏利奇等革命者在瑞士日内瓦创立了俄国第一个马克思主义团体——"劳动解放社"。在"劳动解放社"的纲领中，清晰地表明了要"在俄国宣传社会主义思想和培养组织俄国工人社会主义政党的一些成分"①的目的。他们以"劳动解放社"为阵地，从国外向俄罗斯传播马克思主义，反对民粹主义思潮，深入研究俄罗斯社会生活中的现实问题。为了把"俄国工人社会主义政党"奠定在科学理论的基础上，使"社会主义思想"适用于俄国革命运动，这些革命者一度求教于恩格斯。1885 年，恩格斯写信回答了查苏利奇提出的关于俄国如何运用马克思主义开展革命运动的问题。恩格斯说："马克思的历史理论是任何坚定不移和始终一贯的革命策略的基本条件；为了找到这种策略，需要的只是把这一理论应用于本国的经济条件和政治条件。"②很明显，在俄国社会主义运动中，首先需要把马克思主义的历史理论与俄国的经济政治状况结合起来。

普列汉诺夫等深刻领会了恩格斯的含义，用马克思主义的哲学—历史观（马克思的历史理论）批判俄国民粹主义等各种错误思想；同时，在研究和宣传马克思主义上，重点突出的是把马克思主义的哲学—历史观与俄国革命相结合。普列汉诺夫坚信，如果不这样做，不仅马克思主义者会由于脱离俄国实际而失去革命的阵地，也会使革命由于失去科学理论的指导而推迟许多年，因为"科学社会主义必须以'唯物主义历史观'为前提，即是说，它必须以社会关系的发展（虽说是在周围自然界的影响下）来解释人类发展的精神历史"③。普列汉诺夫这时已经清楚地认识到，只有在马克思主义唯物史观的指导下，才能解决俄国社会"朝何处去"的问题。可见，在俄国开展马克思主义理论教育，首先需要的是哲学教育。

普列汉诺夫和"劳动解放社"对马克思主义哲学的宣传教育主要集中于以下几个方面。其一，翻译马克思、恩格斯及其他社会主义者有影响力的著作。他们翻译并出版了《共产党宣言》、《雇佣劳动与资本》、《哲

---

① ［俄］普列汉诺夫：《普列汉诺夫文选》，人民出版社 2010 年版，第 12 页。

② 《马克思恩格斯文集》第 10 卷，人民出版社 2009 年版，第 532 页。

③ ［俄］普列汉诺夫：《普列汉诺夫文选》，人民出版社 2010 年版，第 39 页。

学的贫困》、《关于自由贸易的演变》、《恩格斯论俄国》、《路易·波拿巴雾月十八日》、《费尔巴哈论》等经典著作，使俄国民众更多地了解马克思主义理论真谛。普列汉诺夫本人也在研读经典中不断加强马克思主义的信仰。他在翻译《共产党宣言》时曾说过："至于谈到我，可以说，阅读《共产党宣言》构成我生活的一个时代。我被《共产党宣言》所深深感动，只是在这时我才决定把它译成俄文。"① 其二，研究俄国现实问题，有计划地出版"现代社会主义丛书"。普列汉诺夫研究撰写的《社会主义和政治斗争》、《我们的意见分歧》、《论一元论历史观之发展》、《唯物主义史论丛》、《论个人在历史上的作用问题》、《马克思主义基本问题》、《论历史唯物主义》等主要哲学著作，把马克思主义俄国化。其三，用马克思主义批判各种错误观点。普列汉诺夫站在辩证唯物主义立场上，对各种歪曲马克思主义的社会思潮进行批判，同党内出现的公开要求取消党的"取消派"、伯恩施坦修正主义、"经济派"等开展斗争，澄清这些派别对俄国革命的错误认识。其四，把马克思主义理论通俗化。马克思主义理论具有专业的特征，理论层次较高，不利于马克思主义在俄国广大民众中传播，普列汉诺夫认为理论的通俗化必不可少，必须要转化为工人阶级可以理解的俄国式语言。加里宁在评价普列汉诺夫的哲学著作时，就明确地指出，普列汉诺夫在"用明白的、简练的、每个人都可以理解的笔法阐述马克思主义的基本理论"②，试图为无产阶级接受马克思主义剔除障碍。

普列汉诺夫以唯物史观作为理论基础，把马克思主义作为理论武器，不仅批判了流行于俄国的各种错误思想理论，而且通过对马克思主义的宣传教育，培养了整整一代俄国马克思主义者，推进了马克思主义同俄国工人运动的结合。列宁曾经说过，普列汉诺夫是"从彻底的辩证唯物主义观点批判过修正主义者在这方面大肆散播的庸俗不堪的滥调的唯一马克思主义者"③。列宁本人也受到普列汉诺夫的直接影响，从一个普通革命青年，逐步成长为马克思主义的理论家。可见，苏联哲学教育发端于普列汉诺夫对马克思主义哲学的宣传教育活动。

① Посмертные издании произведении Г. В. Плеханова，Volume 8，Москва，1940，c. 17.
② 转引自《普列汉诺夫哲学著作选集》第 1 卷，生活·读书·新知三联书店 1984 年版，第 7 页。
③ 《列宁选集》第 2 卷，人民出版社 1995 年版，第 3 页。

**（二）科学"灌输"方法的形成**

开展思想政治教育，需要采取相应有效的方法。列宁通过对俄国工人阶级实际状况的考察和对马克思主义理论秉性的理解，发展了马克思、恩格斯、普列汉诺夫等倡导的"灌输"思想，完善和发展了马克思主义理论教育的"灌输论"。

列宁认为，只有通过"灌输"的方法，不断加强马克思主义哲学的宣传和教育，才有可能把人们的理论素养提高到共产主义的高度。因为马克思主义理论特别是作为理论基础的哲学，理论层次较高，不大通俗易懂，而俄国的普通工人，所处的资本主义工业环境落后、文化水平比较底下，不可能自觉地理解和接受理论。马克思主义理论不能仅仅掌握在少数革命家和一群知识分子手中，要向广大工人阶级普及，才能产生轰轰烈烈的社会主义运动。"没有革命的理论，就不会有革命的运动"[①]。但工人阶级由于其工业环境的局限和资本主义思想的控制，在反对资本主义的运动中，其行动也只能是"自发的"。列宁认为："自发的工人运动就是工联主义的、也就是纯粹工会的运动，而工联主义正是意味着工人受资产阶级的思想奴役。"[②] 而自发斗争的工联主义意识，不可能产生科学社会主义。这就迫切需要无产阶级政党，通过正确途径把马克思主义从外面灌输给广大工人。在实际斗争中，不进行正确的理论宣传，工人会转而走向错误的革命道路。理论"灌输"的作用不仅仅能引导工人，前提是能抓住工人。在民粹派的恐怖活动中，曾吸引了大批工人的参与，"甚至那些曾经在工人中进行宣传的人也几乎无一例外地被恐怖活动吸引走了"[③]。

所以，列宁强调要正确开展灌输，才能抓住工人。社会主义者要贴近工人，要以理论家、宣传员、鼓动员和组织者的身份，到"居民的一切阶级中去"[④]，开展宣传、鼓动等灌输教育，再把这些教育与工人阶级的"自我教育"结合起来，工人运动才能从自发走向自觉。还要把抽象的理论具体化，从工人日常生活的各个不同方面，帮助人们理解和认同理论。社会民主党人"要善于对所有一切专横与压迫的现象有所反应，不管这

---

① 《列宁专题文集》（论无产阶级政党），人民出版社 2009 年版，第 70 页。

② 同上书，第 85—86 页。

③ Ш. М. Левин, Общественное движение в 60–70–е годы 19 века, Москва, 1958, с. 256.

④ 《列宁全集》第 6 卷，人民出版社 1986 年版，第 122 页。

种现象发生在什么地方，涉及哪一个阶层或哪一个阶级；他们要善于把所有这些现象综合成为一幅警察横暴和资本主义剥削的图画……"①，才能达到预期的理论灌输效果。

列宁的"灌输"理论既是苏联哲学教育的方法论基础，也是整个思想政治教育的方法论基础。尽管国内理论界对列宁"灌输论"有不同的认识，有的认为"灌输论"就是具体的方法，有的认为不仅是方法，而且达到了方法论的高度。我们认为，在俄国革命运动中，列宁强调马克思主义的"灌输"论，为马克思主义理论和工人运动实践相结合提供了科学的方法。列宁的"灌输论"不仅从理论的高度，回答了向工人阶级灌输什么样的思想，为什么要对广大工人群众进行理论灌输，而且经过实践的运用，回答了如何在工人中进行灌输的问题。苏联哲学教育中采取的各种教育方法，都是在列宁"灌输论"指导下开展的。

### （三）从自发走向自觉

在革命期间，列宁自称自己是哲学上的"探索者"，在《什么是人民之友?》一文中，列宁已经特别注意到马克思主义哲学在共产主义运动中的基础作用和伟大力量。他曾多次说过，马克思主义的两个基石是唯物主义和辩证法。同时，列宁又指出，革命者要重视理论的研究和宣传工作，要以俄国历史和现实为基础，运用唯物主义这个"唯一科学方法"来研究理论，并把理论研究的成果传播到广大工人阶级中间。马克思主义者要当"思想领导者"②。列宁不仅完成了《哲学笔记》和《唯物主义和经验批判主义》等重要的马克思主义哲学著作，这些著作后来成为苏联哲学教育的经典文献。而且，从1895年到1916年间，列宁一直坚持学习和研究哲学，吸收辩证法和唯物主义，试图从马克思主义哲学的高度阐释和解决俄国革命中出现的重要问题。他坚持用唯物主义和辩证法批判在俄国政治舞台上出现的各种非马克思主义，力求把"正统的"马克思主义传播到广大工人阶级之中，建立用马克思主义理论武装起来的政党。

如果说列宁在哲学教育上具有敏感性，而他把马克思主义理论分为哲

---

① 《列宁选集》第1卷，人民出版社1995年版，第364页。
② 同上书，第78—79页。

学、政治经济学和科学社会主义等三个方面，并且对每一方面在俄国革命不同时期的地位和作用进行定位，则表明了列宁对马克思主义哲学教育的自觉。早在 1911 年，列宁在批判波特利索夫等"取消派"的错误观点时，就曾指出，马克思主义有多方面的内容，在不同时期要根据实际需要突出马克思主义的某一方面，"在俄国，在革命以前，特别突出的是马克思的经济学说在我国实际中的运用；在革命时期，是马克思主义的政治；在革命以后，是马克思主义的哲学"①。这一论断，既表明了列宁对马克思主义理论重要性的认知，也表明了列宁已经正确预测到革命以后加强马克思主义哲学教育的必然性。

正是对马克思主义哲学及其教育的理论自觉，促使列宁在马克思主义哲学教育上加以重视。十月革命后，苏维埃国家面临培养广大干部群众树立共产主义思想、开展共产主义实践的迫切任务。而由于俄国历史文化的落后，苏俄的党员干部和广大群众存在文化水平不高、思想理论基础薄弱的情况，更体现出进行马克思主义宣传教育，树立共产主义世界观和方法论的必要。列宁认为，只有不断加强马克思主义哲学的宣传和教育，才有可能把人们的理论素养提高到共产主义的高度。而与此同时，旧社会遗留下来的一大批宗教主义者、无政府主义者、民粹派人士、孟什维克和后来出现的路标转换派等，各自从不同的阶级利益诉求和思想基础认知出发，宣传非马克思主义和反马克思主义思想，造成了苏俄民众在思想上一度出现很大的混乱。这些不利因素的存在，进一步促使列宁要采取各种措施，加强对马克思主义哲学理论的研究和教育。

## 二　苏联哲学教育的多样化时期

### （十月革命以后至 20 世纪 20 年代末）

十月革命以后，在开新风气，树新秩序，建设比资本主义更加民主、更加繁荣的社会主义愿望下，列宁和俄共主要领导人高度重视在全体社会成员中积极开展思想政治教育，大力宣传马克思主义理论，鼓励学哲学、用哲学呈现多样化、大众化的发展态势。由于在社会主义建设的最初时期，从经济政治到文化建设都处于探索阶段，苏共在意识形态工作上也没

---

① 《列宁全集》第 20 卷，人民出版社 1989 年版，第 129 页。

有形成规范的模式，在概念使用上也不固定，在统一的"共产主义教育"旗帜下，出现了意识形态教育、思想教育、政治教育、共产主义教育以及哲学教育等称谓。

### （一）开展大众化教育的探索

在剥削阶级社会里，哲学及其哲学教育，通常掌握在少数人手中，属于精英教育。在广大工农兵掌握国家政权的时代，布尔什维克党的目标是实现人人自由发展的共产主义，以达到物质财富的极其丰富和人们精神文化素质的极大提高。所以，在苏俄大力发展生产的同时，广泛开展了马克思主义理论教育的普及工作。在列宁推动下，哲学教育出现了从精英教育向大众化教育的转变。

1. 哲学教育大众化的起步。十月革命以后，马克思主义在苏俄的角色发生了转换，从宣传鼓动工人群众进行革命"剥夺剥夺者"的理论武器转化为维护革命胜利成果的理想信念；从推翻剥削阶级国家的斗争工具转变为维护社会主义国家的思想武器。这一时期，系统开展马克思主义理论教育条件还不具备。主要原因在于：一方面，苏维埃国家首先要忙于战争，集中全部力量反对旧势力残余颠覆苏维埃国家的政治、军事活动，没有精力开展马克思主义教育活动。在大学以及工会里开展的教育活动主要具有应对当前困难的性质。另一方面，在于俄国广大群众文化水平低下的现实。

（1）俄共从最紧急处着手，把马克思主义哲学教育用于反对宗教唯心主义和有神论的活动。最初的唯物论、辩证法教育是与俄共反对宗教唯心主义和有神论联系在一起的。在马克思主义者的视野中，宗教始终是与剥削阶级国家政权相联系，并充当着资产阶级政权辩护人、思想麻醉剂的角色。辩证唯物主义和宗教唯心主义是互不相容的，要坚持马克思主义唯物论，就要消灭宗教有神论。所以，俄共首先处理的是苏维埃国家和宗教的关系问题。

布尔什维克党取消一切宗教活动的做法与马克思主义哲学有密切的关系。列宁很早就认为，马克思主义者必须要与宗教做彻底的斗争，才能使广大民众成为彻底的唯物论者。从政治上说，"现代所有的宗教和教会、各式各样的宗教团体，都是资产阶级反动派用来捍卫剥削制度、麻醉工人阶级的机构"①。从思想上说，马克思主义辩证唯物主义是彻底的无神论，坚持马克思主义就必须要坚决反对一切宗教有神论。所以，在布尔什维克党取得国家政权以后，不仅要打碎旧的资产阶级政治机器，也要打碎维护资产阶级麻醉人民的宗教机器。这就是为什么要把无神论宣传与布尔什维克党对宗教的政治斗争充分结合在一起。在实践中，苏维埃国家首先宣布国家和宗教分离，把信教作为个人自己的私事；一批教堂被推倒，教会土地和财产被没收，打碎了宗教的政治依靠和物质基础。在摧毁宗教设施的同时，为了不伤害广大教众的思想感情，列宁提出，要采取唯物主义、无神论教育的方式，逐渐把广大教众内心的宗教观念驱逐出去。

（2）运用群众乐意接受的方式方法，有效地开展思想政治教育。随着革命的胜利，列宁认为，国家各项建设实践的展开，单纯的宣传、鼓动已经失去了理论的魅力。在思想政治教育中，更重要的是要采取更加切合实际的教育方式，要从社会实践中发现好的传播路径，才能让共产主义思想扎根在人民群众之中。

其一，要善于对共产主义事实进行理论总结。列宁认为，群众拥护不拥护共产主义，关键是看社会主义比资本主义优越在哪里，让群众看到布尔什维克党在做什么，而不是仅仅听他们在说什么。在1918年9月，列宁针对党报的"政治空谈"，曾批评说："我们很少用现实生活各个方面存在的生动具体的事例和典型来教育群众。"② 他还说，要"少唱些政治高调，多注意些极平凡的但是生动的、来自生活并经过生活检验的共产主义建设方面的事情"③，因为用现实生活教育群众比单纯的形式主义说教更贴近人们的实际。列宁自己就非常注意在实践中总结能够教育群众的事实。他曾反复地倡导，"星期六义务劳动"是一个用具体实践教育群众的好的事实，要大力宣传推广这一体现社会主义的经济条件和生活条件的首创精神，因为从这些事实中能够让群众看到未来和希望，能增强普通群众对社会主义国家的尊敬和爱戴。

其二，要善于通过实际经验的推广来教育群众。列宁充分认识到改造千百万群众任务的艰巨性和长期性，他善于把社会主义建设中的成功经验

---

① 《列宁选集》第2卷，人民出版社1995年版，第248页。
② 《列宁选集》第3卷，人民出版社1995年版，第573页。
③ 《列宁选集》第4卷，人民出版社1995年版，第9页。

推广到现实的思想政治教育中。在全俄苏维埃第八次代表大会上，列宁明确指出："为什么大多数农民都那样乐意走这条路（笔者注：指社会主义道路）呢？这是因为他们虽然绝大部分都不是党员，但是他们确信：除了拥护苏维埃政权，没有其他的出路。当然，不是书本、宣传，而是经验使他们确信这一点的。"① 列宁认为，这是群众自己总结的经验，而我们的教育工作者更要善于总结推广这些经验，才能达到教育群众的目的。这些做法在旧军人、旧式教师的教育改造中，都取得了很大的成功。

其三，要善于用社会主义建设的成效巩固群众的信念。列宁认为，宣传教育工作者要做好法令和政策的宣传教育工作，只有宣传是不够的，更重要的是要把宣传教育和实际工作中取得的成效结合起来。在社会主义改造中，列宁就清醒地指出，要完成改造的工作，靠简单的宣传教育达不到预期目的的。"如果我们在向农民一般地解释农业公社制度的好处时，不善于在实际上证明共耕社和劳动组合给他们带来实际的好处，那农民是不会相信我们的宣传的。"② 必须把宣传和实际工作长期地、坚持不懈地结合起来。在《在农业公社和农业劳动组合第一次代表大会上的演说》中，列宁还特别指出了这一问题。他说，要真正教育群众走社会主义道路，需要制订一个详尽的计划，列出各种帮助群众的方式，并且要"做出实际榜样给他们看"，"我们一定会使现有的几千个公社和劳动组合个个都成为在农民中传播共产主义思想和意识的真正苗圃"③。

2. 哲学教育大众化的策略

（1）建立反对资产阶级哲学的"两个联盟"。经过革命后的初步实践，重要的是如何把唯物主义和辩证法广泛应用于共产主义建设问题。列宁认为，用战斗唯物主义反对资产阶级哲学是一项艰巨的事业，马克思主义者不能走"纯粹马克思主义的教育这条直路"④，而要采取多种方式，联合不同的社会阶层，广泛进行宣传教育，开展揭露资本主义思想的斗争。1922年，列宁针对俄共在研究、宣传和运用唯物论和辩证法方面存在的弊端，发表了《论战斗唯物主义的意义》一文，通过对《在马克思主义旗帜下》这一刊物的宣传定位问题，对苏共如何开展思想理论战线

---

① 《列宁选集》第4卷，人民出版社1995年版，第347页。
② 同上书，第83页。
③ 同上书，第89页。
④ 同上书，第649页。

的斗争做出指示。列宁指出，共产党理论工作者们要拿起马克思主义哲学这一锐利的思想武器，要充分利用18世纪以来人类文明成果，与非党人士中的唯物主义者结成联盟，揭露和打击资产阶级的各种错误哲学，才能完成无神论宣传和反宗教斗争的胜利。同时，唯物主义者还要和自然科学家结成联盟，利用自然科学家自发的唯物主义、辩证法和自然科学的最新成果，反对一切唯心主义和时髦哲学，开展"对资产阶级思想的侵袭和资产阶级世界观的复辟"[①]的斗争。

列宁提出马克思主义哲学"两个联盟"思想是出于以下目的。其一，马克思主义者要运用一切有利条件，团结一切可以团结的力量，通过宣传、揭露和斗争，高举战斗的唯物主义旗帜，把唯物主义和辩证法运用于现实的思想斗争；其二，只有马克思主义者的队伍不断扩大，才能教育和影响普通群众树立马克思主义信仰，保持思想文化领域的纯洁性，最终战胜资本主义。在哲学战线上，列宁的"两个联盟"思想影响深远，成为苏联哲学研究和教育发展的主导方向。在社会主义建设中，苏共和理论界多次提出要按照列宁的"两个联盟"思想广泛开展哲学教育。

（2）用好高等学校宣传教育阵地。苏维埃高等学校是知识分子和青年集聚的地方，是培养共产主义接班人的主要场所。要建设共产主义，就要首先做好广大青年的世界观教育工作。列宁认为，脱胎于资本主义国家的苏维埃政权下的广大群众，大量劳动者出身于旧社会，旧观念根深蒂固，对这一部分人，只要能够把他们的思想意识转变到苏维埃方面来，能够为新政权所用就达到了目的，而对青年人的要求则不一样。青年出身于新社会，受到的是新社会的教育，他们是社会主义的接班人和建设者。所以，要从根本上培养青年的共产主义信念。1921年3月，在列宁的倡议下，人民委员会发布"关于在俄罗斯苏维埃联邦社会主义共和国所有高等学校讲授必修公共科学基本知识的规定"、"关于俄国大学社会科学各系组织刚要的法令"，把"历史唯物主义"、"无产阶级革命史"、"苏维埃国家与法权史"、"无产阶级专政的经济政策"等几门课程，作为所有高等学校的必修课开设。1922年，教育主管部门又颁布《关于规定各高等院校社会科学必修科目的决定》，把《辩证唯物主义哲学》列为必修课程。

---

① 《列宁选集》第4卷，人民出版社1995年版，第652页。

　　为了在高校里把思想政治教育真正落实下来，苏维埃国家加大培养马克思主义社会科学教师的力度。坚持对旧教师进行思想改造，提高他们的待遇，使他们的文化知识和教育经验能够为新学校所用；同时，开设新式共产主义学校，培养新的共产主义师资，逐渐淘汰旧时代的教师。1920年底，俄共召开党的教育会议，发布《关于高校社会科学教师构成考虑的决议》，专门讨论对社会科学的教育问题。在决议中，规定了清除资产阶级教授并且立即从青年党员中充实红色教授队伍的安排。[①] 1921年初，苏联在社会科学方面制订改革计划，试图让"党的一切理论力量"占领哲学社会科学和教育领域，并计划在工农干部群众中开展"红色教授"的培养工作。列宁还签署《关于筹建红色教授学院机构》的法令，在莫斯科成立红色教授学院，专门培养社会科学、马克思主义理论研究及教育专家，为"共和国的高等学校讲授理论经济学、历史唯物主义、社会发展模式、现代史和苏维埃建设课程"。[②] 在红色教授学院里，从哲学系毕业的教师，成为苏联哲学研究和教育领域的重要力量。

　　开设各类培训学校，保证普通群众思想政治教育工作的开展。20世纪20年代初开始，苏共陆续在城市建立了一大批政治学校、党校，在农村开办了政治常识学校和短期培训班；到1928年，已经创办起全国统一的初级党校，制定了统一的教学大纲；在1935年，又在取得经验基础上成立了联共（布）中央直属的宣传员大学，在各地创办了宣传员学校。这些培训学校，把马克思列宁主义理论教育摆在特别突出的位置，有效地推进了马克思主义理论教育的普及。

　　（3）清理整顿教育环境。20世纪20年代，苏俄的思想理论环境比较复杂，持各种学说、观点的人活跃在苏俄的思想理论舞台上，传播各种非马克思主义和反马克思主义的观点，诸如宗教哲学、有神论、各种唯心主义等，对马克思主义宣传教育形成了很大的干扰。激进的布尔什维克党在竭力摧毁旧的上层建筑，消除文化上不平等理念的指导下，对旧文化采取了彻底清理的做法，试图一夜之间建立起社会主义的新文化。苏维埃国家内弥漫着否定旧文化和轻视知识分子的倾向。在这样的氛围下，一大批

---

　　① 《俄共（布）关于教育问题的指示》，莫斯科—列宁格勒：国家出版社1929年版，第99页。

　　② ［苏］西涅茨基：《苏联高等学校教师干部》，苏联科学出版社1950年版，第89页。

旧式知识分子和哲学界人士在悲观失望中拒绝与新政权合作。随着新经济政策的实施，苏共在意识形态上的控制有所放松，思想文化界一些教授和知识分子反对苏维埃文化政策，诋毁苏维埃革命成果。他们主张"高校自治"，反对苏共对高等教育的领导，一批宗教哲学家在课堂上大肆宣扬唯心主义和宗教有神论，与唯物主义和无神论对抗，在大学生中产生了恶劣的影响。

为了建立正常的教育秩序，为马克思主义理论教育扫清障碍，苏维埃国家运用行政手段，采取了一些强制做法。列宁认为，既然这些思想专家传播各种资本主义腐朽观点，不愿与布尔什维克党合作，与其让他们在国内思想舞台上干扰共产主义教育，不如把他们"客客气气地"送到资本主义国家中去。1922 年，俄共（布）中央政治局召开大约 30 次会议，来研究查封反苏维埃言论的刊物、取缔反苏维埃党派和驱逐其代表人物等问题。仅在这一年的下半年间，就有三四百名俄国科学界和文化界的著名专家被流放或驱逐到国外。这种状况在哲学界尤为突出，著名的宗教哲学家别尔嘉耶夫、布尔加柯夫、卡尔萨文、斯捷普恩、弗兰克；彼得格勒大学教授洛斯基；唯心主义哲学家、彼得堡大学教授拉普申等被列入驱逐名单，被驱逐出俄罗斯联邦，用船遣送到西方国家。这次"净化俄罗斯"运动，形成了苏联文化史上著名的"哲学船事件"。在消除不利影响的同时，苏共中央创办苏维埃的出版机构，扩大马克思主义经典著作的出版。1918—1920 年，出版的马克思、恩格斯和列宁的著作约 5 万—10 万册。1925 年，在各民族 28 家出版社中，经典著作出版数量达到最多。马克思主义经典著作的出版，为进一步开展哲学教育打下了坚实的文本基础。

## （二）哲学教育的"百花齐放"

在列宁重视和倡导下，苏共其他高级领导人和广大哲学家们，也都积极参与到哲学研究和教学的建设中来。这一时期，在苏联哲学教育舞台上呈现出"百花齐放"的局面。

1. 布哈林的历史唯物主义教育。十月革命以后，被列宁称为"布尔什维克党的最大理论家"的布哈林，不仅积极协同列宁开展政治和思想教育工作，同时，他还另辟蹊径，亲自撰写哲学普及教材，供教学使用，从而开启了苏联用教科书开展哲学教育教学的时代。

最初，马克思主义理论教育主要是对马克思、恩格斯经典著作的研读，或者是通过哲学家们对经典作家文献的解读来进行。这些著作由于自身的理论性，很难在普通群众中推广，是布哈林首先开展历史唯物主义这一马克思主义"基础的基础"的普及教育。作为马克思主义理论家、俄国党和国家的主要领导人之一，布哈林在思想文化战线上具有超出常人的敏感性。他认识到历史唯物主义对俄国社会的现实性，用通俗马克思主义理论教材教育广大干部群众的重要意义。1921 年，为了给红色教授学院提供哲学教科书，方便广大干部学习哲学的需要，布哈林把自己在斯维尔德洛夫大学教师进修班的哲学讨论稿，经过加工，编写了《历史唯物主义理论——马克思主义社会学通俗教材》一书。布哈林说："之所以选择历史唯物主义的题材，是因为马克思主义理论的这个'基础的基础'还缺乏系统的论述。"① 这是苏联较早系统地论述马克思主义哲学的教科书，也开启了编写马克思主义哲学教科书的先例（也有学者认为，德波林编写的哲学教科书更早些）。《历史唯物主义理论》与布哈林此前编写的《共产主义 ABC》一起，完成了对马克思主义三大组成部分的系统论述。为了配合苏俄新党纲的宣传教育活动，布哈林和普列奥布拉任斯基曾合作编写了《共产主义 ABC》，这本书论述了马克思主义政治经济学和科学社会主义两个组成部分，为了补上欠缺的马克思主义哲学，布哈林又撰写了《历史唯物主义理论》。

《历史唯物主义理论》是第一次对历史唯物主义进行系统而通俗的论述，也是把马克思主义哲学系统化，并且在社会主义理论建设中发挥重要作用的初次尝试。布哈林不仅阐述了历史唯物主义的主要理论（第一章是因果性和目的论；第二章是决定论和非决定论；第三章是辩证唯物主义），而且在历史唯物主义基础上，阐述了自己独特的平衡论，以及社会和阶级斗争理论。布哈林这本书限于自己对马克思主义哲学的理解水平，和时间上的紧迫性，错误和不足之处在所难免，但其立足历史唯物主义，以通俗化、大众化的教材形式，对后来苏联哲学教科书的编写具有很大的影响。

《历史唯物主义理论》出版以后，不仅在苏俄思想理论领域引起了极大地轰动，而且被翻译成德文、英文和法文等多国文字，在世界马克思主义领域引起了广泛的讨论和评价。西方马克思主义者卢卡奇曾以《技术装备和生活关系》写了书评，葛兰西在《狱中杂记》第二章第二部分也

---

① 〔俄〕布哈林：《历史唯物主义理论》，人民出版社 1983 年版，第 1 页。

进行过专门评述。到了 20 世纪 70—80 年代，布哈林在此书中提出的观点仍然被讨论着。美国内华达州哲学教授拉斯·维加斯的《布哈林社会学中的哲学思想和科学实践》①；意大利哲学博士吉诺·皮奥维查纳的《现代苏联的历史唯物主义》一书第三章第四节中都有专门的阐述；1971 年，日本学者岭野修对布哈林的平衡论也有专门的评价②。改革开放以后，我国学者也从对布哈林平衡论的片面批判转向了客观而深入的研究。

2. 党的其他领导人对列宁主义的宣传。列宁逝世以后，党的其他领导人托洛茨基、斯大林、季诺维也夫等，积极阐述马克思主义发展史上的列宁阶段，来确立俄国马克思主义在马克思主义史上的正统地位。这些领导人通过发表著作、文章和演讲等方式，纷纷就马克思主义史上的列宁主义阶段的地位和作用进行理论阐释。特别是他们在对列宁的辩证法和唯物论的论述上，建构起马克思主义哲学史上的列宁阶段。尽管这些领导人对列宁主义阐述的直接目的是为了争夺苏共最高领导权，但客观上促进了马克思列宁主义的宣传与教育。

对列宁主义发展和普及教育起到较大促进作用的是斯大林与季诺维也夫。1924 年，斯大林在斯维尔德洛夫大学做了题为《论列宁主义基础》的讲演，比较详细地阐述了什么是列宁主义，以及列宁主义的方法和理论问题。他对列宁的辩证法和唯物主义个别观点进行的阐释，促进了青年大学生的辩证法普及工作。斯大林还从哲学的高度，对"一国建成社会主义"理论进行了初步的论述。诚如斯大林自己所说，他的演讲主要是对列宁主义的基础进行叙述，尽管论述不是系统化的，但"为顺利研究列宁主义所必需的基本出发点，还是有益处的"。③ 在 1926 年，斯大林又发表了《论列宁主义的几个问题》，对"不断革命论"、"无产阶级专政"、"一国建成社会主义"等重大理论问题进行了系统阐述，丰富了马克思主义的辩证法和唯物论，增强了广大干部群众对马克思主义哲学的认知。《论列宁主义基础》和《论列宁主义的几个问题》作为斯大林建立列宁主义基础和社会主义理论体系的奠基之作，尽管其中有一些不严谨、不完全符合列宁思想原意的情况，但这些著作和后来出版的《联共（布）党史

---

①　该文载于美国《苏联思潮研究》杂志，1980 年第 21 卷，第 2 期。

②　中国社会科学院马列主义毛泽东思想研究所译：《论布哈林和布哈林思想》（译文集），贵州人民出版社 1982 年版。

③　《斯大林选集》上册，人民出版社 1979 年版，第 184 页。

简明教程》一起，成为苏联人长期学习列宁思想的普及读本。

　　季诺维也夫主要通过讲课的形式宣传列宁主义，来"说明列宁本人对一系列紧迫问题的真正观点"①。1924 年，在共产主义科学院和红色教授学院讲课过程中，季诺维也夫系统阐释了列宁的主要思想，后来整理成《列宁主义：列宁主义研究导论》（1926 年）一书出版，这本书的观点还得到了列宁夫人克鲁普斯卡娅的认可。该书从历史和理论的结合上阐释了列宁主义问题，既阐述了马克思主义和列宁主义关系、列宁的社会主义革命和建设思想，还专门论述了列宁主义和辩证法等哲学问题。季诺维也夫特别强调了列宁的辩证法及其在社会生活中的运用。他认为，列宁除了在纯哲学领域理解辩证法理论之外，更突出对辩证法的实际运用。他说："列宁主义已经把辩证法'拖进'日常生活，'拖进'群众的日常斗争。"②"在列宁手里，辩证法被天才地运用于制定无产阶级革命的理论和策略领域。"③"正因为列宁主义内容如此丰富，如此全面，如此辩证，如此伟大，所以它迟早会为全世界所掌握。"④ 可见，季诺维也夫撰写此文的主要目的，是为了在社会实践中做好普及列宁主义的宣传教育工作。

　　3. 哲学家们对辩证唯物主义和历史唯物主义的宣传教育。十月革命以后，哲学理论界积极响应俄共宣传马克思主义理论的号召，在传播辩证唯物主义和历史唯物主义方面，出版了一批"辩证唯物主义"和"历史唯物主义"讲稿、教材和专著，在全国范围内推动了马克思主义哲学的传播和教育普及工作。

　　在马克思主义哲学教育讲坛上，德波林是这一时期影响较大的哲学家。他的主要贡献是在辩证唯物主义研究和传播上。在批判机械论、修正主义的过程中，德波林系统地宣传了辩证唯物主义在马克思主义中的地位，以及对十月革命胜利产生的巨大作用。在庆祝十月革命胜利十周年之际，德波林在俄罗斯社科院研究所做了《十月革命和马克思主义》（1927年）的报告。他说："十月革命只是由于正确运用了严格的科学方法——

---

　　① ［苏］格·季诺维也夫：《列宁主义：列宁主义研究导论》，东方出版社 1989 年版，第 1 页。

　　② 同上。

　　③ 同上书，第 307 页。

　　④ 同上书，第 317 页。

唯物辩证法才得以实现。"① 德波林不仅说明了唯物辩证法的巨大作用，也批判了修正主义对马克思主义辩证法的歪曲。他在共产主义科学院和科学哲学研究所做的《十月革命和辩证唯物主义》（1927 年）的报告，集中阐述了辩证唯物主义作为马克思主义的基础，在改造苏联现实社会中所起的方法论作用。他指出："十月革命的胜利，首先是辩证唯物主义的胜利，是马克思主义哲学的胜利。"② 他还在《在马克思主义旗帜下》刊发《论战斗的唯物主义者列宁》（1924 年）；在全苏马克思主义研究机构第二次全苏代表会议上做《当代马克思列宁主义哲学问题》（1929 年）的报告，用辩证法批判了机械论派否定哲学的错误。在德波林的影响下，在他周围汇集了一大批研究哲学、热爱哲学的学者，形成了著名的哲学学术团体——德波林学派，这一学派主要在研究宣传辩证唯物主义方面做出了重要的贡献。

在德波林派坚守辩证唯物主义阵地之外，苏联哲学界还把哲学研究和教学的重点放在历史唯物主义方面。整个 20 世纪 20 年代，哲学界常常把历史唯物主义和社会学结合起来共同研究，也有人把历史唯物主义和辩证唯物主义混合在一起开展研究，在教学上呈现了"百花齐放"的局面。在宽松的大环境下，哲学教育工作者根据现实的需要，自己设定哲学内容进行研究和教学活动，出版了教科书和著作，为马克思主义哲学教育提供资料。这一时期，历史唯物主义理论体系还没有达到成熟，尽管有些不属于历史唯物主义问题的研究也包括其中，但基本的框架已经呈现，历史唯物主义最重要的规律和范畴都已经包括其中。诸如 B. 萨拉比扬诺夫的《历史唯物主义》（莫斯科，1923）；Б. И. 戈列夫的《历史为唯物主义概论》（哈尔科夫，1925）；И. Ф. 库拉佐夫《历史唯物主义，简明讲演提纲》（莫斯科—列宁格勒，1929）；С. Ю. 谢姆科夫斯基的《历史唯物主义演讲提纲》（哈尔科夫，1923）；И. 拉祖莫夫斯基的《历史唯物主义理论教程》（莫斯科，1924）等。这些教科书和资料不仅探讨了历史唯物主义的定义，而且探讨了历史唯物主义的规律和范畴，以及当时社会生活迫切需要解决的具体问题。

总体上来看，苏联的历史唯物主义发展是先于辩证唯物主义的，主要

---

① ［苏］德波林：《哲学与政治》，生活·读书·新知三联书店 1965 年版，第 716 页。
② 同上书，第 704 页。

由于俄国革命和社会主义建设对马克思主义历史理论的紧迫需要，以及历史唯物主义比辩证唯物主义更加通俗易懂。哲学界适应当时的形式，重点对历史唯物主义展开了研究，并在全国范围内开展了传播和教育工作。同时，以德波林为代表的辩证唯物主义也获得了很大的发展。苏联这一时期围绕布哈林历史唯物主义和德波林辩证唯物主义为中心，在马克思主义的宣传和教育上，形成了双足鼎立的局面。

## 三　苏联哲学教育的一体化时期

（20 世纪 30—50 年代中期）

20 世纪 30 年代到 50 年代中期主要是斯大林执政时期，这一时期形成了高度集中的苏联社会主义经济政治模式。在意识形态建设中，苏共中央对马克思主义哲学教育从形式到内容都进行了整合，统一管理、步调一致，形成了一套形式完整、内容稳定的苏联哲学教育体系。我们把这一时期称为苏联哲学教育的一体化时期。

### （一）哲学教育的一体化机缘

20 世纪 20 年代后期，在实行新经济政策过程中，社会主义比重在不断增加，城乡生产力不断增长，人民群众的文化素质和水平在不断提高。在社会关系上，工农联盟得到加强，联盟各共和国得到巩固。1927 年 12 月，苏共在第十五次代表大会上发布《关于制定国民经济五年计划的指示》，计划经济全面展开。经济社会环境的变化，对思想政治教育提出的新要求，促成马克思主义哲学教育形成一体化。

1. 对阶级斗争扩大化的研判。苏俄在经济、政治和思想文化上取得显著成绩的同时，还存在着官僚主义结合城乡私人资本主义阶层试图对工人阶级的抵抗，产生的负面影响不仅表现在经济、政治领域，也表现在文化和思想方面。诸如鼓吹路标转换派的思想，富农"农民协会"口号，沙文主义、反犹太主义，鼓吹资产阶级民主"自由"以及与此相联系的小资产阶级反对派的两党口号等，[①] 对社会主义建设形成了很大的干扰。

---

① 《苏联共产党代表大会、代表会议和中央全会决议汇编》第 3 分册，人民出版社 1956 年版，第 362 页。

斯大林认为，经济政治的发展，使国内阶级矛盾在不断加剧。在这样的局势研判下，促使苏共在加强经济、政治上斗争的同时，必然通过加强思想政治教育，来竭力动员无产阶级群众，开展思想和文化战线上的斗争。

2. 多样化的思想需要集中统一。经过较长时期的文化革命运动，广大党员干部和普通群众的文化素质和阶级觉悟得到提高，具备了接受马克思主义哲学理论的能力；各种教育条件已经改善，开展教育的物质基础已经奠定。苏共经过办共产主义大学、红色教授学院等高等学校，以及对原来高校的改造，自己培养的具有共产主义思想的大学生和马克思主义专业教育人员已经走上宣传、组织和教育等各个工作岗位，思想政治教育的力量在扩大，对意识形态的控制力得到加强，这就为大规模开展马克思主义理论教育打下了人才基础。经过马克思主义哲学战线的不断研究和经典著作的整理出版，开展教学所需的基本教育资料已经具备。但是，在文化革命中形成的是思想多样化状况，马克思主义哲学领域存在着不同流派，并没有形成与社会主义建设相统一的精神力量。

3. 对培养社会主义专业人才的重视。在社会主义建设中，培养什么样的人是苏共极端重视的问题。斯大林认为，社会主义经济建设的开展，需要大量的专业人才，在各领域懂行的专家，但问题是，这些专家能否为社会主义建设服务是一个关键的问题。由此，培养"红色专家"的任务被苏共重视起来。1928 年 7 月，联共（布）中央全会根据莫洛托夫的报告，通过的《关于改进培养新专家的工作》提出，在专家培养过程中，要把思想教育工作和生产联系起来。在学生的社会政治教育中，主要通过提高学生的专门技能，让学生在保证学业的前提下，尽最大可能参加社会实践工作。在教学过程中，开设提高学生技能的课程，限制一般的社会科学课程，加强政治经济学的讲授，编写各工业部门的具体经济学教本。①1939 年，在党的十八大总结报告中，斯大林论述了在培养党的干部上，要培养又红又专的人才。他说，各科学部门的专家都有自己的不同专业，"但是有一门科学却是一切科学部门中的布尔什维克党都必须具备的，这就是马克思列宁主义关于社会、社会发展规律、无产阶级革命发展规律、

① 《苏联共产党代表大会、代表会议和中央全会决议汇编》第 3 册，人民出版社 1956 年版，第 467 页。

社会主义建设发展规律以及共产主义胜利的科学"①。

4. 思想理论战线大批判运动的结果。布尔什维克党一贯认为，在资本主义私有制下，引起资本主义危机的是经济规律的自发作用，而社会主义体制，生产是在马克思主义把握社会发展客观规律基础上的有意识行为，理论指导具有非常重要的意义。所以，斯大林提出理论研究不能脱离生活、不能落后社会主义建设实践。自 1929 年 12 月，斯大林在马克思主义者土地专家会议上的报告《苏联土地政策的几个问题》中指出，随着时间的推移，理论研究和理论工作跟不上实践发展的需要，以致引起了实际工作上的混乱，此后大规模整顿思想文化领域的资产阶级思想理论工作全面铺开。② 斯大林的理论不能脱离实际的要求，事实上就是要求哲学理论界要用发展的眼光看待社会变化的现实，把马克思列宁主义的研究和宣传教育与新的社会实践结合起来，使理论为现实服务。

斯大林用政治斗争的方式开展思想理论战线的斗争，来加强马克思列宁主义的纯洁性和统一性。在土地专家会议上，斯大林本人率先对平衡论、社会主义建设"自流论"、小农经济"稳固轮"等六个问题进行了批判。国内有的学者说，这次会议是"意识形态战线'大转变'的动员令，也是苏联思想文化体制形成的起点"③ 是有道理的。随着斯大林开展经济学领域的批判之后，哲学领域率先开始了对德波林学派的批判，把德波林派哲学观点上的不足和缺陷界定为政治上的反动，并说"他们已经走上了反马克思主义的道路。"④ 此后，思想理论领域的整顿持续进行。从 1930 年上半年开始批判德波林，到 1931 年 11 月公开发表斯大林《给〈无产阶级革命〉编辑部的信》，再到 1932 年 4 月 23 日联共（布）中央作出关于解散"拉普"和一切文艺派别，建立集中领导的中央各文艺协会的决议，可以看出苏联意识形态"大转变"的全过程，从中也可看出苏联思想文化体制形成的整个轨迹。

苏联在制订五年经济计划，开展大规模社会主义建设，不断提高人民

---

① 《斯大林选集》下册，人民出版社 1979 年版，第 462 页。
② 《斯大林全集》第 12 卷，人民出版社 1954 年版，第 126—150 页。
③ 马龙闪：《苏联社会主义模式的历史考察——从〈联共（布）党史简明教程〉到〈改革与新思维〉》，《世界历史》1988 年第 4 期。
④ 《斯大林与哲学和自然科学红色教授学院党支部委员会的谈话》，《哲学译丛》1999 年第 2 期。

群众物质生活水平和巩固社会主义阵地的同时，强调了思想理论战线的巩固。为了保证第二个五年计划的顺利进行，彻底消灭资本主义成分，斯大林在党的代表会议上指出："第二个五年计划的基本政治任务，就是彻底消灭资本主义成分和一般阶级，彻底消灭产生阶级差别和剥削的根源，肃清经济中和人们意识中的资本主义残余，使我国一切劳动人民变成没有阶级的社会主义社会的自觉而积极的建设者。"① 1934 年，斯大林在解决了党的上层路线分歧，即在"列宁主义取得完全胜利"（按照斯大林的说法是击溃了托洛茨基分子，布哈林右倾分子和民族主义倾向分子等反革命集团）的时候，在党的十七大总结报告中指出，斗争还远远没有结束，"他们的思想体系的残余还留在个别党员的头脑中，并且时常流露出来"②，再加之大多数党员的理论水平不高、党机关思想工作还薄弱，这些状况都会影响社会主义建设。于是，斯大林提出要自上而下加强"思想政治领导"的问题，并提出了思想政治工作方面的六大任务。③ 可见，苏共试图从根本上摒弃人民群众心里的资产阶级残余，使其成为社会主义的"自觉"建设者，其做法必然是，从马克思主义哲学世界观的高度开展思想理论斗争，把广大干部群众统一到苏联社会主义经济政治模式之下。

### （二）哲学教育的一体化进程

苏联大规模整合与推进马克思主义哲学教育主要有以下三次。

1. 统一哲学教科书。为了统一人们的思想，斯大林指出理论研究和宣传要赶上社会实践变化的需要，并且批判了理论教育界落后于社会实践的状况。一批年轻的哲学工作者响应斯大林的号召，把哲学研究和教学积极融入实际生活，突出马克思主义哲学的党性和无产阶级斗争性，对不符合或者远离苏联社会主义建设实际的哲学观点和学说进行了一次"总清除"。在清除"异端"思想的基础上出版统一的马克思主义哲学教材，供

---

① 《苏联共产党代表大会、代表会议和中央全会决议汇编》第 4 分册，人民出版社 1957 年版，第 291 页。

② 《斯大林选集》下册，人民出版社 1979 年版，第 330 页。

③ 参见《斯大林全集》第 13 卷，人民出版社 1956 年版，第 327 页。在 1934 年苏共十七大论述"党"的问题时，斯大林指出思想政治工作的六大任务是：1. 把党的理论水平提到应有的高度；2. 在党的一切环节中加强思想工作；3. 在党的队伍中不倦地宣传列宁主义；4. 以列宁的国际主义精神教育党组织及其周围的非党积极分子；5. 不要掩饰而要大胆地批评某些同志离开马克思列宁主义的倾向；6. 不断地揭露敌视列宁主义的思想体系及其残余。

给党校和高等院校使用。首先，由西罗可夫、艾森堡等六位"少壮派"哲学家合著出版了《辩证法唯物论教程》。这本教科书是在哲学大论战之后，按照斯大林提出的把哲学斗争和政治斗争结合起来，是对机械派和辩证法派"总清算"的直接产物，这本教科书后来由李达翻译在我国出版。书中明确提出，"哲学是党派的科学"，"辩证唯物论，给予我们以多数派的立场去研究周围的世界"①，"马克思列宁主义哲学全体是党派的"② 观点，突出的正是党性原则。这本哲学教程的优势在于基本上囊括了苏联哲学界在唯物论辩证法领域的全部问题。③ 李达在"译者例言"中说，这本书是以马克思列宁主义为中心，统一了理论和实践、结合了哲学和政治④，比较准确地归纳了此教科书的特点。尽管该书使用时间不长，但突出的哲学党性和阶级斗争性，一直被后续教科书继承了下来。由于该书只论述了辩证唯物主义部分，很快被米丁和拉祖莫夫斯基集合社科院集体编写的《辩证唯物主义历史唯物主义》（1932—1933）教科书所代替。

纵观统一的苏联哲学教科书，突出强调了马克思主义哲学的阶级性。苏联哲学家一度认为，在哲学领域，一直存在着唯物主义和唯心主义两条基本路线的斗争，哲学史就是这两个相互对抗的哲学派别的斗争和发展的历史。哲学表现了不同阶级的需要和愿望，反映着社会生产力发展的水平和人类认识自然的历史阶段。在米丁的《历史唯物论》开篇，就强调了历史唯物论与哲学和政治的统一性。⑤ 同时指出，在阶级社会内只有阶级的科学，"唯心论在其发展过程中，代表着剥削阶级的意识形态，起着反动的作用。唯物论的发展是革命阶级世界观的表现，它在阶级社会以内要从反动哲学——唯心论——不断斗争中开拓出自己的道路。"⑥ 米丁等编写的教科书，长期作为高等院校统一使用的教材，开展对青年大学生辩证

---

① ［苏］西洛可夫、艾森堡：《辩证法唯物论教程》，笔耕堂书店1935年版，第6页。

② 同上书，第413页。

③ 《辩证法唯物论教程》论述了唯物辩证法的三大规律，把质量互变规律作为辩证法的根本法则，阐述了对立统一规律、均衡论和否定之否定规律。对本质与现象、形势与内容、可能与现实、偶然与必然等基本范畴做了阐述，在辩证法规律和范畴的基础上，论述了马克思主义认识论的实践和认识关系、形式逻辑的法则、辩证思维的诸形式等，批判了普列汉诺夫、德波林、布哈林、托洛茨基的理论及黑格尔唯心主义等哲学派别。

④ ［苏］西洛可夫、艾森堡：《辩证法唯物论教程》，笔耕堂书店1935年版，第1页。

⑤ ［苏］米丁等：《历史唯物论》，生活、读书、新知联合发行所1949年版，第1页。

⑥ ［苏］米丁等：《辩证唯物论与历史唯物论》，商务印书馆1936年版，第55—56页。

唯物主义和历史唯物主义教育。直到斯大林逝世以后，赫鲁晓夫提出重新编写哲学教科书，这本书才退出苏联哲学教育的历史舞台，但这一教科书的主干一直被后来新编的教科书继承下来。

2. 通过学习苏共党史，继续强化哲学教育管理。哲学是理论化系统化的学说，具有较强的理论性，不易做到通俗易懂。哲学教科书从学术味较浓厚到条理清晰、通俗易懂经历了一个过程。米丁等人编写的《历史唯物论》（上册）和《辩证唯物论》《下册》①，比较详细地阐述了辩证唯物主义和历史唯物主义原理。但其中的缺点也显而易见，语言运用不准确，内容比较庞杂，把一些本来不属于哲学的内容也强加进来。在历史唯物主义部分还混杂了大量经济学、政治学的内容。诸如，"第三章 资本主义的和社会主义的经济体系"；"第四章 阶级与国家论"；"第五章 为社会斗争之最高阶段的无产阶级专政"等，明显不属于哲学研究的范畴。在"第七章 意识形态论"中，把对资产阶级科学、文学、艺术等内容的批判也混杂其中。可见，继续对教科书进行提炼加工很有必要。

为了实现全苏人民以马克思主义为指导，把马克思主义和列宁主义统一起来，消除"马克思主义和列宁主义相脱节的现象"②，正确认识苏联共产党的历史，1938年，在斯大林亲自参与下，由联共中央特设委员会编写、联共中央审定的《联共（布）党史简明教程》（以下统称《简明教程》）编辑完成。苏共中央机关刊物《布尔什维克》评论《简明教程》是一本"具有世界意义的伟大历史文献"。1938年11月14日，为了规范党史的学习、宣传和教育，联共（布）中央委员会通过《关于"联共（布）党史简明教程"出版后党的宣传工作》决议，指出要以《简明教程》的出版为契机，大力纠正对党史任意解释的现象，解决割裂马克思主义和列宁主义的现象。这本党史的最突出特征是，改变了以往以历史人物来叙述党的历史现象，改用以发挥马克思列宁主义的基本思想为基础来

① 根据沈志远1949年的中文译本，《历史唯物论》各章分别为：第一章辩证唯物主义与唯物史观；第二章社会经济形态、生产力与生产关系；第三章资本主义和社会主义经济关系；第四章阶级与国家；第五章无产阶级专政；第六章意识形态；第七章战斗的无神论；第八章社会变革论；第九章批判修正主义。《辩证唯物主义》各章分别为：第一章马列主义是无产阶级的世界观；第二章唯物论和唯心论；第三章辩证法唯物论；第四章唯物辩证法的规律及范畴；第五章哲学上两条阵线的斗争；第六章辩证唯物主义发展中的列宁阶段。其中，第三章主要阐述了唯物论和反映论，第四章阐述了唯物辩证法的三个规律和诸形式以及形式逻辑。

② 沈志华等：《苏联历史档案汇编》第11卷，社会科学文献出版社2001年版，第615页。

叙述党的历史。其目的在于，一是以马克思列宁主义的思想来教育党的干部，根据历史事实来讲授马克思列宁主义哲学；二是反对把马克思主义庸俗化的现象，恢复马克思列宁主义原则；三是要干部群众正确领会马克思列宁主义，在理论指导下解决实际问题；四是提高宣传工作质量和水平。[①]1938 年 9 月，苏共首先通过《真理报》刊发了《简明教程》的内容，接着以书籍的形式出版发行，在全党全国掀起了学习党史的高潮。

在高等院校，苏共对马克思主义理论课进行整合，要求各个专业都要开设《简明教程》，对全部大学生进行党史和马克思主义理论教育，同时，还要求在一般高等学校要以《简明教程》为基础讲授马列主义理论。这样，列宁主义、辩证唯物主义和历史唯物主义科目被统一的"马克思列宁主义基础"所代替。为了保证课程的实施，在教研室设置上，除了在设有哲学系的大学和专业学校保留辩证唯物主义和历史唯物主义教研室之外，各高校原来的教研室被统一的马克思列宁主义教研室所取代；在教学上，由苏共中央宣传鼓动部和全苏高等学校事务管理局统一任命教研室领导，增选理论水平高、政治上坚定，有实际工作经验的教师为教员。同时，举办训练班，对马列主义课程的教员进行培训。

特别需要指出的是，在《简明教程》学习过程中，以苏共中央和斯大林的安排，把"辩证唯物主义与历史唯物主义"作为马克思主义哲学体系长期固定了下来。《辩证唯物主义与历史唯物主义》作为《简明教程》其中一节，是为了保证苏联在未来十年到十五年中在经济上赶上甚至超过发达资本主义，完成苏联社会主义阶段向共产主义转变的历史任务，进一步推进干部的政治思想教育问题，推进广大人民群众的共产主义教育问题，进一步消除人们思想意识中的资本主义残余。斯大林根据苏联政治需要，综合了布尔什维克党的实践和理论经验，整合了米丁等人编写的教科书内容，采用通俗易懂的语言，提纲挈领、简洁明快地阐述了唯物辩证法、辩证唯物论和历史唯物主义三个部分内容，作为党的干部和群众行动的理论指南。米丁在《论斯大林的〈辩证唯物主义与历史唯物主义〉》中明确指出，斯大林撰写《辩证唯物主义与历史唯物主义》一文，完成了马克思和列宁期望做但一直没有完成的"关于马列主义党的哲学

① 《苏联共产党代表大会、代表会议和中央全会决议汇编》第 4 分册，人民出版社 1956 年版，第 501—506 页。

之系统解释"① 的任务。后来，《辩证唯物主义与历史唯物主义》独立成篇，作为单行本发行，成为苏联哲学教育最权威的教材，进一步巩固了米丁等编写的哲学教科书体系。斯大林这一被称为"马克思列宁主义哲学基本思想的百科全书"② 的著作长期成为苏联哲学教育的教科书基础。

3. 通过批判哲学史，加强意识形态控制。苏联卫国战争结束以后，在俄罗斯和一些共和国，思想政治工作有松懈的情况；一些从国外归来的苏联公民在思想觉悟方面比较底下；一些高等学校在开展马克思列宁主义理论教育中有质量不高的情况。基于这些情况，联共认为应该继续加强苏联人民的马克思列宁主义教育活动。

苏共继续开展思想理论教育领域大批判，加强意识形态教育。1944年，苏共中央批评了鞑靼党组织在开展群众政治和思想工作上存在松懈的情况；1945年，又批评了车尔尼雪夫斯基大学在讲授马克思列宁主义基础方面存在的缺陷，同时对归国的苏联公民如何开展思想政治工作做出安排，还对古比雪夫州演讲马克思列宁主义基础的方法提出了批评和改进办法。1946年，联共中央通过了《关于训练和再训练党和苏维埃的领导工作人员》的决议，对全国区以上机关基本领导干部进行再训练，来提高党和苏维埃领导工作人员的政治理论水平，使党的干部培训制度化。联共中央决定设立高级党校和加盟共和国、边区和省设立党校，通过正规培训，大规模培训党的干部。在各党校和培训班的课程计划中，要求必须把《辩证唯物主义和历史唯物主义》作为一门主要课程开设。为了加大党的理论干部培养，苏共决定设立社会科学研究院大力培养党的理论教育工作者，进一步提高他们马克思列宁主义最重要问题的研究能力。③

苏共在加强意识形态管理的同时，还通过强化哲学界的政治斗争来规范哲学教育，克服哲学领域的自由化倾向。苏共以批判亚历山大洛夫的《西欧哲学史》为突破口，进一步加强和巩固了马克思主义哲学教育的成果。1947年初，经斯大林授意，主管意识形态工作的苏联领导人日丹诺

---

①　[苏] 米丁：《论斯大林的〈辩证唯物主义与历史唯物主义〉》，生活·读书·新知三联书店1950年版，第2页。

②　[苏] А. Д. 马卡罗夫：《论斯大林著〈辩证唯物主义与历史唯物主义〉》，五十年代出版社1953年版，第2页。

③　《苏联共产党代表大会、代表会议和中央全会决议汇编》第5分册，人民出版社1958年版，第180页。

夫召开讨论会，对亚历山大洛夫的《西欧哲学史》进行了公开批判。会上集中批判了哲学史研究中没有突出党性，没有突出阶级斗争，存在着严重的理论脱离实际的现状。这次批判以哲学史领域的整顿和不同路线斗争为开端，后来批判不断升级，不仅批判了苏联一批哲学家对西方的盲目崇拜，还把宣传部门工作中有"问题"的一批哲学家解除职务。通过哲学史的批判，苏共中央进一步强化了哲学领域意识形态建设。

苏联哲学研究在批判中继续发展。从40年代末到50年代初，在苏联开展了对哲学、政治经济学和语言学的大讨论。哲学家们对辩证唯物主义认识论、辩证逻辑、形式逻辑等进行了专门研究，对现代社会发展过程中出现的问题进行了哲学探讨。这一时期，斯大林的《马克思主义和语言学问题》、《苏联社会主义经济问题》以单行本出版，对讨论有重要的影响。斯大林以马克思主义哲学基本原理为基础，对苏联经济学、语言学领域存在的问题进行了清理，进一步规范了马克思主义哲学的发展方向，加强了斯大林哲学思想的应用。为了巩固哲学的理论基础，苏联哲学家侧重于对哲学史的深入研究，突出研究了历史唯物主义中的阶级斗争问题、社会意识形态问题、社会发展的规律性等问题。这一时期还出版了多卷本的《哲学史》、《哲学百科全书》以及《十九世纪的马克思主义哲学》和《马克思列宁主义在苏联的发展及其研究的问题》等一批具有苏联特色的马克思主义哲学史著作，推动了马克思主义哲学研究的发展。

从上述情况来看，在斯大林时期，苏共中央对马克思主义哲学教育达到了前所未有的集中统一。马克思主义哲学教育不仅作为苏联全部意识形态教育的基础，而且成为苏联思想政治教育的核心。苏共开展的马克思列宁主义基础教育，其指导思想都是以斯大林的《辩证唯物主义和历史唯物主义》一文为绝对标准来开展的。在特殊的时期，高度集中的教育体制，提高了苏联党员干部和普通群众的马克思主义理论水平，巩固了社会主义的信念，但这种通过强制的行政命令开展的哲学教育，也存在着一些弊端。一是持久性不够。在苏共高压下，造成马克思主义世界观和方法论入口易入脑难，苏共一放松要求，立即出现学习松懈的情况。二是机械性。以斯大林"哲学公式"为单一教育内容的哲学教育，排除了其他思想碰撞，失去了靠自身发展的生命力，使哲学不能真正反映社会生活，使本来鲜活的马克思主义理论逐渐成为僵化的教条。

据赫鲁晓夫在他的回忆录《自序》中说，斯大林"采用各种思想灌输的方法来实现自己的目的。他要求的是不加思索的服从和毫不怀疑的忠诚。"① 这种认为斯大林完全为了个人目的而不择手段的评价尽管有些偏颇，但可以见得斯大林对思想理论的强制"灌输"并没有真正深入人心，也不可能持久下去。当斯大林个人权威消逝以后，这种一体化的哲学教育也出现了裂隙和难以克服的问题。

## 四　苏联哲学教育的改革和稳定发展时期
（20 世纪 50 年代中期—80 年代中期）

在 20 世纪 50—80 年代，尽管苏联国内经历了不切实际的"全面建设共产主义"和建设"发达社会主义"的超阶段时期；国际共产主义运动也经历了"大分化"、"大动荡"，但斯大林时期建立的哲学及其教育体系，一直主导着后斯大林时代苏联哲学教育的开展。赫鲁晓夫时期，在反对斯大林个人迷信的同时，苏共继续强调要密切结合苏联社会主义建设的实际开展思想政治教育，强调要在干部群众中加强哲学的党性教育和阶级性原则。在"解冻"口号下，苏联哲学研究和探讨的领域不断拓宽，对人的问题、价值论问题、全球化问题等都进行了深入的探讨，这些研究成果也部分地影响到哲学教育，丰富了哲学教育的内容。但由于苏共提出共产主义的超阶段理论，严重脱离了苏联社会的实际。勃列日涅夫时期，出于社会稳定的需要，不仅终止了赫鲁晓夫的改革，而且在思想理论观念上日趋保守。在"发达社会主义理论"的指导下，苏联思想政治教育貌似兼具了赫鲁晓夫的改革意识和斯大林时期的一体化思路，实际上出现了严重的形式化。

### （一）赫鲁晓夫时期哲学教育改革

由于斯大林的逝世，由其个人权威建立的政治经济秩序逐渐崩塌，一系列社会问题和弊端逐渐暴露出来。苏联国内出现经济停滞、冤假错案翻案抬头、各共和国的离心倾向、工业发展的畸形结构造成人民生活困难等。为了化解困难，苏共中央开始在经济政治文化领域进行一系列的改革，试图摆脱斯大林建立起来的政治经济和思想文化的个人专制，建立中

---

① 赫鲁晓夫：《赫鲁晓夫回忆录》上册，社会科学文献出版社 1988 年版，第 22 页。

央集体领导体制。在意识形态领域，也掀起了轰轰烈烈的改革运动。

1. 改革初期的舆论准备工作。要继续推进思想理论教育工作，首要的是破除斯大林个人权威形成的教条主义。在苏共二十大召开以前，苏共中央对斯大林的个人崇拜问题已经有所涉及，赫鲁晓夫本人在多个场合对苏联的思想理论教育提出新的要求。苏共一方面要求要把实际工作中的新变化反映在思想理论教育中，同时对斯大林时期的理论教育工作进行反思，提出"创造性"地开展思想理论教育工作。

苏共新领导层立足在思想批判基础上进行整改的思路，力求在思想理论教育中，竭力贯彻党的意图。1954 年 9 月，苏共中央作出《关于改进苏共中央社会科学院工作的措施》的决议，对苏联标志性的马克思主义理论研究和教育机关——苏共中央社会科学院的工作提出尖锐批评。批判社会科学院在培养高水平马克思主义者的任务方面不能令人满意，培养的一些毕业生理论水平不高，不善于创造性地运用马克思主义的方法解决工作中的问题，陷入了教条主义和学究习气，没有很好地用必要知识武装起来去反对敌视马克思列宁主义的意识形态。① 同年 11 月，苏共中央又通过《在居民中进行科学无神论宣传中所犯的错误》的决议，要求全苏在科学无神论教育上要改变以往片面压制的做法，批评有些地方在无神论宣传中犯了粗暴的错误，并要求各地党组织要坚决消除这些错误，并在今后"绝对不容许再次发生任何侮辱教会执事的感情以及用行政手段干涉教会活动的事情"②。1955 年 2 月，赫鲁晓夫在出席乌克兰共产党中央全会的讲话中指出，经济领域的干部要有专门的知识，要善于解决增进人民福利的实际任务，那些只了解马克思主义理论而不会解决经济任务是不行的。③ 上述举措意在传达苏共在马克思主义理论教育方面要改变以往的做法。

赫鲁晓夫以放松对文学艺术作品意识形态管制为突破口，借助"解冻"，鼓励自下而上，推进思想理论教育的大变革。斯大林逝世以后，在苏联发表了一批描写斯大林时期阴暗面的文学作品，揭露斯大林时期的个人迷信和虚假繁荣的现象。这一现象以 1954 年爱伦堡的中篇小说《解

---

① 沈志华、于沛：《苏联共产党九十三年——1898 至 1991 年苏共历史大事实录》，当代中国出版社 1993 年版，第 465 页。

② 同上书，第 465—466 页。

③ 同上书，第 470 页。

冻》为标志，从文艺领域逐渐延伸，也在整个思想理论教育领域引起了
"解冻"风潮。"解冻"思潮意味着在文学作品中具体表现为讲真实、甚
至揭露阴暗面，关注人的命运，反对高大全的人物形象，主张反映社会政
治重大问题。以此为契机，1953 年 11 月，在苏共中央各共和国和地方报
刊主编会议上，赫鲁晓夫明确提出："报纸应该尽量尖锐地发掘我们工作
中的缺点，暴露缺陷。"1954 年 12 月，在苏共中央发给全苏作家第二次
代表大会的"贺词"中，赫鲁晓夫又要求作家要面对现实生活，积极
"发现生活中的矛盾和冲突"① 来写作。但赫鲁晓夫坚决反对通过文学和
社会科学的研究宣传，来质疑马克思主义理论和苏联共产党的做法。1957
年 5 月，赫鲁晓夫在苏共中央召集的作家会议上指出，党必须要加强文艺
工作的领导，要把党性和人民性统一起来。文化领域的"解冻"，在哲学
研究和教育界引起广泛的响应，推动了哲学研究和教育改革，提倡创新，
打破了理论研究和教育长期不变的固化状态。

经过对斯大林集权和个人迷信的批判，一定程度上解放了人们的思
想，在思想理论领域出现了自由表达的情况。有人认为赫鲁晓夫批判斯大
林的个人崇拜和专权独断，是其在二十大上的即兴之作，事实上并非如
此，而是苏共中央为了解决斯大林时期积累的诸多问题的集体行动。破除
斯大林个人崇拜，为苏共二十大以后开展思想政治理论的大变革做了
铺垫。

2. 要创造性开展哲学教育。1956 年，在苏共二十大上，赫鲁晓夫提
出思想文化领域要进行"创造性"的工作。在会议总结报告中，赫鲁晓
夫明确指出："对共产党员和全体劳动群众进行马克思列宁主义教育，创
造性地发展革命理论，这是我们胜利前进的决定性条件。"② 报告提出，
必须"编写一本通俗的、以历史事实为依据的马克思主义的党史教科书，
其中要科学地概括地叙述我们党为共产主义而斗争的具有全世界历史性的
经验，并且要一直叙述到现在"。③

按照苏共二十大精神的要求，苏共提出重新编写教科书，加强马克思
列宁主义教育。苏共新领导层认为，斯大林时期的党史教材充满了个人崇

① 陈之骅等：《苏联兴亡史纲》，中国社会科学出版社 2004 年版，第 388 页。
② 《苏共第二十次代表大会关于苏联共产党中央委员会总结报告的决议》，人民出版社
1956 年版，第 123 页。
③ 同上书，第 127 页。

拜和虚假陈述，需要恢复苏共历史的本来面目，重新编写党史教科书来教育广大干部群众。1960 年 5 月，以苏联科学院通讯院士波诺马廖夫主编的《苏联共产党历史》代替了《简明教程》。苏联《历史问题》杂志就此发表评论文章说：斯大林时期《联共（布）党史简明教程》具有公式化、歪曲事实的错误，新党史更加具有科学性。苏联学者勒·萨大根也撰文指出："《联共（布）党史简明教程》成为党和国家机关的干部以及工人、农民学习理论和苏共党史的基本读物。但是这本教科书不是没有缺点的。它只把党史叙述到 1937 年，而且也还有一些由于个人迷信而产生的不正确的地方。"① 这些说法在一定程度上解释了苏共弃用《简明教程》的原因。1954 年 10 月，苏联《哲学问题》杂志第 5 期发表《要创造性地研究辩证唯物主义问题》的社论文章，对斯大林把辩证法分为"四个特征"进行了批判，指出它"并没有包括马克思主义方法的全部财富和所有方面"。该文同时批判了高校的哲学教育，指出高等学校的哲学教学大纲把"唯物辩证法弄得这样贫乏，是没有任何根据的"②。对《简明教程》存在缺陷的批判，为苏共创造性地开展马克思主义理论教育工作，重新编写马克思列宁主义基础教科书，来科学宣传唯物主义世界观，反对唯心主义哲学提供了依据。

继续开展理论批判，维护苏联哲学的"正统"地位。二十大以后，苏共在整个共产主义阵营内部批判现代修正主义和右倾机会主义。以此为背景，在马克思主义哲学领域，发动了批判哲学修正主义的运动。1958 年，《哲学问题》杂志在第 10 期上发表社论，以《反对哲学修正主义》为题，批判哲学修正主义反对哲学党性原则，坚持实证主义，认为哲学修正主义"主张的'纯'哲学，反对和政治联系，反对把辩证唯物主义看成是马克思主义政党的世界观"，造成理论和实践的脱节，实质上是要"摒弃马克思主义哲学中把哲学和现实、和革命实践经常联系"③ 的错误。同时，还通过批判卢卡奇的哲学著作，批判修正马克思列宁主义哲学和政治上的修正主义的密切联系，提出要在"批判修正主义者的哲学观点时

① 《关于新版〈苏联共产党历史〉教科书》，《读书》（光军摘译自德国《统一》杂志 1958 年第 11 期），原载《学术译丛》1959 年第 3 期。
② 贾泽林：《苏联哲学记事》，生活·读书·新知三联书店 1979 年版，第 18 页。
③ 《哲学研究》编辑部编：《苏联哲学资料选辑》第 5 辑，上海人民出版社 1964 年版，第 186—195 页。

一定要把批判它的政治路线和阶级观点有机地联系起来"①。

从创新思想理论研究和教育到重新编写教科书，再到反对哲学修正主义的斗争，可以看出，赫鲁晓夫时期对思想理论教育有继续加强的趋势。从斯大林时代一路走来的赫鲁晓夫，既看到了斯大林时期思想理论教育的沉闷和保守带来的弊端，同时也认识到用马克思主义理论培养全新的"苏联人"的必要性。而赫鲁晓夫采取"去斯大林化"的做法，试图用更加科学的内容和灵活的形式开展思想理论教育，进一步巩固苏联人的马克思主义信仰的做法，并没有真正走出斯大林时期思想理论教育的误区。

3. 开展全民马克思主义理论教育活动。赫鲁晓夫时期，苏共普及马克思主义理论教育，集中在共产主义的宣传和思想工作之内。其立论依据是：在共产主义教育中，为了克服人们意识中的资本主义残余，树立正确的马克思主义世界观，就要重视意识形态领域的斗争，加强思想工作，就要在民众中大力宣传马克思主义，因为"马克思列宁主义灌输到群众意识中越深，群众参加共产主义建设就越积极、越自觉、越精力充沛"②。为了实现其教育目标，苏共发布《关于在当前条件下党的宣传任务》的决议，要求从 1961—1962 年起，在中学的高年级和中等专业学校增设政治常识课，主要任务是使青年学生掌握苏联共产党最迫切的理论问题和政策问题，培养青年的马克思列宁主义世界观，树立他们的共产主义精神。

在统一安排下，苏共开动党的教育系统这台培训机器，在全国各地开设理论讲习班③，开展各类哲学讲座、讲演。同时，加大哲学类通俗读物的出版工作。新的哲学宣传教育形式也不断涌现，把高校或党校哲学教师与基层群众单位联系起来，在全国的一些工厂、农村和研究所举办几千人参加的讨论哲学问题的理论会议。学习辩证唯物主义和历史唯物主义的人数在不断增多。《哲学问题》杂志在 1960 年第 2 期发表社论《把哲学知识送到群众中去》，倡导在全体苏联国民中开展辩证唯物主义和历史唯物

---

① 《哲学研究》编辑部编：《苏联哲学资料选辑》第 5 辑，上海人民出版社 1964 年版，第 202 页。

② 同上书，第 235 页。

③ 根据苏联《哲学问题》杂志介绍，"理论讲习班"的主要学习方式是：听讲者独立阅读一本书，然后对于最复杂最重要问题进行集体的创造性讨论。并且大都是研究哲学个别问题的讲习班，其中有研究自然科学哲学问题讲习班，参加者主要是科学工作者和高校教师；还有研究共产主义问题讲习班，参加者主要是中等学校和七年制学校的教师；研究马克思列宁主义美学讲习班；研究科学无神论讲习班等。

主义宣传教育，并对已经开展的哲学宣传学习活动进行梳理总结。据统
计，仅在1959年，就举办了70万次关于辩证唯物主义、伦理学和无神论
的讲演。参加的人数也达到前所未有。仅在党的教育系统中学习辩证唯物
主义和历史唯物主义的人数，在1957—1958学年度达到30万，1958—
1959年度增加一倍，几乎达到60万，1959—1960年，接近70万。① 形成
了全民学习马克思主义理论的热潮。

4. 强化高校马克思列宁主义哲学教育。在苏共"去斯大林化"运动
中，对高等学校的哲学教育进行重新部署。1957年6月，根据苏共二十
大精神，苏联哲学家、苏共宣传鼓动部部长康斯坦丁诺夫在全苏高等学校
社会科学教研室主任会议上作了《高等学校中马克思列宁主义的教学与
研究》的报告，对苏联高等学校的哲学教学与研究工作做出了具体安排。
康斯坦丁诺夫指出，由于苏共二十大决议对高等学校社会科学的教学思想
水平产生了创造性的影响，要把理论同实际联系起来，要应用马克思主义
的辩证法来探讨当代问题，要大胆地总结共产主义建设的实践。他还指出
了教育中存在的不足：在哲学和科学教育中，尽管教学工作取得了很大的
改进，但还存在着教条主义和学究习气，而产生这些问题的基础就是
"教学工作和科研工作同实践的脱节"，"对于探讨马克思主义哲学发展的
列宁纲领以及哲学中的哲学阶段的一般工作都注意的很不够"，"对马克
思列宁主义世界观同帝国主义资产阶级反动的、反科学的哲学之间的根本
对立也揭示得很不够"，在捍卫原理或批判敌人的时候空泛议论，缺少证
明、没有论据、照本宣科，"害了思想上的懒病"②。康斯坦丁诺夫指出，
为了克服哲学与自然科学脱节的情况，需要把哲学教学和学生的专业课教
学联系起来，提倡各个不同高校根据自己的实际情况探索教学方法。在哲
学教科书编写上，要根据不同专业的情况，编写不同的教科书，自然科学
专业可以编写简明教科书，人文科学专业可以编写比较详细的教科书，并
且提倡大的学校或哲学家自己编写教科书的建议。

康斯坦丁诺夫还在教学法上提倡改革：在几门思想政治课程的开课顺
序上，可以进行改革试点，要避免教学中几门课程内容的重复问题。要加

---

① 根据《苏联哲学》杂志发表的《把哲学知识送到群众中去》社论统计。原载苏联《哲
学问题》杂志，1960年第2期。

② 《哲学研究》编辑部：《苏联哲学资料选辑》第3辑，上海人民出版社1964年版，第
341—345页。

强课堂上的讨论，直接解决学生的疑问，教学不能了无生气、流于形式，要根据不同专业分别确定课堂讨论的题目，不能千篇一律。有些教师对学生要求不严格，在判定学生的知识时采取自由主义的态度，"这意味着教师对自己这门课程的不尊重，而且会给马克思列宁主义的教育带来损失。"① 总之，只要有利于哲学教学发展的做法在一定范围内都可以尝试。在一段时期内，康斯坦丁诺夫的报告成为苏联高校哲学教育开展的方向性指示。

此后，苏联马克思列宁主义教育随着国民教育的全面改革一同推进。1958 年 12 月，根据苏共中央提出的学校教育要与生活相结合的要求，苏联最高苏维埃主席团通过了《关于加强学校同生活的联系和进一步发展苏联国民教育制度的法律》，要求高校培养的毕业生要"在马克思主义学说基础上教育成长"，不断提高"理论修养水平"。1959 年 10 月 8 日，苏共中央和苏联部长会议发布《关于普通学校历史教学中的若干变更的决议》，提出改造普通中小学、青年工人学校和农村青年学校的历史课程和苏联宪法的教学。1961 年 2 月，按照苏共中央《关于在当前条件下党的宣传任务》的决议，俄罗斯联邦规定从 1961—1962 年开始，在中学高年级和中等专业学校设置一门通俗的政治常识课程。② 从 1962—1963 年开始，在中学毕业班和中等专业学校开设社会学课程。对授课教师开展课程培训，通过讲授马克思列宁主义哲学以及政治经济学、科学社会主义，"使青年学生掌握苏联共产党最迫切的理论问题和政策问题，培养青年的马克思列宁主义世界观，用共产主义精神来教育他们。"③ 按照上述要求，苏联各加盟共和国、科学院和高等院校积极行动起来，掀起了从改革教学方式到编写使用新教科书的浪潮。从 1956 年到 1960 年，编写出版了上千种哲学研究及教育的小册子。其中，由康斯坦丁诺夫亲自主编的《马克思主义哲学原理》（1958 年）被苏联高等和中等专业教育部确定为高等院校的指定用书，成为最权威的教科书。此后，这本书根据苏联社会政治的

---

① 《哲学研究》编辑部：《苏联哲学资料选辑》第 3 辑，上海人民出版社 1964 年版，第 347 页。

② 《俄罗斯联邦教育部长关于 1961—1962 学年在中学毕业班设置通俗的政治常识课的命令》，原载《苏联教育资料汇编（1965—1963）》第 3 辑，人民教育出版社 1964 年版，第 18 页。

③ 根据 1960 年 6 月，俄罗斯联邦教育科学院、苏联高等教育和中等专业教育部公布《政治常识教学大纲》，第 38 页。

变化和苏共历次代表大会的精神，经过多次修订，并于 1971 年改名为
《马克思列宁主义哲学原理》，一直使用到戈尔巴乔夫改革时期。

5. 以哲学研究推进哲学教育。苏共二十大以后，哲学界围绕苏共代
表大会、中央会议等提出的新思路、新观点从马克思列宁主义哲学层面进
行阐释和研究，并把形成的研究成果和具体做法贯穿于马克思主义哲学教
育教学之中。

(1) 对社会主义人道主义问题的研究。1959 年，苏共提出了苏联已
进入"全面展开共产主义建设的时期"的论断。围绕"全面建设社会主
义"理论，赫鲁晓夫还提出"一切为了人，为了人的幸福"的口号，大
力宣传"全民党"和"全民国家"理论。哲学理论界围绕"人道主义"
问题，开展了旷日持久的研究和讨论。1957 年，著名哲学家费多谢耶夫
专门论述了"社会主义和人道主义"，对资产阶级人道主义和社会主义人
道主义进行了辨析。他指出"资产阶级的人道主义的理想是使个人成为
自由的财产所有者，社会主义人道主义的注意中心则是使人成为全面发展
的自由的人。"① 社会主义人道主义的哲学基础是唯物主义世界观。《共产
党人》杂志发表了《对人的社会主义关怀》一文，论述了人道主义与社
会主义的密切关系，强调"人道主义、人性是社会主义国家活动的主导
原则之一"②。1960 年出版的《苏联百科全书》第一卷，在对"人道主
义"的解释中指出，社会主义人道主义与资本主义人道主义具有本质的
不同，"人道主义的新的最高的形式是马克思主义人道主义（社会主义人
道主义，无产阶级人道主义）。它有彻底的科学世界观和工人阶级实践的
特点"③。可见，关于"人道主义"的问题已经进入苏联哲学界的视野。

苏联哲学家还围绕国际哲学会议的主题来大力宣传社会主义人道主
义。1958 年，在第十二届国际哲学会议上，就"人和自然"的主题，哲
学家们从本体论、认识论、社会学和美学等不同角度，探讨了人和自然界
的问题。米丁在总结发言时指出，与会者在探讨人道主义、教育等，试图

---

① 《哲学研究》编辑部：《苏联哲学资料选辑》第 1 辑，上海人民出版社 1963 年版，第
196 页。

② 沈志华、于沛：《苏联共产党九十三年——1989 至 1991 年苏共历史大事实录》，当代中
国出版社 1993 年版，第 542 页。

③ 《哲学研究》编辑部：《苏联哲学资料选辑》第 11 辑，上海人民出版社 1963 年版，第 6
页。

从哲学上理解最新科学成就，想充分地判断人的道德价值和自由的作用和意义时，不能冒出仇视人类的话，不能宣扬"食人的哲学"①。1963年，在墨西哥举行的第十三届国际哲学会议上，苏联哲学家也从多方面论述了"人的问题"。费多谢耶夫、康斯坦丁诺夫、奥伊则尔曼等就"当今世界中的人道主义"、"人和社会"、"人及其异化"、"人和技术"等专门围绕人道主义进行了研究，并于1964年编辑出版了《人和时代》一书。对人道主义的探讨，扩展了马克思主义哲学研究的领域。它既是对西方哲学界批判马克思主义"人学"空场的回应，也是在新的时期发挥人的积极性推进苏联社会主义建设的理论要求。

（2）对列宁辩证法的研究。苏联哲学界认为，几十年来仅局限于斯大林对辩证法的阐释，而忽视了列宁辩证法的全面性，所以，有必要对列宁辩证法开展研究。哲学界批判了斯大林对辩证法的机械认知，突破"无冲突论"的束缚，肯定了矛盾在社会主义制度下的动力作用。罗森塔尔在《列宁和辩证法》一文中指出，斯大林对辩证法的概括是不彻底的，要是作为马克思列宁主义方法的一般概念还可以容忍，但要是把它提高到辩证法科学的"最后结论"和"最高成就"的地位就不可容忍了，所以，必须要回归列宁的辩证法。1955年，斯潘捷年发表《社会主义社会发展中的矛盾及其克服的途径》一文，指出，不仅矛盾的克服是发展的源泉，矛盾本身、矛盾的存在也是发展的源泉，这是对社会主义社会生产力和生产关系完全适合理论的突破。为了推进辩证法研究，苏联哲学所、莫斯科市委讲师团、中央社科院哲学研究室等单位还多次召开研讨会，发表了一系列论文，来阐述辩证法问题。诸如，契尔特科夫的《辩证法的核心》（1963年）；图加林诺夫的《辩证法规律在苏联向共产主义过渡时期的作用的特点》（1963年）；乌克兰采夫等的《社会主义成长为共产主义的辩证法》（1963年）等，在对立统一规律、社会主义基本矛盾等问题上，进行了深入的探索。

对人道主义和辩证法的研究成果，部分被纳入哲学教科书，在日常教学中得以推广。在康斯坦丁诺夫编写的《马克思列宁主义哲学原理》（1985年）的"辩证唯物主义"部分和"第十八章　社会和个人"有关章

---

① 《哲学研究》编辑部：《苏联哲学资料选辑》第3辑，上海人民出版社1964年版，第162页。

节，重点谈论了辩证法问题和人的问题，基本体现出哲学研究和哲学教育的有机结合。

### （二）勃列日涅夫时期哲学教育平衡发展

勃列日涅夫时期，随着苏联社会主义模式的固化，在经济政治体制中没有出现大起大落，意识形态管理上也趋于平稳保守。勃列日涅夫吸取了斯大林和赫鲁晓夫的执政经验，既防止社会失去活力，又注意不造成社会过度激进。所以，他既恢复了斯大林时期的一些旧例，也保留了赫鲁晓夫时期的一些做法。总体上来说，勃列日涅夫在保持国家物质财富不断增长、居民生活得到提高的同时，注重搞好苏联人的思想政治教育工作。

1. 进一步强化思想理论教育工作。勃列日涅夫时期，在党的多次代表大会上，苏共中央都提到要加强思想政治教育和思想理论工作的问题。在苏共第二十三次代表大会的报告中提出："苏联的学校应该作为普通教育的学校、劳动的学校、综合技术教育的学校不断发展。它应当用牢固的科学基础知识武装学生，使他们树立唯物主义的世界观，具有共产主义道德，应当培养青年，使之走向生活，自觉地选择职业。"① 在苏共二十五大上，勃列日涅夫专门强调要加强人的思想政治教育问题。他在总结报告中指出："人的思想教育问题，造就新人——当之无愧的共产主义建设者——的问题，在我们的整个工作中占了很大的位置。"在"国家发展的现阶段，对于进一步创造性地探讨理论的要求不但没有降低，反而更高了。"② 在帝国主义和社会主义"两种世界观的斗争中，不可能有中立和折中。"③ 在这一阶段，苏共发布多项旨在加强思想政治教育的决议。1967 年 8 月，通过了《关于进一步发展社会科学和提高它在共产主义建设中的作用的措施》；1976 年 8 月，通过了《关于进一步完善党的苏维埃领导干部提高思想理论水平和业务能力的培训系统》的决议；1979 年 4 月，通过了《关于进一步改进思想教育工作》的决议；1979 年 5 月，通过了《关于进一步改进思想工作和政治教育工作》的决议，并且召开专门会议，检查决议的落实情况。同时，加强对专家的世界观培养工作。

① 《苏联共产党第二十三次代表大会文件汇编》，生活·读书·新知三联书店 1978 年版，第 85—86 页。

② 《勃列日涅夫言论》第 12 集，上海译文出版社 1979 年版，第 105—106 页。

③ 同上书，第 109 页。

1966 年 9 月，苏共中央和部长会议通过《关于在全国改进专家的培养工作和完善对高等和中等专业教育的指导》的决议，提出在加强培养专业人才的过程中，"高等和中等专业学校毕业的专家应被教育成有高度共产主义觉悟的人，应掌握马列主义理论，有组织群众政治工作和教育工作能力"①。此外，多次强调提高教科书质量的重要性。苏共中央对不同时期苏联党史教科书都不满意，并提出要结合新的实际，吸取以往教科书质量不高的教训，重新编写高质量的教科书。在 1966 年 11 月，苏共中央政治局专门召开讨论国内意识形态问题的会议，勃列日涅夫在会上忧心忡忡地说过，苏共至今没有一本关于反映党的历史的真正的马克思主义的教科书。

2. 围绕"发达社会主义"理论的思想理论教育。20 世纪 70 年代，围绕"发达社会主义理论"开展的宣传教育，被规定为苏联哲学社会科学研究和思想政治教育的中心任务。

（1）加强党校系统化教育。勃列日涅夫时期，在苏共内部建立了初级党校、中级党校和高级党校严整的党内学习系统，编写了各级党内学习班使用的教科书和参考书等配套用书。各级党校在重点开展马克思列宁主义基础理论教育的基础上，要求学员着重理解发达社会主义理论。几年间，先后有 1600 万人在党的教育系统内接受了学习培训。② 此外，在坚持和强化党校马克思列宁主义理论的学习教育之外，苏共还组织了强大的哲学社会科学力量对党的代表大会和代表会议文件进行研究，诠释和论证，充实到党校教育中，以理论研究带动苏联党校共产主义教育的开展。

（2）提高高校的思想政治教育水平。苏共对高校教师和学生的思想政治教育提出了明确要求。1971 年 12 月 12 日，在全苏高等学校社会科学教研室主任会议上，苏共主管意识形态工作的苏斯洛夫作了《社会科学是党在共产主义建设中的战斗武器》的报告，要求高等学校社会科学教师要站在马克思列宁主义的立场上，对苏联的经济、政治和国际等各个方面进行创造性的研究，把"社会科学教学水平的提高"，看作是"对国家具有头等意义的大事"。高等学校的教师不仅要成为"传授一定实际知

---

① 沈志华、于沛：《苏联共产党九十三年——苏共历史大事实录》，当代中国出版社 1993 年版，第 636 页。

② 《苏联共产党第二十四次代表大会主要文件汇编》，生活·读书·新知三联书店 1967 年版，第 139 页。

识的专家，而且要成为培养共产主义战士的意识、政治信念、求实精神和道德品质的教育者。"他还特别提出："大学生和研究生应当把深入掌握马克思、恩格斯和列宁的著作以及党的文献作为学习马克思列宁主义的基础。"①

（3）在思想理论领域抵制资产阶级"自由化"思潮。由于赫鲁晓夫时期"解冻"思潮的影响，"自由化"思想开始在社会上泛滥，加上西方加强了反共宣传和思想渗透，苏联国内不少人受其影响，向往西方的自由民主，信奉资产阶级人道主义，出现了"六十年代人"现象。有些人公然站在苏共的对立面，成为所谓的"持不同政见者"。他们成立了一些秘密组织，出版地下刊物，设法取得西方的支持，极力反对社会主义。还有一些人表面上表示拥护社会主义，在公共场合宣传支持社会主义，甚至大唱赞歌，而背地里反对社会主义，成为所谓的"夜间人"。"持不同政见者"尽管各有不同的政治诉求，但从根本上说都是反对马克思主义的世界观和哲学基础。苏联著名持不同政见者麦德韦杰夫认为，民主的社会主义具有巨大的容纳力，并不需要"单一的、无所不包的"马克思主义理论基础，他声称："民主的社会主义——即容纳了多种力量的社会主义——是唯一可行的理论。"②以致，最后他得出所谓的宁要社会主义，不要马克思主义的结论。面对"持不同政见者"对正统思想教育的冲击，苏共采取了"两手"做法。一方面，对"持不同政见者"加强管制，采取开除出党、流放，甚至判刑等政治措施；另一方面，不断强化意识形态上的宣传，在整个社会科学领域，调动一切宣传教育力量，大力宣传"发达社会主义"的科学性和合理性，来反对资产阶级"自由化"思潮。

（4）加强无神论的宣传教育。在"发达社会主义"建设中，为了凝聚社会主义建设的力量，苏共提出要协调社会主义与宗教的关系，积极引导宗教为社会主义服务。在无神论教育方面，勃列日涅夫改变了赫鲁晓夫时期对宗教的简单压制和无情打击，以正面的无神论宣传教育代替以往的反宗教宣传，缓和了社会主义和宗教的关系。1972 年 9 月 15 日，《真理报》发表"无神论教育"社论，指出要"彻底根除宗教偏见，要求进一

---

① 《苏斯洛夫言论选》下册，上海人民出版社 1976 年版，第 954、966、968 页。

② ［苏］罗伊·麦德维杰夫：《论苏联的持不同政见者：与意大利记者皮尔罗·奥斯特林诺的谈话》，群众出版社 1984 年版，第 84 页。

步提高各阶层居民的精神文化水平，要求对群众进行大量的和耐心的教育工作"①。在实践中，苏共鼓励通过口头宣传、办通俗读物展、运用大学网等方式，扩大无神论宣传教育，使广大民众摆脱宗教观念的影响。为了对青年学生加强无神论教育，从1964年开始，在大多数高校，把"科学无神论基础"作为一门必修课，并把这种做法一度延伸到中学教育阶段。为了加强无神论教育管理，专门设立无神论教研室，在全国范围内召开无神论科研和教学会议，研讨无神论教育的有效性问题。

勃列日涅夫时期，强调系统的思想政治教育，把马克思主义哲学教育贯穿在思想政治教育之中。哲学研究和教育界紧紧围绕"发达社会主义"理论，发表了数以千计的理论文章，论证了发达社会主义制度的先进性与合规律性。扩大党的政策理论宣传，在高校哲学教科书中，把各次党代会的决议融入其中，引导青年学生从理论高度理解党的方针政策。加强对西方"自由化"思想的抵制和无神论宣传教育，一定程度上巩固了广大民众社会主义信念。但由于苏联社会状况整体趋于教条和僵化，社会不良现象日益增多，包括马克思主义哲学教育在内的整个思想政治教育体系发挥作用的空间被大大压缩了。

## 五　苏联哲学教育的蜕变时期
(20世纪80年代中期至苏联解体)

1985年，戈尔巴乔夫执政以后，开展全面改革，苏共中央一方面提出要重视社会主义意识形态建设，加强对广大人民的思想政治教育，另一方面，又不断用改革"新思维"冲击思想政治教育的阵地。在急剧变化的改革时代，既表明苏共在思想理论领域改革的矛盾心态，又反映出苏共思想理论建设上的盲目性。苏共二十七大重要撰稿人博尔金，在回忆改革的状况时说："当时正处于理论上混乱不堪，组织上软弱无力的时期，今天说一样，明天说一样，而干的又是另一样。"② 这也反映了苏联思想政治教育当时的状况。总体上看，在戈尔巴乔夫改革年代，苏联哲学教育可

---

① 中国社会科学院世界宗教研究所：《苏联宗教政策》，中国社会科学出版社1980年版，第191页。

② ［俄］瓦·博尔金：《改革先锋——戈尔巴乔夫传》，时代文艺出版社2003年版，第101页。

以分为两段：改革初期，强调要坚持意识形态建设；改革后期，从放弃马克思主义哲学教育开始，放弃了社会主义意识形态建设。

### （一）充满矛盾的意识形态教育改革

戈尔巴乔夫担任苏共总书记以后，面对长期以来苏联社会存在的弊端，在经济政治和社会生活的各个领域开始了史无前例的改革。1985 年 4 月，戈尔巴乔夫第一次提出了"改革"① 这个词。起初，戈尔巴乔夫对改革的总要求是："我们应当有足够的政治经验、理论视野和公民勇气去争取胜利，使改革符合社会主义崇高的道德范畴。"② 当然这一改革也包括对意识形态教育的改革。而戈尔巴乔夫对意识形态教育，对青年人的培养，如他在经济政治领域的改革一样，也是充满矛盾的。一方面，他提出要通过加强思想政治教育，巩固苏联人的社会主义信仰；另一方面，又试图通过淡化思想政治教育的单一模式，解放思想，为改革开辟道路。

1. 苏共提出对意识形态教育改革的必要性。1986 年 2 月，在苏共二十七大的政治报告里提出，要"加强意识形态与生活的联系，丰富人的精神世界"，对党的思想理论焦点，以及国内外产生的一系列错综复杂的问题，"迫切需要进行哲学上的严肃认真的总结"，要在意识形态工作中把教育和实际工作结合起来，要估计到思想政治教育、劳动教育和道德教育面临的困难，要具体化，避免以往"大轰大嗡"的形式主义。③ 戈尔巴乔夫在《改革与新思维》一书中，总结了改革前社会政治思想领域状况："在社会科学中经院式的空头理论盛行。创造性的思想被逐出社会科学门外，肤浅的、唯意志论的评价和论断成了真理，对之只能解释，不容争辩。思想的发展、创造性的生活离不开科学、理论等问题的讨论，然而，这些讨论却徒有其名。"④ 这段话可以从两个方面来理解，其一，要在坚持马克思列宁主义的前提下，在社会科学领域开展创造性的研究，为改革提供思想支持；其二，要在加强社会科学与实际相结合的过程中，丢掉马克思列宁主义这个指导思想，另起炉灶，采取实用主义的方式，发展社会

① Энциклопедля. Т. 5. История России и её ближайших соседей. Ч. 3. XX век, Гл. ред. С. Т. Исмаилова：Аванта，1995，с. 629.

② ［苏］米·谢·戈尔巴乔夫：《改革与新思维》，世界知识出版社 1988 年版，第 20 页。

③ 《苏联共产党第二十七次代表大会主要文件汇编》，人民出版社 1987 年版，第 112 页。

④ ［苏］米·谢·戈尔巴乔夫：《改革与新思维》，世界知识出版社 1988 年版，第 11 页。

科学。而戈尔巴乔夫走的恰恰是第二条道路。

2. 苏共认识到思想理论领域改革的艰巨性。由于长期以来形成的社会停滞、惰性和哲学理论自身的更新不足，到改革时期，苏联思想政治理论教育已经显露出严重脱离国家发展和社会实际的情况。戈尔巴乔夫忧心忡忡地指出，"在加速社会经济发展的斗争中，为提高意识形态工作的效率创造了非常有利的社会条件。可是，不应该指望这样一来就会使思想政治教育、劳动教育和道德教育工作变得容易"①。为了推动所谓的民主化、公开性，使改革在思想上取得突破，戈尔巴乔夫从列宁那里寻找根据，但同时他又理想化地提出："我们苏联人拥护社会主义，但是，我们并不强迫任何人接受我们的信念。让每个人自己做出抉择，而历史将对一切作出结论。"② 这样，戈尔巴乔夫就陷入了列宁曾经批判过的"自发地"拥护社会主义的错误。

3. 苏共提出对苏联干部政治理论素养和道德素质的培养。在苏共二十七大之后的一月全会上，戈尔巴乔夫提出要进行"全面改革"、"更新社会"。在干部教育上，由于多年以来干部更新不足，过度注重对干部科学技术和专业技能的教育，在政治理论素养和思想道德教育上有所忽视，给党的政治工作造成了不少损失，导致一些干部，甚至是党的高级干部不思进取、墨守成规、生活腐化等。针对这种状况，戈尔巴乔夫提出，要稳定队伍，保持干部队伍的纯洁，在重视干部专业知识和技能的同时，要加强政治素质和思想道德素质的培养，来提高干部对事业的责任心和纪律性。

4. 改革高等学校马克思主义理论教学工作。改革之初，戈尔巴乔夫对高等学校和中等学校教学的认识是："根据科学技术进步的要求对青年进行就业前的训练，削减那些对人用处不大、反而使学生负担过重的次要的教学内容。认真改进在培养学生掌握文化成就的人文学科的训练。"③ 在这里，戈尔巴乔夫把思想政治教育的科目认定为"对人用处不大"的教学内容，明显在淡化甚至为取消马克思主义理论教育学科做舆论准备。为了加强哲学在社会变革中的作用，苏联哲学教育界开始了自我批判。

① 《苏联共产党第二十七次代表大会主要文件汇编》，人民出版社1987年版，第115页。
② ［苏］米·谢·戈尔巴乔夫：《改革与新思维》，世界知识出版社1988年版，第26页。
③ 同上书，第83页。

1987 年 4 月，由苏联《哲学问题》杂志社主持召开"哲学与生活"讨论会，对苏联哲学与生活的关系问题进行反思。哲学界从苏共会议提出的哲学社会科学落后于时代、脱离了生活入手，对苏联自 20 世纪 30 年代以来的哲学研究和发展进行反思。哲学家们批评了苏联哲学长期以来存在的保守、僵化和教条主义的倾向。批评了哲学教学大纲在价值哲学、哲学史和自然科学哲学的内容严重落后于时代；提出在哲学改革过程中，要提倡公开性，要把"新思维"贯穿进去。① 这次讨论会的成员主要来自苏联科研机构和高等院校，本身既是哲学研究者，又是哲学教育者，他们根据自己多年的哲学研究和教学体会，无非是想达到两个目的，即如何打破长期以来形成的烦琐哲学纷扰，开拓哲学研究的新领域，摆脱哲学活动在广大公众心目中威信降低的状况，以及如何进一步发展哲学科学，增加哲学与生活的联系，迸发理论魅力，在世界观教育上发挥更大的作用。

可见，在改革初期，戈尔巴乔夫试图继续改进苏共传统意识形态教育的做法，通过思想政治教育为苏联改革保驾护航。而同时，他又急功近利，竭力打破传统思想政治教育形成的传统观念，主张"公开性、民主化"思维。这种矛盾心态，随着改革形势严峻，逐渐发生偏向。

### （二）民主化和公开性对马克思主义哲学教育的挑战

1. 提出政治纲领的民主化，社会生活的公开性。1986 年，戈尔巴乔夫在改革中提出"公开性"，提出要让人民知道党和政府的一切，要不留历史的"空白点"。接着，在政治上又提出绝对"民主化"，在苏联思想理论领域和知识分子中间引发了所谓"反思历史"和混淆现实的社会思潮。在"反思历史"的过程中，苏共对如何坚持在马克思主义指导思想下维护科学社会主义理论却没有言明，反而要求党的干部要在积累改革经验的基础上，"创造性地"发展马克思列宁主义。在这样的舆论氛围中，那些对社会主义心怀芥蒂的人歪曲现实，特别是一些知识分子摆脱了长期的心理压抑，再加上一些媒体的推波助澜，把社会中的消极现象无限放大，在整个社会掀起了全面否定苏联革命和建设的运动。他们从全面否定斯大林本人到否定整个斯大林时期的社会主义制度，嗣后又延续到对十月

---

①　贾泽林等：《哲学的新思维——苏联"哲学与生活"会议材料选登》，《哲学译丛》1988 年第 4 期，第 1—40 页。

革命和列宁主义的怀疑与批判。这种不设禁区的揭露，颠覆了思想政治教育反复灌输给人们的正统观念，引起了人们对以往教育的疑惑，产生了思想混乱。

2. 指导思想的"多元化"。在戈尔巴乔夫无限制、无原则的"公开性"面前，出现的是指导思想的"多元化"。戈尔巴乔夫鼓励报刊和电台开展自由讨论，对社会异端观点主张开展辩论来解决，甚至对于公开抨击和批判苏联共产党及其政治的观点也予以容忍。一时间，自由主义、宗教哲学、民主社会主义等思潮在苏联政治舞台上大行其道。政治和组织上对苏共指导思想的否定，在思想理论界造成了极度的混乱，一些坚定的马列主义者摇身一变成为反对苏共的斗士，激进思潮迅速蔓延，大学里马克思主义哲学课成为大学生嘲笑的对象，众多的马列主义教研室不研究马列主义，反而研修西方政治经济学说。这种现象助长了青年学生对马克思主义理论的漠视。这场意识形态的评判运动很快波及具体的宣传和教育领域。

3. 思想政治教育的"新思维"。1988 年，为了适应苏联改革的要求，戈尔巴乔夫提出，对苏联教育要有"新思维"，要进行"民主化、人道化"的根本性变革。在苏共中央二月全会上，通过了《关于教育体制改革的决定》，颁发了教育改革的《条例草案》等文件，对高校的思想政治教育课程作出调整，把《苏共党史》改为《二十世纪社会政治史》，把《科学共产主义》改为《现代社会主义问题》，把《马克思主义哲学原理》改为《哲学》，把《马克思主义伦理学和美学原理》改为《伦理学和美学原理》。形式上看，课程并没有减少，但从实质上看，调整后的课程明显地淡化了意识形态色彩，弱化了这些课程的思想政治教育功能。在教育管理上，为了适应"民主化"的要求，苏共下放了对教育的管理权，增强高校办学自主权。把国民教育委员会逐步演化为社会自治机构，对学校教育从严格管理放松到到宏观协调。在教材管理上，放弃了统编教材的使用，鼓励教师自己编写新教材。学校和教师可以根据自己对社会发展的认知、好恶，对教学内容进行随意的删减和增添。这种做法，使一批优秀的开创性的马克思主义理论教材得到出版，但在"民主化、公开性"的大背景下，更多违背马克思主义观点的教材也得到出版，使一些否定马克思主义理论和苏联社会主义历史的观点得到自由传播，造成了师生在政治思想上的混乱。1989 年 12 月 6 日，苏联国家国民教育委员会颁布命令，全面废除苏联大学和其他高等院校的"马列主义"课程，中学的马列主义课程改为"社会与人"。此后，带有马列主义名称的教材逐渐从苏联教育界消失。

### （三）用抽象的人道主义代替历史唯物主义

1. 抽象的人道主义。在改革的"新思维"之下，戈尔巴乔夫从世界观的高度，提出了"人道主义"学说，以此来代替马克思主义哲学。戈尔巴乔夫"人道主义"的主要观点是：从一切为了人的自由，为了维护人的真正权利，为了地球人的公正为出发点，强调人的绝对自由个性、民主权利与社会公正，把"人道主义"作为既适用于社会主义国家的经济政治和文化需求，也适用于国际关系领域内和平共处的理论。"人道主义"是戈尔巴乔夫改革新思维的核心，也是其"民主的社会主义"理论基础。

戈尔巴乔夫的"人道主义"是抽象的人道主义。表面上看，在社会主义制度下，他的自由、民主和公正具有一定的合理性，但它抹杀了不同社会制度的差别，忽视了资本主义国家和社会主义国家意识形态的对立。在苏联国内和国际上还存在着尖锐的阶级对立和斗争的情况下，戈尔巴乔夫以调动人的积极性来促进改革，以全人类面临共同的核威胁，需要和平共处为依据，提出要"超越意识形态上的分歧，让每个人作出自己的抉择，而且应该受到尊重。"并认为这是解决国际问题的"最适当的办法①。用这种抽掉了阶级属性的"人"来代替"现实的人"，用全人类的利益来代替不同阶级利益的做法，很明显超越了阶级社会的现实。事实上，从苏共二十七大开始，在多个重要场合，戈尔巴乔夫宣扬的"人道主义"，都是以全人类的幸福和价值为前提的，从来没有给人道主义加上"社会主义的"或"无产阶级的"等限定语。可见，戈尔巴乔夫的人道主义既不是社会主义人道主义，也不是马克思主义人道主义，从本质上说，这种人类化的"人道主义"充满着主观唯心主义和空想，是抽象的人道主义。

2. 用抽象人道主义代替马克思主义哲学。戈尔巴乔夫在多个场合，淡化甚至提出取消马克思主义理论和教育，而大力宣传人道主义。在戈尔巴乔夫支持下，从1986年开始，苏联科学院"人的问题综合研究委员

---

① ［苏］米·谢·戈尔巴乔夫：《改革与新思维》，世界知识出版社1988年版，第199页。

会"等研究人的机构相继成立，以哲学家弗罗洛夫为主的一批学者，从多角度对"人"进行研究，为抽象的"人道主义"摇旗呐喊。为了系统传播"人道主义"观点，戈尔巴乔夫亲自撰写的《改革与新思维》一书，以俄文和英文同时在苏美两国出版，后来又翻译成多国文字，在国内外引起强烈的反响。尽管戈尔巴乔夫本人口头上坚持社会主义，却大谈特谈"人道主义"的世界价值。他抛弃马克思主义的阶级斗争观念，完全抹杀"人道主义"的阶级属性，并认为"人道主义"思想是整个人类的共有精神财富，完全没有必要将其做资产阶级人道主义和无产阶级人道主义的划分。这些观点明显脱离了马克思主义哲学是无产阶级世界观的论断，成为戈尔巴乔夫"人道的民主的社会主义"指导思想的理论基础。曾担任戈尔巴乔夫助手之一的博尔金说，在改革之初，戈尔巴乔夫就表现出了理论上的摇摆性，在行动上逐步走向资本主义，"虽然他（戈尔巴乔夫）还在一本正经地大谈建设社会主义，大谈共产主义远景，但这些都是空话，如同一块遮羞布一样，在掩饰着见不得人的思想"①。正是对"人道主义"思想的错误理解，成为苏联共产党丧失领导地位，出现多党制，丢掉社会主义制度的理论动因。

在哲学教育上，以苏联哲学家弗洛罗夫为代表的哲学界人士大力推行马克思主义哲学人道化，彻底放弃辩证唯物主义和历史唯物主义，这种做法与戈尔巴乔夫的"人道主义"逐渐达成默契。1989 年，弗洛罗夫出版了《论人和人道主义》一书，宣扬抽象人道主义，得到戈尔巴乔夫的赞许。同年，以人道主义为主导的《哲学导论》出版，成为高校统一使用的教科书，取代了长期使用的《马克思列宁主义哲学原理》。这是苏联哲学和哲学教育终结的重要标志之一。

---

① ［俄］瓦·博尔金：《改革先锋——戈尔巴乔夫传》，时代文艺出版社 2003 年版，第 64 页。

# 第三章

# 苏联马克思主义哲学教育的
# 基本特征

作为苏联思想政治教育基础和核心的马克思主义哲学教育，是由苏联共产党在国家层面开展的、以国家权力为后盾的、融哲学知识教育和信仰教育于一体的，对全体苏联民众进行的教化活动。在抵御西方资本主义意识形态渗透、建设社会主义理论体系的情况下，通过对马克思主义哲学的研究与教学、宣传与鼓动，培育广大民众的无产阶级世界观和方法论，打牢党的指导思想基础，保证马克思主义意识形态占主导地位。在苏联，苏共投入大量的人力和财力，集中几乎全部的思想理论资源和力量，构建起社会主义意识形态的大厦，形成了社会主义国家独具特色又蔚为壮观的思想理论教育现象。

## 一　教育目标具有指向性

无产阶级政党以消灭私有制、实现共产主义及人类解放为根本目标。苏共认为，共产主义理想的实现需要由共产主义"新人"来完成，而"新人"的塑造不仅需要现实斗争的锻炼，更需要通过开展共产主义教育来培育。马克思主义哲学是无产阶级政党的行动指南，是对客观世界和历史规律的科学认识，它不仅对人类为什么要走向共产主义做出了科学的解答，其科学批判的基本精神亦贯穿于整个共产主义运动之中。所以，苏联开展马克思主义哲学教育，既是提高苏联民众科学文化素质的要求，更是出于树立民众共产主义理想信念，培养出为共产主义事业而努力奋斗的"新人"考量。

**（一）马克思主义哲学与共产主义的统一**

在阶级社会里，从没有哪一个国家的全体成员拥有共同的目标。以往的国家存在着阶级对立，决定了不同阶级在发展目标上的不同甚至对立。在社会主义制度下，从体制上消灭了对立阶级的存在，全体社会成员都成为社会主义大家庭的一员，从而使全体社会成员拥有共同的理想和价值目标成为可能。19世纪80—90年代，马克思主义登上俄国历史舞台，即承担起鼓动教育俄国无产阶级推翻沙皇反动政府的使命。一批俄国革命知识分子通过接受马克思主义理论成为共产主义者，并用马克思主义理论分析俄国问题，推动了俄国革命的进程。从普列汉诺夫到列宁，都十分注重用马克思主义哲学指导俄国革命，从世界观的高度进行理论灌输，唤起俄国工人、农民和士兵的阶级意识，使俄国工人、农民反抗地主和资本家的斗争从自发走向自觉。在十月革命后的共产主义实践中，列宁提出共产党要用共产主义精神来教育人民，使人民按照党的政策和策略开展行动，并称之为是走向共产主义的第一步。在谈到苏维埃政权的任务时，列宁强调了要把培养工人、群众思想观念的任务，作为党的第一个任务放在首要地位。他指出："任何一个代表着未来的政党的第一个任务，都是说服大多数人民相信其纲领和策略的正确。"[1]

正是对马克思主义的信仰决定了苏共的共产主义目标，而共产主义目标的实现离不开共产主义新人。苏共认为，社会存在决定社会意识，随着社会经济政治条件的变化，人性会发生相应的变化，这就为在新社会中塑造"新人"奠定了理论基础。苏维埃国家的新制度与旧制度具有根本的不同，以往社会制度及其变迁都是一个剥削阶级代替另一个剥削阶级的延续，社会主义和共产主义是一种全新的制度，是对一切旧制度的完全否定。在新的社会制度下，为培养塑造共产主义的一代新人提供了条件。这里，共产主义新人的"新"具有特定的含义，既是在社会主义制度下成长起来的人，又是通过马克思主义教育培养起来的具有坚定共产主义信念的人。列宁认为，要实现共产主义，仅依靠旧社会遗留下来的人才是不可能完成的。因为这些人世界观在旧社会中形成、固化，身上留有资产阶级的旧观念、旧思想，只能通过思想改造，引导他们参与共产主义建设。在

---

[1]　《列宁选集》第3卷，人民出版社1995年版，第476页。

革命实践中的一代人也不可能承担起建设共产主义的任务，他们最多只能起到消灭旧政权、保持新政权的作用。所以，"真正建立共产主义社会的任务正是要由青年来担负。"① 列宁坚信在共产主义教育下培养的全新的青年，完全能够担负起建设共产主义的任务。

把无产阶级世界观教育作为培养共产主义新人的重要手段，来源于马克思、恩格斯的论述。在工人运动中，马克思、恩格斯十分重视思想理论教育的开展。在《共产党宣言》中，马克思、恩格斯经过科学论证，喊出了"全世界无产者联合起来"的响亮口号，把全世界无产阶级的革命运动奠定在实现共产主义的基础上。在探索革命理论的过程中，马克思深切感受到哲学和无产阶级的密切关系，以及在推动无产阶级解放运动中的基础作用，认识到通过哲学教育启发无产阶级的阶级意识，帮助无产阶级认识人类历史发展规律和自己的历史使命，具有重要的意义。在德国无产阶级解放运动中，马克思说："哲学把无产阶级当做自己的物质武器，同样，无产阶级也把哲学当做自己的精神武器；思想的闪电一旦彻底击中这块朴素的人民园地，德国人就会解放成为人。"② 可见，在培养无产阶级阶级意识上需要从哲学的高度来开展，需要把马克思主义哲学教育与共产主义新人的培养历史地统一起来。

### （二）实现目标的条件和手段

苏联社会主义制度的建立，马克思主义成为推动苏俄社会主义国家建设的理论指导，马克思主义理论教育也从培养坚定的革命者发展到培养全体人民接受马克思主义、实现共产主义的跃升。布尔什维克党结合俄国的革命形势和社会主义建设需要，对广大民众的马克思主义理论教育更加细化，以马克思主义哲学教育为基础，全面培养社会主义的建设者和接班人。

在俄国，对广大民众开展无神论宣传教育，树立唯物主义世界观是布尔什维克党推动革命取得成功的重要条件。俄罗斯是一个宗教底蕴深厚的农奴制国家，东正教不仅势力庞大，而且在全体民众中影响甚广，导致广大民众的无知与愚昧。十月革命以后，尽管苏维埃政府取消了宗教的特权，没收了教会的财产，但宗教有神论观念在民众的心里仍然占有很大的

---

① 《列宁选集》第 4 卷，人民出版社 1995 年版，第 281 页。
② 《马克思恩格斯文集》第 1 卷，人民出版社 2009 年版，第 17—18 页。

比重，科学世界观和无神论教育势必继续进行下去。从俄罗斯的教育情况看，由于沙皇政府采取愚民政策，对民众进行精神控制，不仅教育质量低下，而且全部教育具有强烈的宗教性。据统计，1913 年，俄国人的识字率只有 30%。这一识字率比 18 世纪的英国还要低得多。① 就是到了 1920年，另据《俄国识字状况》统计，在全国范围内，男子不识字的比例接近 60%，女子不识字的比例达到 75%。② 特别需要提出的是，东正教的长期存在，成为培养俄国人的重要基础。教会对学校的干预和对民众有神论的灌输，教育出来的人都是具有宗教意识、宗教情感和宗教道德的人。与之对应的是，东正教作为资产阶级国家的支柱，以有神论为精神，培养的是为沙皇政府和资产阶级服务的人。无产阶级革命在俄国的胜利，打破了千年东正教支配人思想的迷梦，宗教有神论观念遭到摒弃，用唯物主义世界观代替宗教信仰成为苏联共产党和国家培养共产主义新人的正统。

布尔什维克党认为，通过马克思主义哲学教育，开展哲学上的斗争，是培养新人的重要手段。任何哲学都有阶级性，都是为一定阶级斗争和路线斗争服务的。马克思主义哲学是资本主义社会经济和阶级斗争的必然产物，唯物论和唯心论的斗争是无产阶级和资产阶级两大敌对阶级在哲学上的反映。作为无产阶级的世界观，辩证唯物主义和历史唯物主义是无产阶级的战斗武器，是为无产阶级的政治服务的，是为广大人民群众的彻底解放服务的。"哲学上的党派斗争，这种斗争归根到底表现着现代社会中敌对阶级的倾向和思想体系"③。无产阶级要战胜资产阶级，首先要与资产阶级的思想体系作斗争。开展马克思主义哲学教育，用科学世界观代替资产阶级的世界观，来培养共产主义新人，成为苏联共产党的必然选择。

### （三）实现目标的过程

马克思主义理论关注的不仅是个人及其命运，而且从把握社会宏观现象及其社会发展规律上，更为关注无产阶级这一整体阶级的命运。按照马克思的理论设想，推翻一切旧的剥削制度，在新制度的基础上，才能实现一切人的个性，使每一个人获得自由而全面的发展。因此，共产主义的

---

① 赵士国：《历史的选择与选择的历史——近代晚期俄国革命与改革研究》，人民出版社2006 年版，第 13 页。

② 《列宁选集》第 2 卷，人民出版社 1995 年版，第 762 页。

③ 同上书，第 240 页。

"新人"更多表现为集体概念而不是个体概念。

革命胜利以后，布尔什维克党延续了马克思、恩格斯的观点，把个人看作社会的组成部分。党的理论家普列奥布拉任斯基认为，从社会主义观点来看，个人属于集体的一员，"每一个人并不属于他自己，而是属于社会——人类"①。这也是当时党内比较普遍的看法。在俄共（布）第八次代表大会的纲领中明确提出，要培养共产主义全面发展的社会成员，但对什么是共产主义"新人"并没有准确的界定，较为直观的描述就是：培养人民群众具备无产阶级世界观和共产主义信念。从列宁对共产主义教育的相关表述看，共产主义教育的内容就是学习马克思主义关于共产主义的论述加上实际斗争的经验的结合②。在教育方式上要"把工人阶级几十年来在争取政治自由的斗争中形成的习惯、风气和信念，用作教育全体劳动者的手段"③。从军事斗争和生产斗争实践来看，在前线能英勇抗击资产阶级武装进攻的红军战士，在后方能积极开展"星期六义务劳动"的工人阶级都是共产主义者的典型。所以，苏俄在社会主义初期培养的"新人"，具体表现为保卫革命胜利果实不怕牺牲的人，为建设共产主义而大公无私的人。

此后几十年里，苏联对共产主义"新人"的培养，随着社会实践的变化有细微的变化，但总体上是以列宁时期的"新人"为基础的。斯大林时期，在"一国建成社会主义"目标下，进行大规模工业化和农业集体化建设，在干部、工人和青年的培养上，要求培养大量既懂专业科学知识，又具备无产阶级世界观的"红色专家"，即"苏维埃人"。在培养技术专家的过程中，通过马克思主义理论教育，使每个人都成为具有共产主义世界观、精通马克思主义理论的政治家和社会活动家。赫鲁晓夫时期，围绕"全面开展共产主义建设"的设想，计划1980年建成共产主义的目标，直接提出了要通过马克思主义的教育和改造，培养能适应共产主义建设的"新人"。这标志着苏共对"共产主义新人"的培养正式提上日程。勃列日涅夫时期，提出"发达社会主义"阶段，在人的培养上延续了赫鲁晓夫时期对"共产主义新人"的提法。在戈尔巴乔夫改革时期，取消

---

① ［俄］布哈林、普列奥布拉任斯基：《共产主义 ABC》，东方出版社 1988 年版，第 236 页。

② 《列宁选集》第 4 卷，人民出版社 1995 年版，第 282—285 页。

③ 同上书，第 303 页。

以往不切实际的"新人"提法，笼统提出的是培养社会主义或共产主义的建设者。

为培养社会主义、共产主义新人，苏联采取了多种措施，通过现实的劳动锻炼、政治斗争、榜样的力量以及思想理论教育等方式。在统一的共产主义教育系统内，开展了马克思主义理论教育、共产主义道德教育、劳动教育和爱国主义教育等。苏联哲学教育在培养共产主义"新人"上具有重要的位置。早在1911年，列宁在批判波特利索夫等"取消派"的错误观点时曾指出，马克思主义有多方面的内容，在不同时期要根据实际需要突出马克思主义的某一个方面。"在俄国，在革命以前，特别突出的是马克思的经济学说在我国实际中的运用；在革命时期，是马克思主义的政治；在革命以后，是马克思主义的哲学"①。尽管列宁当时出于批判"取消派"的错误观点，但其意指明确，即在革命胜利以后的社会主义建设中，需要充分发挥马克思主义哲学的精神力量，来培养共产主义的建设者。通观苏联社会主义建设，苏共坚持以辩证唯物主义和历史唯物主义为指导思想基础，对广大民众开展无产阶级世界观和共产主义信仰的教育，以保持社会主义意识形态的主导地位。通过马克思主义哲学教育，使广大党员干部和人民群众树立正确的世界观和方法论，为树立共产主义理想和信念打下思想基础。

## 二　教育对象具有普遍性

教育具有教育者和教育对象之分，教育者又称教育主体，教育对象也称为教育客体或受教育者。教育者是教育的发动者、组织者和实施者，与之相对应，教育对象是教育者实施教育的接受者。思想政治教育亦是如此。从培养新人上来看，苏联每一个社会成员都要接受马克思主义理论教育，树立共产主义的信念。从辩证法的逻辑上说，随着苏联国内社会经济政治和国际局势的变化，新的情况不断涌现，不管是教育者或是受教育者，都有不断接受教育、改造其思想，以适应新形势的要求。

从一定意义上说，教育者同时也是接受教育的对象，苏联哲学教育的对象是全体社会成员，具有普遍性。苏联哲学教育是在苏共中央直接领导

---

① 《列宁全集》第20卷，人民出版社1989年版，第129页。

下，从苏共领导层到国家干部再到青年学生和普通群众，形成了层次分明的教育体系。为了保证苏共的路线和决策在哲学教育中得到贯彻执行，以保持苏联在马克思主义理论上的纯洁和正统，从中央到地方，从教育决策部门到高校，从党的干部到基层群众，从教师到学生，形成了一套自上而下，完整的教育网络。在这一网络中，苏共中央是教育的核心，一切教育指令从这里发出，其他各级各类各层次的教育都围绕这一核心来运转。

### （一）哲学教育的单一主体

教育是人类自身的再创造活动，通常情况下，各级各类教育者按照自己的方式开展教育活动，具有多主体特征。苏联哲学教育在苏共的领导下，具有权威性。苏联思想政治教育形式上具有从中央到地方，存在党校教育、高校教育、成人教育和社会教育的差异，但从教育主体的本质上来看，一切教育管理、内容、方法都由苏共中央来决定。

苏共中央是思想政治教育的唯一主体。纵观苏联意识形态教育的历程，苏联哲学及其教育有自己的发展逻辑，但总是在苏共中央的影响和干预下进行，形成的是以苏共中央为主体的权威教育。这一教育特色既是苏共维护社会主义制度的需要，也是苏联时期观念上层建筑为经济政治服务的结果。这一权威教育主体的形成奠基于列宁，固化于斯大林，在后斯大林时期一直得以延续，直至 90 年代苏联解体。

十月革命以后，苏联哲学讲坛上涌现的是唯物主义、辩证法、无神论与唯心主义、宗教有神论等多种哲学思想并存，哲学教育工作者按照自己理解的哲学观开展教学活动，呈现的是多主体开展哲学研究和教育的局面。多元化哲学思想的传播，势必会出现受教育者在世界观上的差异，甚至接受相互对立的世界观，影响了广大干部群众科学世界观及共产主义理想信念的形成。出于摒弃资产阶级思想残余和剔除宗教有神论的需要，在高等教育中把马克思主义政治理论课作为必修科目，禁止开设有关的宗教课程，并把一批不愿合作的资产阶级教授和宗教哲学家逐出大学讲坛，甚至把一大批非正统的社会科学家和哲学家驱逐出境，基本形成了由苏共统一领导的马克思主义哲学教育格局。

苏联哲学教育从多样化主体到单一主体的转变，经历了很长的时期。20 世纪 20—30 年代，尽管是在苏共的统一指导下，但哲学研究和教育内容的多样化得到了维护，教育者能够使用自己认可的哲学教科书开展教学活动。哲学界围绕如何发展马克思主义哲学的问题，出现了多次大的论争。在论争中，出现了取消马克思主义哲学，试图用具体科学代替哲学的"机械论"思潮，也出现了主张把马克思主义哲学简化为辩证法或方法论的"辩证法派"理论。"机械论"者主张取消马克思主义哲学的做法，是对列宁把马克思主义划分为三个基本组成部分的否定，使马克思主义失去了整体性，其目的是取消马克思主义在苏联的指导思想地位。这种观点受到"辩证法派"的强烈批判。以德波林为首的"辩证法派"一度成为哲学界的权威，把握了哲学发展的方向，成为哲学领域的领导者，但"辩证法派"主张简化马克思主义哲学，试图把哲学限定在学术的殿堂内，对苏联的工业化和农业集体化运动缺乏理论上的关注，对一系列重大理论问题和现实实践缺乏必要的解释。而苏联社会实践中形成的斯大林经济政治模式，迫切需要与思想理论领域达成绝对的统一。正是"辩证法派"哲学的过度学术化和脱离政治的倾向，适应不了当时快速发展的形势，也没能体现斯大林的意图。1930年，由斯大林本人亲自出面，对"辩证法派"理论脱离实践的做法进行批判①，开启了政治领导人干预哲学的先河。从此以后，苏联哲学教育收归苏共中央集中统一管理，哲学教育的多样化主体宣告终结。

此后，苏联哲学教育的领导权收归苏共中央，甚至归于斯大林本人，苏共中央成为哲学教育的唯一裁定者。哲学研究和教育统一集中在苏共中央的领导之下，统一编写的哲学教学大纲和教科书用于教学，一切哲学研究活动、各级学校的哲学教育以及报纸杂志、广播电视的哲学宣传，都完全按照苏共中央的决议和斯大林的指示来阐述。教育工作者失去了通过自由理解马克思主义哲学来开展教学的权利。

斯大林时期形成的苏共对哲学教育的全面领导，一直延续到苏联此后的几十年。50年代中期，赫鲁晓夫对斯大林"个人崇拜"开展批判，在思想理论教育领域出现"解冻"，哲学研究和教育一度出现了一定自由发挥的空间，但出于维护哲学既定权威和纯洁性的考虑，哲学教育总体上仍然在苏共中央的严格控制之下。

---

① 1930年12月9日，斯大林在与哲学和自然科学红色教授学院支部委员会的座谈中，批判了"辩证法派"理论脱离实际的倾向，并把"辩证法派"的领导人德波林及其成员定义为"孟什维克化的唯心主义者"，并指出"辩证法派""已经走上了反马克思主义的道路"。此后，德波林派遭到了大肆的批判，逐渐退出了苏联哲学舞台。

### （二）涵盖全体民众的哲学教育

苏共中央作为绝对的主体存在，决定了广大干部群众普遍成为教育对象。出于对广大民众全面的世界观改造，苏共决定从党员干部、青年学生到普通群众，都需要接受不同程度的马克思主义哲学教育。这种教育集中表现为，在党校中定期开展党员干部培训，在高校中开展大学生课程教学，以及围绕报纸杂志、广播电视的宣传、哲学专家的讲座、报告，不定期开设的讲习班等形式对全体成员的马克思主义教育宣传。根据社会成员在国家中的地位和所起的作用，党员干部和青年学生成为马克思主义哲学教育的主要对象。

1. 对党员干部的哲学教育。党员干部特别是党的高级干部是社会主义建设的领导者，是党的路线和政策的拥护者与执行者，搞好党员干部唯物主义世界观教育，对保持社会主义意识形态的主导地位起到关键作用。对党员干部的世界观教育一直是苏联各个时期的重要任务。

十月革命以前，列宁就指出过，要解决培养高素质的干部队伍问题。无产阶级运动一定要有自己的职业革命家，自己的干部队伍。斯大林时期，在干部的教育培养上，曾经提出过"干部决定一切"的口号，要求在保持干部知识化和专业化的基础上，还要政治立场坚定，具备科学的马克思主义世界观。用马克思主义教育干部的任务一刻也不能削弱。因为干部的政治素质与他们的工作效率具有正相关关系。斯大林说："在国家和党的任何一个部门中，工作人员的政治水平和马克思列宁主义觉悟程度愈高，工作本身的效率也就愈高，工作也就愈有成效。"① 反之亦然。斯大林特别指出，对年轻干部的培养和教育，按照各个科学技术部门和各个专业来进行是必要的，"但是，有一门科学知识却是一切科学部门中的布尔什维克都必须具备的，这就是马克思列宁主义关于社会、社会发展规律、无产阶级革命发展规律以及共产主义胜利的科学。"② 对干部开展马克思主义宣传和灌输教育，就是为了帮助所有党员干部掌握马克思列宁主义。教育好干部，就掌握了社会主义的领导权。

---

① 《斯大林选集》下册，人民出版社 1972 年版，第 462 页。
② 《斯大林文集》，人民出版社 1985 年版，第 272—273 页。

　　苏共对党员干部的教育主要通过党校培训的方式来开展。党校教育是布尔什维克党培养干部的传统。第一所马克思主义学校的开办，最早可以追溯到1911年列宁在巴黎附近隆瑞莫建立的俄罗斯无产阶级政党的党校。① 十月革命以后，出于培养马克思主义干部的需要，苏共中央提出用新方法培训党的干部，开始大规模地培训党的干部和国家工作人员。1919年成立的斯维尔德洛夫共产主义大学，培训了数千名党和国家工作者；1921年创立的红色教授学院，培养了大批党的理论工作者和高等学校社会科学教师。俄共（布）第十次代表大会又提出，要"建立一个二年制的党大学、四个高级的党大学和高于省级的区域苏维埃和党务干部学校"②，并规定要在党校系统开设马克思列宁主义基础教育课程。1946年，联共（布）中央委员会通过了"关于训练党和苏维埃的领导工作人员的工作"的决议，明确提出在联共（布）中央委员会下设立高级党校，在各加盟共和国、边区和州设立相应的党校和培训班，要把党员干部培训延伸到村一级党、政工作人员③，使数以万计的党员干部能接受正规的党校培训。这样，苏共基本达到了对党员干部马列主义教育的全面覆盖。

　　苏联党校教育在提高学员经济、政治和思想意识等综合能力的同时，特别强调马克思主义哲学教育。为了提高学员唯物主义世界观和坚定的共产主义理想信念，把哲学教育常态化，在教学管理上，设置独立的辩证唯物主义和历史唯物主义教研室；在教学计划中，统一编印专门供党校使用的辩证唯物主义和历史唯物主义教材，要求各个培训班都必须开设辩证唯物主义和历史唯物主义课程；在教学方法上，通过教员讲授和学员自修相结合，在研读马克思列宁主义经典著作基础上，开展课堂讨论，还对重大问题进行辩论。为了协调党员干部在工作和培训方面的冲突，各级党校还根据不同学员的实际情况，确定灵活的办学形式。以1978年成立的苏共中央社会主义高级学院为例，设置了基础班、函授班、研究生班、培训系和进修学院等，主要围绕苏联共产主义建设马克思主义理论和实践，进行

---

① 张任贤：《苏联干部问题资料选编》，安徽大学苏联问题研究所，1985年，第304页。
② 《苏联共产党代表大会、代表会议和中央全会决议汇编》第2分册，人民出版社1964年版，第92页。
③ 《苏联共产党代表大会、代表会议和中央全会决议汇编》第5分册，人民出版社1964年版，第185页。

不同程度的培训。辩证唯物主义和历史唯物主义作为必修课程，成为提高干部的思想理论素养、培养马克思主义世界观和方法论的主要手段。随着苏联党校教育的不断加强，接受马克思主义哲学教育的学员不断增多，基本上覆盖到每一位高级干部和绝大部分普通干部。在 1946—1978 年间，毕业于党校的干部共达到 24.8 万人。① 可见，苏共中央对干部世界观改造的高度重视。

2. 对接班人的哲学教育。在苏联，在高度重视对党员干部进行马克思主义理论教育，完成党的先锋队教育任务之外，还特别突出对广大青年的教育任务。苏共认为，青年是国家的建设者，又是未来共产主义建设的接班人，搞好对青年的世界观教育至关重要。

苏联对青年系统的共产主义教育，主要通过高校的教学来开展。十月革命以前，俄国高校不仅数量比较少，在东正教势力强大的情况下，基本上都是教校合一的，充满着宗教色彩，且标榜"高校自治"，培养的都是贵族和有钱人家的子弟。十月革命以后，为了适应社会主义建设的需要，布尔什维克党对高校进行改造，实行政教分离。在 1921 年，列宁建议在高校中普遍开设包括马克思主义哲学在内的思想政治教育课程，以马克思主义为指导，来培养教育青年。苏共中央在继续改造旧大学体制的同时，决定建设新的大学，开展共产主义教育，以满足广大青年接受高等教育的需要。

苏联高校马克思主义哲学教育的对象是全体学生。在课程安排上，按照苏共中央和苏联高等教育部要求，除了在各年级开设公共必修课"辩证唯物主义和历史唯物主义"课程之外，还包括马列主义基础课程和科学无神论教育的课程，共同培养学生的马列主义世界观基础以及在科学世界观指导下的共产主义理想信念。在教学上，高校哲学教研室和哲学教师通过理论教学和社会实践，传授辩证唯物主义和历史唯物主义，使广大青年学生掌握科学运用马克思主义唯物论、辩证法，来提高为共产主义建设服务的能力。教学具体要求是：一是通过教学，不仅要把哲学科学的知识材料教给学生、把哲学学科的规律和理论特点教给学生，更要使学生掌握无产阶级世界观，使之成为学生培养爱国主义精神、国际主义精神、革命乐观主义精神和彻底无神

---

① 张任贤：《苏联干部问题资料选编》，安徽大学苏联问题研究所，1985 年，第 308 页。

论思想的哲学基础；使学生通过哲学课程的学习，树立科学世界观，作为自己行动的指南。① 二是通过教学，针对苏联不同时期面临的复杂国内和国际环境，教会学生运用马克思主义哲学基础这一理论武器，培养学生在政治上和理论上进行论战的技能，使大学生能够熟练地批判资产阶级的思想观念，特别是对反对无产阶级社会主义的哲学理论和社会学理论的批判。② 从这些具体要求上能反映出苏联高校对青年马克思主义哲学教育不仅重视，而且在特定时期也是符合社会实际需要的。今天，有些人批判苏联高校哲学教育是完全机械的，毫无生机的，事实并非如此。苏联在所有的高等学校，包括各种学院、职业学校、技术学校和研究机构，都开设哲学这一科目，至少必修年限是一年，研究的内容也不限于辩证唯物主义和历史唯物主义的原理，还有哲学史，从苏格拉底时代一直到苏联时期。在既定的教学安排之外，学生还必须选读一些哲学原著，只是这些原著都是苏共统一设定的。所以说，"有人以为，在苏联，谁也不读柏拉图、贝克莱、拉布尼茨或康德，这实在是无稽之谈"③。可见，在一段时期内，学生的哲学视野是宽阔的，接受的教育也是理性的。

　　苏共中央对青年哲学教育的高度重视，使受教育者的无产阶级世界观和运用唯物论、辩证法观察、分析、解决问题的能力得到一定程度的提高，培养了一代具有坚定的无产阶级世界观的社会新人。这些人走上工作岗位，在贯彻中央决议上，能够把苏共中央的意图及时准确地传达到基层群众，对批判各种非马克思主义思想，保持马克思主义意识形态的主导地位具有积极的意义。但由于受到政治集权和教条主义的影响，广大哲学教育工作者也存在照本宣科、失去自由创造空间，不能灵活开展教学的情况，特别是不能根据不同的教育对象展开教育活动，致使哲学教育最终走向机械化和钝化。尽管如此，苏共对青年哲学教育的一贯重视还是不能否定的。

---

　　① 参照苏联哲学专家谢·斯·吉谢辽夫 1955 年 7 月在大连举办的全国高等学校政治经济学、哲学教师讲习班讲演。

　　② 参照苏联哲学家 Г. К. 阿申和 В. Н. 德明主编的《在马克思主义哲学原理教学中怎样批判现代资产阶级哲学和社会学》（求实出版社 1985 年版）一书中的观点。

　　③ ［美］桑谟维尔：《苏联底哲学》，上海书报杂志联合发行所 1950 年版，第 232 页。

## 三　教育原则强调系统性

苏联哲学教育要求全面揭示马克思主义理论精髓，坚持为苏联社会主义建设服务。在教育原则上，它区别于以往社会和资本主义国家的哲学教育，特别强调其完整系统性。具体表现为以下四个方面。

### （一）科学性和彻底性相统一

苏联哲学教育中，强调的是科学性、彻底性相统一的马克思主义哲学体系。

1. 强调马克思主义哲学的科学性。苏共和哲学理论界一致认为，辩证唯物论既克服了 18 世纪哲学的不彻底性，也超越了费尔巴哈直觉唯物论的局限，是彻底的唯物论；在辩证法上，彻底摆脱了唯心论的神秘性，又批判地改造了黑格尔的辩证法。这种辩证法是彻底的世界观，又是认识和改造社会的科学方法。因此，唯物辩证法是关于自然界、社会和人类思维发展规律的学说。马克思主义哲学不仅克服了自然观上的唯心主义和形而上学色彩，达到了辩证唯物主义，而且把这一原理运用于社会领域，经过无产阶级革命运动的实践，达到了对人类社会最科学的认知。

苏联哲学强调辩证唯物主义的科学性，但它有别于一般的实证科学，被认为是各门具体科学的概括和总结。1956—1957 年，莫斯科大学哲学教授格奥尔吉耶夫在北京大学讲授"辩证唯物主义是科学"问题时说："辩证唯物主义的力量在于：它是直接以历史实践以及科学和哲学的成就为依据的，换句话说，不能创造性地概括实践和科学中的发现，马克思主义的哲学思想就不能产生，更不能继续发展。"① 辩证唯物主义具有区别于任何局部知识的独特对象，即辩证唯物主义是外部世界（任何运动）和思维的普遍规律，各种局部科学研究的是物质运动的个别的、具体的规律，任何试图把辩证唯物主义融入具体实证科学的做法都是不科学的。

在对历史唯物主义科学性的认识上，苏联《共产党人》杂志曾发表社论，对《历史唯物主义》教科书的评价是："为了系统和完整地阐明历

--------

① ［苏］菲·依·格奥尔吉耶夫：《辩证唯物主义的若干问题》，上海人民出版社 1959 年版，第 19 页。

史唯物主义这门科学，作者们除了阐述已经研究过和取得结果的东西以外，在许多场合还应创造性地研究一些复杂的问题，并克服在教学实践中和宣传工作中还存在着的对历史唯物主义某些问题的简单化观点。"① 强调了历史唯物主义不是对社会事物的简单描述，而是对人类社会规律性研究的科学总结。历史唯物主义的科学性还在于，他克服了以前历史理论的两个主要缺陷。以前的历史观一方面强调了思想动机的决定性，而不寻找思想背后的原因；另一方面都不研究人民大众的创造性活动，从而陷入唯心主义和荒谬。唯物史观正是揭示了包括一切的、各方面研究社会经济机构发生、发展和没落过程的道路，同时研究一切矛盾趋向的总和，把他们归至到社会各阶级生产和生活中。② 在历史观与社会实践的结合中，使唯物史观成为科学的学说。

2. 强调马克思主义哲学的彻底性。在苏联哲学教育中，坚持辩证唯物论作为世界观的高度彻底性，强调了用完整彻底的世界观理论开展教育活动。苏联哲学一贯把马克思主义哲学与世界观、把哲学知识结构同世界观意识结构合并为一个问题，用哲学代替全部世界观。苏联哲学家断定，马克思主义哲学世界观摒弃了历史上以往各种二元论、机械唯物论、唯心主义等世界观，它是完整彻底的世界观，是一元论的世界观，又是唯物论的世界观、辩证法的世界观。正是这种完整的哲学世界观，才把辩证唯物主义和科学共产主义"彼此有机地联系起来"。如果其中缺少了一个，其他单个的存在是不能想象的。米丁说过，只要掌握了这种完整的世界观，就能不可避免地走到科学共产主义见解的全部体系中，就能以布尔什维克党的精神走到革命的实践活动中。③ 由此可以推断，谁不掌握这样完整的、彻底的世界观，谁就难以达到对科学共产主义的正确认识，也很难自觉地投入到革命实践的斗争中。事实上，在世界历史中，世界观有多种多样的形式，除了存在神话的世界观和宗教的世界观等各种非科学的世界观之外，还存在着世界观的非哲学形式；在世界观意识上，还存在着世界观

---

① 《关于"辩证唯物主义"和"历史唯物主义"二书的讨论》，生活·读书·新知三联书店 1956 年版，第 105 页。

② ［苏］B. H. 舍甫琴科：《关于历史唯物主义结构》，原载苏联《哲学科学》杂志 1982 年第 5 期。转引自马立实主编《苏联科学家论辩证唯物主义和历史唯物主义问题》，人民出版社1985 年版。

③ ［苏］米丁：《论群众哲学》，中华书局 1949 年版，第 3—7 页。

意识的生活化现象。从辩证唯物主义和历史唯物主义完整性和彻底性考虑，苏联哲学界把这些世界观形式简单化地统一在哲学世界观之内。

在对历史唯物主义彻底性的看法上，苏联哲学家认为，作为唯物史观基本问题的"社会存在"和"社会意识"是包罗万象的。这两个因素可以作为解释社会现象起源的基础，坚持的是彻底的一元论。在对社会现象作彻底一元论的解释时，必定要承认这两个因素之一为第一性的，其他任何因素都是不存在的。① 另一方面，苏联哲学认为，历史唯物主义是把哲学唯物论"引到了彻底，把它扩张到了对人类社会的认识上"② 的结果。

苏联哲学坚持理论彻底性的认知，来源于马克思的"理论只要说服人，就能掌握群众；而理论只要彻底，就能说服人。所谓彻底，就是抓住事物的根本"③的论断。苏联哲学教育要培养人的科学世界观，必须要用彻底的理论教育群众。

可见，作为世界观的马克思主义哲学，是最科学、最完整彻底的学说，"是人类全世界历史实践和科学发展史最完的和最深刻的总括的结果。"④ "唯物主义和辩证法是社会发展的科学理论的一般哲学原则。"⑤这一哲学原则包括了辩证法、逻辑和认识论的有机统一。而实际中，苏共对马克思主义哲学科学性、完整彻底性的理解，又使马克思主义哲学走向了另一个极端，一度把马克思主义哲学当作绝对的真理，终结了马克思主义哲学继续发展的道路，造成了思想政治教育的僵化现象。

## （二）具体科学和哲学相结合

苏联哲学教育坚持把哲学和具体科学相统一的原则，贯穿着用哲学统领具体科学，具体科学为哲学理论做论据的要求。按照列宁把哲学家与自然科学家结成联盟的教导和用马克思主义理论指导科学理论研究的需要，苏联哲学认为，任何科学都是有阶级立场的，哲学是具体科学发展的抽象，是对以往科学发展的总结。马克思主义哲学为具体科学提供了科学的

---

① ［苏］Г. E. 格列泽尔曼：《关于"社会存在"概念问题》，《哲学问题》1958 年第 5 期。
② ［苏］米丁：《论群众哲学》，中华书局 1949 年版，第 93 页。
③ 《马克思恩格斯文集》第 1 卷，人民出版社 2009 年版，第 11 页。
④ ［苏］米丁：《论群众哲学》，中华书局 1949 年版，第 52 页。
⑤ ［苏］B. H. 舍甫琴科：《关于历史唯物主义结构》，原载《哲学科学》杂志 1982 年第 5 期，转引自马立实主编《苏联科学家论辩证唯物主义和历史唯物主义问题》，人民出版社 1985 年版。

世界观和方法论，只有站在马克思主义哲学的立场上，才能引导具体科学为社会主义建设服务。

对如何处理好哲学与自然科学关系的问题，在苏联20世纪20年代哲学大论争中曾经进行过深入的探讨。哲学家们围绕恩格斯的《自然辩证法》，以自然科学家为主体的"机械派"为了摆脱哲学，否认马克思主义哲学存在的必要性，提出"科学本身就是哲学"的判断，认为机械运动完全可以解决自然界和人类社会的一切现象，哲学学科的存在是不必要的，完全可以把哲学归入实证科学的最新发现之中。他们试图把自然科学领域变成一个独立的王国，干扰了苏共对自然科学的全面管理，受到以德波林为主的"辩证法派"的尖锐批判，也遭到"正统派"的否定。

哲学和自然科学相结合一直是苏联哲学教学实践中的重要问题。辩证唯物主义作为一种自然哲学得到了大部分党的领袖——包括列宁、托洛茨基、布哈林和斯大林的支持，同时得到了绝大多数马克思主义哲学家的认可。在哲学教科书中也贯穿着大量生物学、物理学、天文学和社会生活的具体事例，作为对马克思主义哲学基本原理的立论依据。在《辩证唯物主义和历史唯物主义》教科书中，就穿插着很多对自然科学发展史的论述。甚至有些教科书在运用具体科学的事例时，还一度达到了泛滥的地步。诸如，在亚历山大罗夫主编的《辩证唯物主义》中，关于"可能性和现实性"范畴的论述，大概罗列着近十个自然科学的事例。哲学界还就如何把哲学和自然科学有机结合展开过多次讨论。1954年，在哲学教育界对亚历山大罗夫的《辩证唯物主义》讨论中，争论的焦点之一就是如何把哲学和自然科学很好地结合起来。广大哲学教师既对书中用自然科学的事实来说明哲学问题表示认可，同时又对不加分析的罗列和堆砌事例的现象进行了批评。诸如，勒·依·叶利契夫等就对教科书"叙述材料时的教条方式"和"一般原理的罗列和事实的堆积"[1]直接提出过批评。与之相反的是，也有专家认为，《辩证唯物主义》教科书"很好地揭示了辩证唯物主义自然科学和社会科学之间不可分割的联系，现代自然科学的材料被广泛地用来证明辩证唯物主义的某些原理。该书令人信服地证明了

---

[1]《辩证唯物主义和历史唯物主义教研室里关于"辩证唯物主义"一书的讨论》，《关于"辩证唯物主义"和"历史唯物主义"二书的讨论》，生活·读书·新知三联书店1956年版，第5页。

辩证唯物主义是在自然科学的坚固基础上成长起来的"①。在讨论中存在的对同一问题的正反两方面见解，都能反映出苏联哲学教育界对运用自然科学如何论证哲学问题的重视。这次讨论在苏联哲学教科书的编写中产生很大影响，此后教科书的编写也都基本上延续了用自然科学的结论作为哲学原理论据的做法。

强调哲学和具体科学的结合，有利于苏共对全部科学领域的领导和控制。在苏联，不仅是社会科学领域，而且自然科学领域也被纳入哲学的领域。十月革命以后的一个阶段，俄罗斯科学院的知识分子和专家们出现不支持新政权，甚至鼓动工人罢工等方式反对苏维埃法令的极端做法，其目的是想保持科学研究在"政治上的中立"。布尔什维克在采取镇压等措施来报复的同时，主要要求科学家和技术专家和苏维埃的合作，使科学为社会主义服务，使一切知识革命化。英国学者格雷姆曾指出，俄国革命不仅对政治和经济开出了药方，而且在对待自然界上有一种全新的认识。"它提出对大自然作出马克思主义的解释，有意识地反对已有的'资产阶级'描述。"② 实际上，辩证唯物主义不仅仅是对资产阶级哲学的批判，更体现出人类探索自然界发展规律的价值。

在教学中，苏共要求要把自然科学的最新成果融入哲学中，提倡教师要充分运用自然科学最新成就来论证哲学问题，这种方式后来固化为用哲学原理加上自然科学事例来讲解哲学的方法。这种用哲学原理加上具体科学事例的做法，尽管有助于直观说明哲学问题，加强教育对象对哲学原理的理解，但很多教师对自然科学新的成果常常不能作出哲学的概括，只是事例的简单堆积，并没有真正达到哲学和具体科学的有机统一。

### （三）世界观和方法论教育相统一

哲学是世界观和方法论的理论形态，它的研究既包括自然、社会和人类思维等领域，也研究本体论、认识论和方法论等多方面的问题。恩格斯指出："马克思的整个世界观不是教义，而是方法。它提供的不是现成的教条，而是进一步研究的出发点和供这种研究使用的方法。"③ 列宁等俄

---

① ［苏］卡尔波夫、米纳祥：《争取创作完善的辩证唯物主义教材》，《关于"辩证唯物主义"和"历史唯物主义"二书的讨论》，生活·读书·新知三联书店1956年版，第36页。

② ［英］格雷姆：《俄罗斯和苏联科学简史》，复旦大学出版社2000年版，第108页。

③ 《马克思恩格斯选集》第4卷，人民出版社1995年版，第742—743页。

国革命者遵循恩格斯的教导，把辩证法运用于俄国革命的实践，使经济政治文化落后的俄国取得了社会主义革命的胜利，验证了马克思主义科学方法论的强大功能。苏共对割裂世界观和方法论的现象一直给予严厉的批判。布哈林较早批判了一些人把哲学世界观和方法论割裂的错误。他在《历史唯物主义理论》中明确指出，历史唯物主义首先"是关于社会及其发展规律的一般学说"，是无产阶级的世界观；其次，"历史唯物主义理论是研究历史的方法"①。在斯大林《辩证唯物主义与历史唯物主义》中，开篇就强调了辩证唯物主义既是无产阶级政党的世界观，同时又是科学的方法论。他说："辩证唯物主义，乃是马克思主义——列宁主义党的世界观。它之所以叫做辩证唯物主义，就是因为它对自然界现象的观察方法，它用以研究自然界现象的方法，它用以认识这些现象的方法，乃是辩证的……"②　此后，坚持马克思主义世界观和方法论的统一，则成为苏联哲学教科书的基本原则，甚至在 А. Г. 斯比尔金编写的《哲学原理》（1988年）教科书"导论"中，用完整的两节③内容，重点阐述了马克思主义哲学世界观和方法论的功能。

　　基于对哲学世界观和方法论相统一的认识，在苏联哲学教育中，特别强调了要把马克思主义哲学世界观和方法论统一起来进行宣传和教学。苏共中央和哲学家普遍认为，通过马克思主义世界观和方法论教育，不仅传授给苏联广大民众辩证唯物主义和历史唯物主义的科学知识，引导人们共产主义信念的确立，而且能使广大民众掌握战胜唯心主义、宗教有神论和各种形形色色反马克思主义的思想武器。苏联哲学把世界观作为人们对整个世界的根本看法，作为理论体系和信仰理想的统一。广大民众要从哲学世界观出发，用无产阶级世界观反对资产阶级世界观。在方法论上，苏联哲学强调的是运用方法论解决实际问题的能力。苏共领导人加里宁教导说："只把马克思主义学说当做功课来研究是不够的，此外，还要使大家能够掌握方法，学会运用马克思主义去估计社会现象。这点大概是最主要

---

　　①　［俄］布哈林：《历史唯物主义理论》，人民出版社1983年版，第7页。

　　②　斯大林：《辩证唯物主义与历史唯物主义》，解放社1949年版，第1页。

　　③　根据斯比尔金的《哲学原理》教科书：第一章第二节是"哲学——世界观的理论基础"，第三节是"作为一般方法论的哲学"，这本书的手稿获得过全苏高等院校大学生教科书竞赛奖，从结构上看，该书实际上基本打破了辩证唯物主义和历史唯物主义排列方式，对教科书进行了大胆的改革探索。见 А. Г. 斯比尔金：《哲学原理》，求实出版社1990年版。

的了。”“一个马克思主义者，只是当他善于运用马克思主义方法去解决各种具体任务的时候，那他才是很有用处的。”① 在实际教学中，苏共亦要求教师采取各种方式，突出哲学的方法论指导。诸如，苏共曾经要求，要采取哲学和生产劳动技能相结合、哲学和实际生活相结合的方式，来提高哲学的教学和实际运用效果。

但世界观和方法论相统一的问题，在苏联哲学教育中并没有取得理想的效果。不管是苏共中央的决议还是教科书的要求，在教育教学实践中都基本流于形式。书面上、报告中写的是世界观要和方法论相统一，在教育和教学中执行的却是只注重世界观基础，不重视方法论运用，没有真正把世界观和方法论统一起来，导致的结果就是哲学和现实的脱节。苏共中央一直试图解决这一难题。不管是斯大林，还是赫鲁晓夫、勃列日涅夫，甚至到戈尔巴乔夫时期，在不同的会议上都对理论和实践的脱节进行过批评。苏共中央宣传部第一副部长 B. 扎哈罗夫的批评最有代表性。1984年，在新西伯利亚市召开的全苏“哲学（方法论）讲习班：经验、问题及发展前景”的会议上，扎哈罗夫说，在全国有 9 千个讲习班，大约把30 万科研工作者和高校教师联系在一起，但讲习班存在的主要缺点是缺乏明确的方法论和世界观方向，不善于把科学本身的问题同哲学上认识科学规律及其发展前景的任务联系在一起。② 这里，扎哈罗夫批评了没有把哲学原理很好地用于指导科学的发展，也没有体现出哲学作为方法论的功能。对产生世界观和方法论“两张皮”现象的原因，苏联哲学界曾做过反思。在 1987 年 4 月召开的“哲学与生活”讨论会上，《哲学问题》杂志编辑部的总结是：“一是近年来社会发展的特殊性；二是哲学自身准备不足，难以对新的政治社会现实做出分析。”③

## （四）理论辩护和政治批判相统一

苏联哲学教育对教育者最直观的要求在于两个方面：其一是传授辩证

---

① ［苏］米·伊·加里宁：《高等学校里怎样讲授马克思列宁主义基础》，《论共产主义教育和教学（1924—1945 年论文和讲演集）》，人民教育出版社 1957 年版，第 160 页。

② ［苏］Ф. 吉列诺克：《苏联哲学（方法论）讲习班：经验、问题与发展前景》，《国外社会科学》1985 年第 7 期。

③ 《哲学的新思维——苏联“哲学与生活”会议材料选登》，《哲学译丛》1988 年第 4 期，第 39 页。原载苏联《哲学问题》，1987 年第 7 期至 1988 年第 2 期。

唯物主义和历史唯物主义，维护马克思列宁主义哲学这一绝对真理，使教育对象树立马克思主义的世界观和方法论；其二是批判资产阶级哲学和社会学，揭露资本主义的虚伪性和腐朽性，使教育对象摒弃资产阶级思想意识。对马克思主义理论的辩护和资产阶级的批判成为哲学教育的重要原则。

自20世纪30年代斯大林终结真理，把马克思主义哲学发展到"顶峰"以后，在哲学研究和教育中是否对马克思主义哲学有所发展创新，已经不是重要的问题。重要的是如何继续维护辩证唯物主义与历史唯物主义这一"绝对真理"，使其为苏联社会主义的合理性进行辩护。辩护的方式通常有两种，一种是对马克思主义以前的各种哲学理论全盘否定，把各种西方资产阶级哲学与苏联哲学界强制隔离。斯大林时期的文化"大清洗"运动就是典型的文化隔绝运动，不仅西方各种哲学书籍被清洗，甚至连恩格斯的一些著作也被收缴。另一种是对辩证唯物主义和历史唯物主义的基本原理做好注释。这些注释的材料有些来自马克思主义经典作家的思想，有些是自然科学已有的或新出现的成果。在高举马克思主义哲学的"纯洁性"旗帜下，保持马克思主义哲学的"绝对权威"，以达到用哲学理论为苏联党的路线、方针政策做论证的教育目的。

把政治批判引入哲学领域，用马克思主义哲学的科学真理对唯心主义、有神论和资产阶级各种思想进行批判。按照斯大林的社会主义越发展，阶级斗争越尖锐的观点，在哲学研究和教学中，从对不同理论观点的哲学批判，上升到对人的不同观点的批判，把哲学批判变成了政治斗争。一些苏联哲学家认为，要教育大学生树立牢固的理想信念就不要回避同我们的思想论敌进行论战，而是相反，要勇敢地投入这场论战，向大学生阐明现代思想斗争的意义，培养他们在政治上和理论上进行论战的技能，吸引大学生熟练地批判资产阶级的思想，特别是反共的哲学理论和社会学理论。[①]

在教学中，如何用马克思主义哲学批判资产阶级哲学和社会学问题，不同时期的要求也不相同。在斯大林时期，主要以斯大林的著作和发表的言论为标准展开批判。在斯大林以后的年代，主要参照列宁评价资产阶级

---

① ［苏］Г. К. 阿申、В. Н. 德明：《在马克思主义哲学原理教学中怎样批判现代资产阶级哲学和社会学》，求实出版社1985年版，第2页。

哲学的要求来进行。① 在批判的标准得以确立的前提下，还需要在批判中讲究方式方法。常用的方法是：既要体现批判的阶级性，在批判中积极发展马克思列宁主义，同时还要考虑到由思想家的阶级和个人特点相结合决定的社会心理状态。即使在辩证唯物主义和历史唯物主义的不同部分，批判的侧重点也有不同。在辩证唯物主义领域，主要教育学生学会从唯物主义出发，对唯心主义和宗教有神论的批判，上升到对整个资本主义的批判，在批判中维护辩证唯物主义和历史唯物主义的科学真理性。在历史唯物主义领域，要用马克思主义关于社会发展规律的原理，批判资本主义固有矛盾和资本主义制度的暂时性和必然灭亡的趋势，来论证社会主义的优越性和先进性。

在苏联哲学教育中，辩护和批判是不可分割地结合在一起的。不管是在教科书的编写中，还是在具体教学过程中，都要以马克思主义哲学原理为依据，在辩护的前提下来开展批判；然后再通过批判来更好地进行辩护，从而达到既能维护马克思主义哲学和党的理论，又能摒除资产阶级腐朽思想的目的。

## 四　教学运行制度化

意识形态建设是苏联社会主义的国家战略，马克思主义哲学教育是实现这一战略的重要支撑点。在苏联，哲学教学活动不是个人的私事，也不单纯是教育者和被教育者之间的事情，而是立足于苏联国民教育体系基础之上，对全体国民的思想再造活动。苏共不提倡哲学教学过程的个性化，而是按照"两观"和"两基"（既要体现马克思主义哲学是苏联共产党的世界观和无产阶级的世界观，又要体现哲学是马克思主义的理论基础和党的路线方针政策的理论基础）的要求，呈现出制度化特征。

苏联思想政治教育的教学活动，在形式上大体可归纳为两类。一类是

---

① 参见苏联哲学专家 Г. К. 阿申、В. Н. 德明主编的《在马克思主义哲学原理教学中怎样批判现代资产阶级哲学和社会学》一书"序言"的说法，可归纳为四条：第一，必须把要批判哲学的理论和辩证唯物主义的理论基础加以比较。在比较中表明资产阶级哲学"最新"派别的反动性。第二，必须确定要批判的哲学派别在当时其他哲学学派中的地位。第三，必须注意这一派别与资本主义社会现实的联系，注意这个派别投机的企图，揭露这种投机的真实含义。第四，把哲学上的党派斗争，归结到敌对阶级的倾向和思想体系的斗争。

各党校和高校通过制订教学计划、编写教材、制定学时、运用一定教学方法的教学活动，教学过程和教学对象比较固定，取得的教学效果也比较明显。我们把这种教学称为狭义的教学活动。另一类是广大干部群众通过报纸杂志、广播电视等方式的自学活动，以及社科专业工作者或哲学家召开的研讨会、举办的讲座、做专题报告等开展的宣讲教学。这种方式的教学，过程比较单一，主要表现为单次专题活动，教学的内容和教育对象也不确定，可以划归于广义的教学。本书主要对狭义的马克思主义哲学教学过程制度化特征进行研究和阐释。

### （一）编制教学大纲的制度

苏联的教育传统是制定教学大纲开展教学，思想政治教育课程也不例外。通常情况下，根据高校学制和教育对象的不同，党校和高校分别编写马克思主义哲学教学大纲。党校的大纲基本上由苏共中央直属中央高级党校制定，各级党校按照统一的大纲开展教学。高校使用的大纲通常由苏联高等教育部或苏联科学院哲学研究所先拟定草稿，然后下发到全国各高校哲学教研室进行讨论，征求意见后，经苏共中央审定，供全国各高校使用。为了增加教学的针对性，对人文科学专业和理工农医专业还制定过专门的教学大纲。这种制定教学大纲的方式，逐渐被固定下来。党校大纲和高校大纲具有紧密的联系，但也有区别。从 1955 年编写的高等学校统一使用的大纲和党校一年制培训班使用的大纲[①]来看，二者的核心内容大体一致。主要差别在于，在理论教学上，党校大纲更加突出哲学的党性原则，突出对唯心主义和资产阶级哲学的批判；在课堂讨论环节，针对现实问题的讨论安排较多，而纯学术性的探讨较少。高校大纲则比较注重哲学理论的系统性和学理性；在课堂讨论中，围绕马列主义原著，讨论的范围比较宽泛，体现的较为自由。

教学大纲是不断进行修订的。修订的原则是以苏联社会变化和苏联中央的最新指示和精神为依据。在 20 世纪 30 年代，教学大纲集中体现了苏联发展工业化、农业集体化的需要和斯大林对社会主义理论的论断；到了

---

① 参见苏联共产党中央直属高级党校编写的《"辩证唯物主义和历史唯物主义"教学大纲》（1955 年）和苏联教育部社会科学教学司编写的《辩证唯物主义和历史唯物主义教学大纲》（1955 年），中文版分别由中国人民大学出版社和高等教育出版社 1956 年出版。

50 年代，按照苏共要求，制定了 1955 年教学大纲，随后又围绕赫鲁晓夫
"全面进行共产主义建设"理论对大纲进行了修改。到了 70 年代，围绕
勃列日涅夫的"发达社会主义"理论，又对大纲进行了集中修订。根据
苏共二十七大精神，1986 年 10 月全苏高校社会科学教研室主任会议通过
新修订的哲学大纲，体现了改革色彩和人的研究，这是苏联时期对哲学教
学大纲的最后一次修订。苏联哲学教学大纲的每一次修订，既体现了哲学
研究重点的变化、教学经验的积累，又体现了苏共的政策及路线要求。总
体上看，在苏联哲学教学大纲的多次修订中，都没有脱离斯大林时期教学
大纲的基础，新添加的内容并不占主要地位。① 我们通过对苏联高校使用
的 1955 年大纲和 1987 年大纲②的比较，发现新大纲在保持 1955 年大纲主
体内容的基础上，主要根据苏共二十七大政治报告和苏共党纲的原则和结
论，在"历史唯物主义"部分增添了对"人的问题"和"全球性问题"
的内容。

　　苏联全国的哲学教学，在统一的教学大纲指导下，体现了一定的优
势。对教学大纲的统一制定，保证了能够完全按照苏共中央的意志开展教
学，能使成熟的哲学研究成果和党的重要决策和精神在教学中得到贯彻。
由于大纲是由当时苏联最著名的哲学家和教育工作者集体协商而成，大纲
的科学性能得到保证。为了灵活执行大纲，苏共要求，大纲主要在教学中
起引导作用，而不是作为苏联哲学教学的纲领。在各级各类学校中，教师
可以进行微调，并不需要严格按照教学大纲来讲授。苏联哲学家谢·斯·
吉谢廖夫在解释苏联哲学教学大纲的定位时说过，教学大纲是国家对大学
生关于一门课程的知识和训练的最低要求。③ 由此可见，苏联哲学教学并
不是完全机械的、毫无灵活性的。但在具体教学中，高校和教师往往严格
按照大纲来执行。所以，苏联哲学教育出现的机械化和教条主义，问题主
要还是存在于高校及教师层面。

---

　　① 尽管在 20 世纪 60—70 年代，苏联的课程现代化改革中，各门课程都在教学大纲的结构
上有所变化，哲学教学大纲也受到这一影响，但除了把"辩证唯物主义和历史唯物主义"改为
"马克思主义哲学原理"，后来又改为"马克思列宁主义哲学原理"，这种名称上的变化，并没有
改变"辩证唯物主义和历史唯物主义"的主体结构。
　　② 参见苏联高等院校使用的《马克思列宁主义哲学教学大纲》（1987 年），中文由中国人
民大学出版社 1988 年出版。
　　③ ［苏］谢·斯·吉谢廖夫：《马克思列宁主义哲学及其教学方法的若干问题》，高等教育
出版社 1955 年版。

### （二）编写教科书的制度

苏联哲学教科书的使用，经历了从多版本到统一版本的演化。20 世纪 30 年代以前，苏联高校和各级党校使用的教材没有统一的规制，都是高校或教师本人按照现有条件，结合对马克思、恩格斯和列宁等经典作家的著作解读，自编讲义进行教授，或者教师凭借自己的爱好，从各种版本的教科书中挑选使用。苏共认为，这种教科书使用方式，在教学中会带来一些弊端。因为教师自己编写的教科书，在质量上参差不齐，在政治方向上把握不准确，不能达到开展哲学教育的预期效果。所以，苏共决定把编写教科书的决定权收归中央，编写统一的哲学教科书。

从 20 世纪 30 年代直到 80 年代中期，高校和党校使用的教科书都是经过苏共中央核定的统一版本。在同一时期，尽管有不同版本的教科书出现，大都只作为教学参考书供教师使用。大体上来看，苏联使用统一版本的教科书经历了三个阶段，出现了三种形态。第一种形态的教科书是米丁等编写的《辩证唯物主义和历史唯物主义》教科书，主要在 20 世纪 30 年代到 50 年代中期使用。第二种形态的教科书是康斯坦丁诺夫等编写的《马克思主义哲学原理》，1971 年以后改名称为《马克思列宁主义哲学原理》教科书，主要在 50 年代中期到 80 年代中后期使用。第三种形态的教科书是弗罗洛夫等编写的《哲学导论》（上下册），1990 年出版，作为最新版本的教科书供高校使用。这三种形态的教科书不同点在于，各自体现了不同时期苏联国家发展的状况和现实的需要。第一阶段教科书反映了斯大林时期对马克思主义哲学的理解水平和苏联意识形态斗争的需要。第二阶段教科书反映了苏共二十大以后，哲学界对第一阶段哲学教育的整合发展，充实了赫鲁晓夫"全面建设社会主义"理论，以及勃列日涅夫的"发达社会主义"理论。第三阶段教科书反映了改革时期的社会变化和哲学界达到的理论水平，论证了戈尔巴乔夫提倡的"人道主义"。这本教科书尽管已经拿掉了"马克思主义"字样，内容体系变动也比较大，但基本上还是围绕马克思主义哲学编写的。

苏共用统一核定的教科书开展教学，使教科书编写达到了当时苏联哲学的最高水平，提高了马克思主义哲学教育质量，但这种绝对的统一，却抹杀了教育对象的差异性。尽管苏共要求教科书要结合苏联社会发展实际，但在很多年内并没有跟上苏联形势的变化，在论据的使用上也缺乏更新，明显脱离了苏联社会发展的实际。再加之对哲学基本原理的简单化，学生在学习中不能直接关注现实，逐渐失去了学习的积极性。综合来看，教科书初次出版的时期，在教学运用中的效果比较好；越是符合苏联实际情况的教科书，使用的效果越好，而使用多年没有变化、严重脱离实际的教科书使用效果则比较差。

### （三）　管理教学部门的制度

苏联对国民教育包括高等教育实行集中统一管理。由苏联教育部负责，高等教育由专门成立的高等教育部集中管理。对思想政治教育的管理直属苏共中央，由苏联教育部直接领导。具体到对哲学教学部门的管理，由苏联科学院的哲学研究所宏观指导大纲的制定，教材的出版，在各级党校和高校设立统一的哲学教研室，具体开展哲学的日常教学和管理活动。由于马克思主义哲学教学的重要地位，苏联哲学教科书由苏共中央直接审定，有时党的领导人还亲自干预哲学研究和教学。

高等学校的哲学教研室是教学的直接管理者。苏联教育部经常召开全国性的教研室主任会议，统一部署哲学教学和研讨活动，用于指导哲学教学。来自苏共高层的有关指示，也主要由教研室贯彻实施。这样，保证了苏共中央的指示能快速直接下达到最基层。高校的教研室主任对哲学教学安排有很大的权力和责任，他们直接参与教学大纲的修订，为大纲提意见和建议；参加新版哲学教科书的评议，按照党的要求安排教学。这样，在苏联哲学教育中，就形成了完整的、上通下联的统一管理网络。

### （四）　开展课堂教学的制度

苏联哲学教学的过程有统一的要求。在教学中，教师除了以教学大纲为指导，以教科书为依据之外，还要遵循以下两个统一的要求。其一，要以马克思、恩格斯、列宁等马克思主义经典作家的著作为依据，特别是列宁的著作，在斯大林时期还特别重视斯大林的著作。马列原著作为辅助教学的经典材料是教学必备的，不允许仅按照哲学原理而脱离马列原著来教学。其二，要以苏联党和国家的各项决定和政策为指导，密切联系国家的政治经济实际来开展教学。在教学中，要突出强调苏联社会主义建设的经验和国际意识形态斗争的现状。

用统一的教学方法贯穿于教学过程中。课堂教学以理论灌输为主，兼顾理论教学与实际斗争的结合。苏共要求哲学教师要加强理论研究，在保证教学质量和提高教学水平上下功夫。在教学中，教师要具体把握好两个方针性的问题：一方面，在教学中要保持高度的思想性和政治性、党性和科学性；另一方面，在掌握辩证唯物主义方法论的基础上，不断改进教学方法和技能。在强调理论教学和实际相结合上，不是要求把哲学教学与日常生活的结合，而是要把哲学教学与党的路线、方针政策的实际相结合。几乎在苏共每一次关于思想理论教育的指导性文件中，都强调了理论与实际结合的问题。苏共领导人和教育管理的官员也在不同场合，经常性提出理论要联系实际，批评理论脱离实际的现象。诸如，斯大林就曾多次要求理论研究要与实际相联系；在苏共二十大报告里，赫鲁晓夫也批评过哲学研究与教学、生活相脱离的现象。

在课堂教学中，统一采取理论讲授和课堂讨论两种方法。讲授和讨论的课时是固定的，所讨论的问题由大纲规定，学生回答问题按照教科书内容开展，不允许突破教科书框架而开展自由讨论。在讲授中突出"三段式"教学，首先要求教师结合自然科学和社会科学的事实和材料，运用一定的逻辑来阐述基本原理。在教授基本原理的同时，也需要阐述方法论问题。其次，要求教师既要立足于马克思主义哲学原理的真理性和科学性来讲授，也要讲授马克思主义是随着现代社会的变化而不断发展的科学，充分引导学生用发展的观点来看待马克思主义哲学。最后，要把马克思主义哲学原理与苏共党的政策联系起来，突出马克思主义哲学在苏联共产主义建设中的作用，以达到用哲学理论联系社会现实。此外，对苏联哲学教师还提出科学研究的任务，要求教师要研究马克思主义经典作家的著作，研究苏共党的各种会议的报告、决定，还有宪法、党纲等，以便更好地把理论教学和实际需要有机地结合，来共同搞好教学。

讨论法是苏联哲学教学中探索出来学习哲学的有效方法，并在教学中统一推广。在教学中，围绕哲学问题讨论的课时数几乎占到全部教学时数的一半，有时甚至超出讲课的课时数。例如，在1987年高等学校《马克思列宁主义哲学教学大纲》中就规定，在90课时的教学计划中，讨论课占46课时；在140课时的教学计划中，讨论课占到72课时。① 几十年间，

---

① 参见苏联哲学专家C. T. 米留欣主编的《马克思列宁主义哲学教学大纲》，1987年由苏联高等学校出版社出版。中文版由中国人民大学出版社1988年出版，第47页。

哲学课堂讨论通常有两种方式。一种是由教师按照讲授的内容，开列讨论问题的提纲，组织学生开展讨论。每当教师讲授完一个完整问题之后开始讨论，学生按照对教学内容的理解，解答问题，最后由教师总结纠正偏差。这主要是 20 世纪 50 年代以前的普遍做法。这种讨论具有及时方便的特点，但缺点也很明显。在讨论中，学生不用引经据典，从原理到问题，讨论内容显得比较空泛。第二种方式是，要求教师在设置问题时，必须围绕马列经典著作来进行。这种讨论主要是根据一线教师汇集的意见制定的。有些教师认为，仅单纯讲授原理，学生不易抓住马克思主义哲学的来龙去脉，所以，管理部门统一规定教师要把哲学基本原理和马列著作结合起来进行讨论，选择原著的范围由大纲统一规定。但在讲授中，至于每一个教师具体讲授哪一部分著作，没有特别要求，完全根据教师对原理教学的需要从大纲中选择安排。这种讨论教学的优势是，能把马列原著和基本理论在教学中统一起来。

可见，从教学大纲到教科书、从教学管理再到课堂教学过程，都建立了一套相应的制度。这是按照苏共中央保持马克思主义占据意识形态的主导地位，马克思主义哲学要在教学中保持纯洁性的愿望而形成的。具体地说，在教学内容和教学方法上达到统一，可以使不同学制、不同学科和不同专业的学生，在既定的时间里，掌握马克思主义哲学原理的同等知识。这样的安排，也能够大大提高学习哲学知识的效率，把哲学原理完整地教给学生。但这种不考虑不同教学对象的统一安排，机械化的教学和讨论，并没有达到预期的效果，反而使马克思主义哲学理论在教学中出现了僵化、教条化，培养了学生只能按照固定模式思考理论问题的习惯。事实上，在教学中，苏共的基本要求并没有得到很好的贯彻。很多教师按照固定的教学内容和讨论提纲，照本宣科，在有限的学时内，对学生进行简单化的理论"灌输"，学生的学习积极性没有被完全调动，主要死记硬背一些哲学原理知识和马列主义教条。

## 五　教学内容体系化

在马克思主义哲学发展史中，苏联哲学是马克思主义哲学的再生形态；所以，在哲学教育上，形成的"辩证唯物主义和历史唯物主义"为主干的哲学教学体系，是苏联特色的、独树一帜的体系。

### （一）马克思主义哲学的再生形态

在马克思主义哲学发展史上，马克思、恩格斯并没有建立自己的哲学体系，相关的哲学思想分散于马克思、恩格斯的学术著作中。马克思主义哲学是马克思、恩格斯立足于 19 世纪中叶资本主义的实践，结合自然科学与技术的发展，汲取以往哲学的成果，特别是德国古典哲学创立的。在早期的《德意志意识形态》、《哲学的贫困》、《关于费尔巴哈的提纲》、《黑格尔法哲学批判》、《共产党宣言》以及后期恩格斯的《反杜林论》、《费尔巴哈论》等，都有关于哲学的论述。在马克思主义哲学发展过程中，不同的人结合自己的实际需要，突出强调的是马克思、恩格斯哲学思想的某方面特征，形成了不同的马克思主义哲学形态。苏联马克思主义哲学形态是从普列汉诺夫、列宁对马克思主义哲学的俄国化理解，经过斯大林归纳整理，形成了一个完整的"辩证唯物主义与历史唯物主义"体系。自普列汉诺夫和列宁构建起苏联"正统马克思主义"以后，西方马克思主义理论家卢卡奇、葛兰西和科尔施等人，反对俄国革命和苏联哲学，认为苏联马克思主义哲学是"意识形态的专政"①，他们强调的是马克思主义的辩证方法，以及以此为基础的人道主义，主要表现为追求实现人的自由发展的人道主义情怀。其主要特点是批判性和反思性，即把马克思主义哲学作为批判资本主义的理论工具和反思西欧革命失败以及东欧苏联社会主义失败的教训，从而形成了西方马克思主义（哲学）形态。如果把马克思、恩格斯的"新唯物主义"② 作为马克思主义哲学原生形态的话，此后出现的"苏联马克思主义哲学"和"西方马克思主义（哲学）"等，都是对马克思、恩格斯哲学思想的特殊化解释，则属于马克思主义哲学的再生形态。

苏联哲学形态是建立在马克思、恩格斯哲学理论基础之上，经由普列汉诺夫、列宁和斯大林等苏俄哲学家、政治家的取舍，把马克思主义哲学俄国化的结果。在共产主义建设的道路上，苏共面临着两大迫切任务。其一是树立民众的共产主义理想信念；其二是实现国家社会主义现代化。用

---

① ［德］柯尔施：《马克思主义和哲学》，重庆出版社 1989 年版，第 15 页。
② 按照马克思在《关于费尔巴哈的提纲》一文中的论述："旧唯物主义的立脚点是'市民'社会；新唯物主义的立脚点则是人类社会或社会化了的人类。"

列宁的话说就是"苏维埃政权加全国电气化"①。这两大任务是苏共在与国内国际资本主义斗争中提出的。要巩固社会主义革命的成果,既要引导民众坚定的马克思主义信念,反对资本主义;又要大力发展生产力,发展科学技术,创造比资本主义更多的社会财富,奠定社会主义的物质基础。

苏联面临的迫切任务决定了马克思主义哲学教育的两个维度。其一,坚持辩证唯物主义,开展马克思主义哲学教育的思想启蒙,开启民众心智,提高广大无产阶级和人民大众的思想文化素质。通常情况下,俄国历代统治阶级为了维护国家政权的稳定和发展,常常采取精英教育的方式,对少数人开心智,对大多数民众采取愚民政策,用一套冠冕堂皇的言辞迷惑甚至欺骗大众。这样,形成了俄国不仅在经济上十分落后,而且民众的文化水平极其低下。苏共要完成战胜资本主义、建设社会主义的任务,必须首先进行对广大工人和农民的科学世界观教育,让人民群众摆脱愚昧,提高整体思想文化素质。其二,坚持历史唯物主义,发挥马克思主义哲学的意识形态功能,使广大民众认同苏共的执政理念,抵制各种资产阶级思想观念的影响,建设社会主义精神文明,巩固社会主义政权。在帝国主义层层包围中的苏联社会主义,既要克服国内落后腐朽文化的影响,又要抵制西方资本主义意识形态的渗透,必然要进行意识形态的顶层设计,建立独立的思想政治理论话语体系,以消解来自国内外反动思想的不利影响,完成对广大民众思想的归化。这样,一套完整的马克思主义哲学教学体系建立了起来。

### (二)"两个主义"为主干的哲学教学体系

以"辩证唯物主义和历史唯物主义"(又称"两个主义"②)为主干的教学体系的形成,具有深刻的历史背景和现实的需要。

首先,"两个主义"继承了马克思主义经典作家的主要哲学思想。马克思、恩格斯尽管没有建立哲学体系,但他们在致力于打破旧哲学体系的前提下,一直努力构建科学的革命的哲学体系,以克服空想社会主义理论基础的缺陷,把社会主义奠定在科学的理论基础之上。在《社会主义从

---

① 《列宁选集》第 4 卷,人民出版社 1995 年版,第 364 页。
② 该书没有使用我国一些学者常说的"二分结构",主要原因在于苏联哲学家们一直认为辩证唯物主义和历史唯物主义代表了马克思主义哲学统一的完整的体系。

空想到科学的发展》中，恩格斯把马克思主义哲学称之为"历史唯物主义"，并用唯物史观论证了社会主义从空想到科学的发展。在《费尔巴哈论》中，他用辩证唯物主义的方法清算了费尔巴哈机械唯物主义的不彻底性，并全面阐述了马克思主义哲学的基本观点。在《反杜林论》中，他批判了杜林唯心主义和形而上学的世界观，以自然科学新成果为证据，论述马克思主义哲学的科学性。此后的马克思主义者在建立哲学体系中做出了努力。狄慈根在《一个社会主义者在认识论领域中的漫游》中第一次提出马克思主义哲学就是"辩证唯物主义"的命题；在《黑格尔逝世60周年》一文中，普列汉诺夫再次提出这一概念，并做了说明。普列汉诺夫说："由于马克思，唯物主义哲学被提升为一个完整的、首尾一贯的和彻底的世界观。"① 他指出，这个"首尾一贯的和彻底的世界观"就是辩证唯物主义。在历史观上，普列汉诺夫说："对历史作唯物主义的解释，要以辩证的思维方法为前提。"② 可见，普列汉诺夫尽管半生致力于研究唯物史观，但他认为马克思主义哲学就是辩证唯物主义。后来俄国理论家在研究和归纳马克思主义哲学时，或者用"辩证唯物主义"，或者用"历史唯物主义"来命名，这与普列汉诺夫对马克思主义哲学的定位有直接的关系。

在马克思主义哲学体系的建构中，起决定作用的是列宁。列宁强调唯物辩证法在俄国无产阶级反对资产阶级斗争中的运用。列宁认为，马克思主义有三个基本组成部分，它们都是 18 世纪"哲学、政治经济学和科学社会主义极伟大的代表人物的学说的直接继续"③。在哲学上，"马克思主义的哲学就是唯物主义"④，但马克思在欧洲 18 世纪唯物主义基础上把哲学向前推进了，他利用黑格尔等德国古典哲学的成果，主要是辩证法，并结合自然科学最新成果，"证实了马克思的辩证唯物主义"⑤。但马克思并没有就此止步，他把哲学唯物主义"贯彻到底"，"把它对自然界的认识推广到对人类社会的认识"，这就是历史唯物主义。列宁把这"两个主

① 《普列汉诺夫哲学著作选集》第 1 卷，生活·读书·新知三联书店 1959 年版，第 494 页。
② 同上。
③ 《列宁选集》第 2 卷，人民出版社 1995 年版，第 309 页。
④ 同上书，第 310 页。
⑤ 同上书，第 311 页。

义"称为"完备的哲学唯物主义"①。在 20 年代末，苏共中央提出研究列宁主义基础，提出列宁主义是马克思主义的新阶段。在哲学上，同样提出了列宁哲学是马克思主义哲学的新阶段的结论。正因为如此，在哲学教育中，按照列宁的指示来构建哲学教学体系，用科学完整的马克思主义哲学来教育广大民众成为必然。从米丁等编著的《历史唯物主义》一书中，对辩证唯物主义和历史唯物主义统一性做出的解释，也可证实列宁的直接影响。他们说"照马克思恩格斯和列宁的意见，哲学的抽象理论，就其本身讲，是没有什么价值的"②，只有把辩证唯物主义和历史唯物主义结合起来，把哲学抽象运用于人类社会及其历史发展，才能体现出它的现实性和价值。可见，列宁提出的"两个主义"观点，是苏联哲学体系形成的直接依据。

其次，从苏联哲学发展和教育实践来看，"两个主义"的形成是苏联社会主义发展的要求。其一，是开展苏联意识形态建设的需要。经过十月革命的运用，辩证唯物主义和历史唯物主义在反对唯心主义和宗教有神论的战线上，获得了巨大的成功。随着社会生产力的发展，辩证唯物主义论证了社会主义的合理性和规律性、坚持物质世界发展规律性、资本主义必然灭亡和社会主义必然胜利的不可避免性，为苏联社会主义建设的优越性奠定了理论基础。苏共要取得社会主义的彻底胜利，必须要在现实中开展反对资产阶级的斗争，而这种斗争的理论依据是必须反对唯心主义的资产阶级世界观。所以，苏共培养广大群众的辩证法唯物论和历史发展合规律的思想成为必然。经过多年的哲学研究和教育实践，唯物论、辩证法、认识论和历史观已经成为苏联党巩固意识形态的理论武器，理论教育工作者和广大民众已经认可并逐渐接受了辩证唯物主义和历史唯物主义。其二，是沿袭了大论战的哲学党性原则，以批判的姿态凸显了唯物论和唯心论、辩证唯物主义和旧唯物主义的对立，在清算理论战线上的"反对派"方面显示的威力。面对当时世界资本主义的压力，斯大林关于社会主义越发展，阶级斗争越尖锐理论的形成，把政治斗争延伸到思想理论领域，把哲学论争上升到政治斗争。经过科学的理论论证，马克思主义哲学成为战胜资本主义意识的重要理论武

---

① 《列宁选集》第 2 卷，人民出版社 1995 年版，第 309—311 页。
② ［苏］米丁等：《历史唯物主义》，生活、读书、新知联合发行所 1949 年版，第 1 页。

器。斯大林认为，在思想战线的斗争中，缺少了辩证唯物主义和历史唯物主义任何一个基础，这种斗争都是不完整的，也是不彻底的。用斯大林自己的解释就是："辩证唯物主义是马列主义党的世界观"，"历史唯物主义是把辩证唯物主义原理推广去研究社会生活，把辩证唯物主义原理应用于社会生活现象，应用于研究社会，应用于研究社会历史。"①只有"两个主义"才能代表完整的无产阶级世界观。其三，是斯大林根据现实情况，综合各种哲学观点，缓和矛盾的需要。在"两个主义"正式形成前的很长一段时期内，苏联哲学界对马克思主义哲学要么以"辩证唯物主义"为重点，要么突出"历史唯物主义"，二者都有其科学的合理性和现实的斗争性。斯大林在整合哲学界的过程中，综合了两方面的观点，以"辩证唯物主义和历史唯物主义"命名苏联哲学，得到了苏联社会普遍的接纳与认可。

### （三）"两个主义"体系的历史作用

"辩证唯物主义和历史唯物主义"是科学的世界观体系。它是对自然、社会和人类思维在内的物质世界发展规律的科学阐释，体现的是把握客观规律性基础上的主观能动性的发挥。它是以物质本体论为基础建构起来的唯物辩证法和历史唯物论的结构体系，在结合自然科学发展和社会化大生产时期的现实状况，科学地论证了自然界的运行规律和人类社会的客观发展趋势，是时代精神的精华。但辩证唯物主义和历史唯物主义不仅是对以往哲学科学知识体系的再构，它更是一种批判和行动的工具。它"最重要的功能是对资本主义社会制度作出准确判断，揭露资本主义社会。"② 具体地说，历史唯物主义把自然界的规律推广到人类社会，把辩证唯物主义作为社会发展运动的自然前提，推动了无产阶级反对资本主义，建设共产主义的斗争。在长期的哲学教育中，苏共坚持唯物辩证地看待社会历史的发展，突出强调了"辩证唯物主义和历史唯物主义"的科学理性和无产阶级的斗争意识。所以，辩证唯物主义和历史唯物主义教育在反对资本主义的斗争中是不可或缺的。

---

① 斯大林：《辩证唯物主义与历史唯物主义》，外国文书籍出版局 1950 年版，第 1 页。
② ［匈］卢卡奇：《历史和阶级意识》，华夏出版社 1989 年版，第 227 页。

　　在具体教学中，对"辩证唯物主义和历史唯物主义"科学理性的强调，加强了哲学对自然科学的指导。广大苏联科学工作者，在马克思主义哲学指导下，在短短几十年内，立足于科学技术的发展，创造了比较发达的社会生产力，推动了苏联现代化建设，使苏联成为能与最发达的资本主义国家美国相抗衡的超级大国起到了关键性的作用。更为重要的是，马克思主义哲学为人们展望和探索客观世界提供了一种信念。它不仅科学地解释世界，同时力求改变世界，从而真正实现了理论和实践自觉地结合。"改变世界是以预见它的客观发展趋向、认识它的规律性为先决条件的。对未来的严格科学的预见和为人类达到这个未来指明方向，是马克思主义哲学的特征。"① 在苏联面临多次内部斗争和国际斗争中，苏共以辩证唯物主义和历史唯物主义为思想斗争的武器，逐渐消除了旧制度的思想残余和资本主义的思想颠覆活动，多次度过了意识形态上的危机，使社会主义制度得以巩固。

　　"辩证唯物主义和历史唯物主义"作为哲学教学体系，在宣传教育中曾多次遭遇阻碍。在苏共干部的哲学教育培训层面，由于是共产党的内部教育，基本没有遇到什么阻力。但在青年的教育上，"辩证唯物主义和历史唯物主义"教学却长期被一些人所诟病。在 20 世纪 20 年代，列宁提出在高校开设包括马克思主义哲学在内的思想政治教育课程时，一些坚持所谓"思想自由"的人士认为，这是苏共限制高校自治，对青年思想的束缚。在斯大林时期普遍强化"辩证唯物主义和历史唯物主义"教学时，又一直被一些反对者认为是苏共进行思想控制，是为了建立极端专政的体制。在后斯大林时代，高校马克思列宁主义哲学教学又被一些人作为教条主义的典型和阶级斗争的工具，遭到竭力的批判和否定。客观地说，苏联哲学教育体系并不是一个完全科学的思想体系，它具有内容简单化和机械化的一面，在地位上唯我独尊，以政治斗争方式排斥其他哲学思想的干扰。但不容否认的是，苏联哲学教学体系的建立，为系统地开展哲学教育，探索社会主义发展道路，巩固社会主义意识形态做出的积极贡献是不容抹杀的。连苏联著名持不同政见者麦德韦杰夫在谈到苏共从哲学层面对社会主义的探索时，也不得不中肯地承认："俄国布尔什维克们就曾极力

---

　　① ［苏］Φ. B. 康斯坦丁诺夫：《苏联哲学百科全书》第 1 卷，上海译文出版社 1984 年版，第 521 页。

搞清'为什么'和'怎么做'的问题，不过，他们只找到部分答案。"①
这既说明了苏联哲学体系对社会主义探索起到的积极作用，也表明了苏共
对社会主义规律探索的不够深入。

①　［苏］罗伊·麦德维杰夫：《论苏联的持不同政见者：与意大利记者皮尔罗·奥斯特林
诺的谈话》，群众出版社 1984 年版，第 85 页。

# 第四章

# 苏联马克思主义哲学教育得失

苏联哲学教育不是单纯作为一门独立的知识教育学科而存在，而是苏联意识形态教育的重要组成部分。其涉及的范围非常广泛，几乎渗透到整个苏联文化的总进程之中。从苏联哲学教育的历史演进过程和基本特征来看，马克思主义哲学教育在社会主义建设中做出了自己的贡献，但由于苏联社会主义探索时期的不成熟性和苏共的主观意志，也存在着诸多的局限和错误。今天，我们主要围绕苏联哲学教育之得失的探讨，既反映了苏联哲学教育的经验和教训，也折射出苏联思想政治教育乃至整个意识形态教育的成败得失。

## 一 苏联马克思主义哲学教育之"得"

### （一）传承了马克思主义哲学

马克思说："任何真正的哲学都是自己时代的精神上的精华",[①] 哲学通过独特的内容和形式与世界相互作用。随着时代的发展，"哲学正变成文化的活的灵魂，哲学正在世界化，而世界正在哲学化"。[②] 马克思的论述，充分揭示了哲学对人的思想启蒙、引导人类文明发展的作用。在国际共产主义运动中，马克思主义哲学作为无产阶级争取自身解放的理论武器，需要在社会主义实践中不断发扬光大。在苏联，苏共对马克思主义哲学的传承，主要是通过马克思主义哲学教育来实现的。

1. 传承方式的选择。理论传承有不同的方式，可以是原著式的，也可以是对原始文本解释式的。苏共对马克思主义的传承，结合了上述两种

---

① 《马克思恩格斯全集》第 1 卷，人民出版社 1995 年版，第 220 页。

② 同上。

方式，以苏俄式哲学教科书形式为主，即解释式的，以马列原著为辅助。我们之所以说苏联哲学是苏俄式的，是因为俄国人从来都不是原本照抄马克思主义哲学，而是根据自己国家民众的文化素质、政治革命的要求和社会主义建设的需要，对马克思、恩格斯等人的辩证唯物主义和历史唯物主义有所取舍，构架起来的解释体系。在理论内容上，主要把唯物论、辩证法、逻辑学、认识论、唯物史观和阶级斗争学说进行有机的结合，归结为"辩证唯物主义和历史唯物主义"哲学体系，组成哲学教科书的形式，其他一切哲学研究和宣传教育都依附于这一体系而开展。

苏共依托"辩证唯物主义和历史唯物主义"体系，对马克思主义哲学的传承主要围绕以下三个方面展开。其一，来自苏联共产党的决议、文件及领导人的讲话精神。在苏联共产党的文件中，贯穿着辩证唯物主义和历史唯物主义思想。苏共文件当然不会对具体的哲学问题给出具体规定，它是对理论和实践中的重大问题的哲学分析，并要求广大群众从哲学层面来理解。这里的哲学内容主要与经济、政治、文化等方面，通过一种混合形式表现出来，再通过媒体的舆论宣传、理论诠释和编入教科书讲授等形式传导给受教育者。其二，来自哲学教科书以及辅助教学的教学大纲、各种参考书等。哲学教科书表达的是哲学教育的主干内容，它以完整的、系统化的理论体系展示哲学基本原理，并借助于哲学语言表达出来。其三，来自苏联哲学界的学术研究成果。哲学界的学术成果是对哲学范畴和概念内涵的深入探讨，它有时是对哲学教科书某一问题的深化、有时是对现实实践的哲学探讨。以专著、报纸杂志、演讲报告、辅助教科书等方式开展教育。纵观整个苏联哲学教育的发展历程，党的文件中的哲学思想和哲学界的研究成果，除了以不同的渠道渗透进宣传教育过程之外，还有一些被纳入哲学教科书，成为哲学教育的重要组成部分。

自俄国革命者接受马克思主义，普列汉诺夫就以《论一元论历史观》等哲学专论的形式，集中阐发马克思主义哲学。列宁受到普列汉诺夫等人的影响，在反对各种非马克思主义派别的思想政治斗争中，对包括唯物主义和辩证法在内的西方哲学进行了系统的研究，独创了《唯物主义和经验批判主义》和后来经过整理的《列宁笔记》，对马克思主义哲学的传播具有重要的影响。普列汉诺夫和列宁等人的哲学思想成为苏联哲学教学体系的主要理论内核。

苏联出版的哲学教科书，在种类和总量上很难估算。十月革命以后的几年间，主要以德波林的《辩证唯物主义哲学入门》（1916 年）和布哈林的《论历史唯物主义理论》（1921 年）比较有代表性，分别阐述了辩证唯物主义、历史唯物主义，开创了马克思主义哲学教育的教科书时代。新经济政策时期，在共产主义教育的氛围中，列宁积极倡导编写教科书用于学校教育，各高校的哲学工作者和研究机构的科研人员，主要围绕历史唯物主义，开展哲学研究和学术讨论，编写了一批教材和小册子。这时，各种版本的哲学教科书相继出现。主要有高列夫的《历史唯物主义概论》（1925 年）；B. H. 萨拉毕扬诺夫的《历史唯物主义》（1922 年）；拉祖莫夫斯基的《历史唯物主义理论教程》（1924 年）；特拉赫登贝尔格《与教师谈历史唯物主义》（1924 年）等，这些教材尽管还不完善，但都丰富和发展了"历史唯物主义"。

　　1923 年，为了引领马克思主义发展方向，提高马克思主义哲学的战斗力，最大限度地团结广大群众进行共产主义建设，列宁《在马克思主义的旗帜下》（1922 年 3 月）杂志发表了《论战斗唯物主义的意义》一文，发出了与一切党外唯物主义建立联盟、哲学家与自然科学家结为联盟、充分吸收古今内外哲学理论遗产的号召。随之在苏联哲学界掀起了如何建立联盟，继续探索和发展唯物主义、反对各种唯心主义的探讨。随着列宁的逝世，哲学界围绕继承列宁遗志，如何做"战斗的唯物主义者"，在哲学领域形成了"机械论派"、"辩证法派"和"正统派"等不同的马克思主义哲学派别，展开了如何发展马克思主义哲学的大论争。在论争中，马克思主义哲学经历了从纯粹学术探讨到政治斗争的转变。总体上看，在苏联社会急剧变化过程中，论争双方主要探讨了列宁哲学的意义，并对如何进一步发展和运用马克思主义哲学提出了自己的见解。论争的主要成果也以教科书的形式展示了出来。主要有 M. Г. 沃尔夫松等编写的《历史唯物主义概论》（1929 年）；西洛可夫、艾森堡等编写的《辩证法唯物论教程》（1931 年）；И. 施洛科夫编写的《辩证唯物主义》（1931 年）；A. 德韦杰夫等编写的《历史唯物主义概论》（1931 年）等，① 为马克思主义哲学教学增添了丰富的内容。

　　随着苏联大规模社会主义建设的展开，哲学大论争在促进马克思主义哲学发展的同时，也由于不同派别基本观点的对立，甚至相互排斥而削弱

---

① ［苏］叶夫格拉弗夫：《苏联哲学史》，商务印书馆 1993 年版，第 24 页。

了马克思主义哲学关注现实的力度。而由于"对马克思主义哲学的兴趣的增长和马克思主义哲学发展的内在逻辑，使得对哲学知识加以最大程度的系统化成为不可避免的事情"。[①] 建立统一的哲学被苏共提上议事日程。在斯大林的亲自干预下，按照哲学理论的发展要跟上苏联社会主义建设、哲学研究要结合现实需要的要求，编写统一的哲学教科书日益成熟。按照苏共中央指示，哲学家们组成不同的研究小组，开展了哲学教科书的研究和编写工作。最后，由米丁和拉祖莫夫斯基等集体编写的教科书《历史唯物论》（上册，1932 年）和《辩证唯物论》（下册，1934 年），[②] 后来合并为《辩证唯物主义与历史唯物主义》，最具系统性和代表性，占据了苏联思想理论界的"高峰"。自此，苏共中央基本完成了苏俄式马克思主义哲学教科书的体系建构。

事实上，米丁等编写的哲学教科书就是在苏共直接干预下，"根据党中央的决议写成的"。[③] 这套书出版以后，作为统一的哲学教科书"范本"，在高校统一使用。但米丁等人哲学教科书中的缺点也显而易见，主要是术语运用不准确，内容比较庞杂，把一些本来不属于哲学的内容也加入其中。在历史唯物主义部分，还混杂了大量经济学、政治学和阶级斗争的内容。诸如，在第三章至第五章中，有关经济关系、政治关系和无产阶级专政等明显不属于哲学研究的范畴。在第七章中，把有关资产阶级科学、文学、艺术等内容也混杂其中。1938 年，为了继续突出马克思主义哲学的纯洁性，斯大林结合苏联社会主义建设实际，整合了米丁等人哲学教科书的有关内容，撰写的《辩证唯物主义与历史唯物主义》，作为《联共（布）党史简明教程》第四章第二节，作为苏共指导思想基础固定下来。在学习联共党史的运动中，"辩证唯物主义与历史唯物主义"逐步得到普及。此后，苏联高校、党校和理论培训班学习的哲学教科书，都是以

---

① ［苏］叶夫格拉弗夫：《苏联哲学史》，商务印书馆 1993 年版，第 25 页。

② 根据沈志远 1949 年翻译《历史唯物论》的中文译本，各章分别为：第一章辩证唯物主义与唯物史观；第二章社会经济形态、生产力与生产关系；第三章资本主义和社会主义经济关系；第四章阶级与国家；第五章无产阶级专政；第六章意识形态；第七章战斗的无神论；第八章社会变革论；第九章批判修正主义。《辩证唯物主义》各章分别为：马列主义是无产阶级的世界观；第二章唯物论和唯心论；第三章辩证法唯物论；第四章唯物辩证法的规律及范畴；第五章哲学上两条阵线的斗争；第六章辩证唯物主义发展中的列宁阶段。其中，第三章主要阐述了唯物论和反映论，第四章阐述了唯物辩证法的三个规律和诸形式以及形式逻辑。

③ M. Маслин：История русской философии. стр. ，M. 2001. 591.

米丁和斯大林的教科书版本为基础的。

斯大林逝世以后，苏共中央出于科学传承马克思主义哲学的良好愿望，从批判斯大林个人崇拜到批判斯大林的哲学理论，在思想理论领域开始"解冻"，并要求重新编写哲学原理教科书。哲学界又一次集体行动，开展重新编写哲学教科书。这一时期，大量新编教科书和教学参考书得到出版。主要有 M. H. 鲁特凯维奇编写的《辩证唯物主义》（1959 年），П. Д. 潘茨卡瓦编写的《辩证唯物主义》（1959 年）；И. Д. 安德烈耶夫编写的《辩证唯物主义》（1960 年）等，① 其中，以康斯坦丁诺夫等编写的《马克思主义哲学原理》（1959 年）教科书最具代表性，并作为"正统"的版本广泛使用。在此后的几十年间，苏联哲学界围绕苏共党的要求和苏联社会新的实际，对诸多问题进行了哲学上的探讨，诸如人道主义问题、列宁辩证法问题、全球化问题、认识论问题、价值论问题等，这些成果也被吸收进哲学教科书之中。该书不断总结经验，并经过多次改版，从 1971 年开始，改名为《马克思列宁主义哲学原理》。尽管苏联哲学界做了如此努力，但从内容上看，这一时期出版的各种版本的教科书，并没有脱离斯大林时期的《辩证唯物主义和历史唯物主义》体系，反而丰富、完善和强化了这一体系。到 20 世纪 80 年代，哲学教科书的编写继续细化，出现了专门共研究生使用的哲学教科书。诸如，由苏联科学院哲学研究室主编的《历史唯物主义概论》（1983 年）和由斯坦尼斯主编的《辩证唯物主义概论》（1985 年）作为一套教材出版，供副博士考试和哲学研究班等有一定哲学功底的人员使用的参考书。总体上看，这些教科书仍然是《辩证唯物主义和历史唯物主义》体系的翻版。

2. 传承的意义。《辩证唯物主义和历史唯物主义》教科书体系是苏联哲学教育的核心内容。这一教科书体系看似苏联哲学斗争的结果，也有人认为是斯大林个人主观意志的需要。而事实上，促成这一体系形成的客观动因是，苏共对干部、青年开展哲学教育，传承马克思主义哲学的要求。哲学教科书体系的形成，承担了苏联哲学教育太多的使命。今天，当人们再次追寻苏联哲学恩恩怨怨的时候，首先想到的是哲学教科书。苏联哲学为什么会出现教条化、僵化，苏联哲学教育为什么失效等问题，也试图从哲学教科书中找到答案。事实上，哲学教科书是顺应苏联特殊时期的需要

---

① ［苏］叶夫格拉弗夫：《苏联哲学史》，商务印书馆 1993 年版，第 35 页。

而出现的，它对马克思主义哲学的传承起了重要的作用。

（1）对马克思主义哲学系统化的尝试。在苏联大力开展社会主义建设中，其内部存在着旧思想、旧观念的干扰和外部帝国主义意识形态的渗透。为了解决思想理论存在的难题，苏共特别需要一部集中阐发马克思主义哲学原理、完全体现苏共意志的教科书，来满足广大干部群众系统学习马克思主义哲学的需要、准确反映苏共理论政策的需要。在苏共中央的直接指导下，诸多苏联哲学家都对马克思主义哲学的体系化作出过尝试，最终促进了哲学教科书统一版本的形成。哲学教科书体系的形成，把马克思主义哲学系统化，结束了马克思主义哲学教学没有统一教科书的历史。相对于以往苏联高校使用的哲学教科书而言，统一版本的教科书质量较高，体系比较完整，满足了苏共统一人们的思想、统一开展教学的需要。在形式上，哲学教科书按照苏共的逻辑，结构上条理清楚、语言上简洁通俗、论断上干净利索，有时甚至于独断。这样的形式安排，能使普通苏联人突破整体文化层次不高的局限，对抽象的哲学理论达到比较直观的理解。

（2）提高了苏联人对马克思主义哲学的认知。以教科书形式呈现的马克思主义哲学，实质上是对马克思主义哲学理论的系统阐述。在不同时期出版的哲学教科书，不仅概括了马克思主义经典作家的主要哲学思想，还凝聚着哲学家们对马克思主义哲学的研究和思考，是马克思主义哲学系统的解释和发展体系，是集体智慧的结晶，反映了苏联人对马克思主义哲学的认知。在布哈林的《历史唯物主义理论》中，论述了著者的"平衡论"思想；在斯大林的《论辩证唯物主义和历史唯物主义》中，凝结着斯大林对社会主义实践的哲学理解。今天来看，教科书的板块结构，束缚了人们的思维，不利于哲学的创新，而当时板块结构的创立，何尝不是苏联哲学对马克思主义的创新呢？此后，每一次教科书的集中修订，都汇集大批苏联著名的哲学家集体撰写，在体现苏共中央意志的基础上，经过全国范围的哲学研究和教育领域的广泛讨论才最终形成，其高度的逻辑性和内容的完整性，就是最好的证明。

（3）形成苏联特色的马克思主义。苏联哲学教科书体系是"辩证唯物主义和历史唯物主义"的特殊形式。尽管苏联人始终认为，苏联哲学是马克思主义哲学的"正统"，哲学教科书体系不仅适用于苏联社会主义建设，也适用于其他社会主义国家。但苏联哲学教科书是为了适应苏联特定时期开展思想政治教育而形成的，具有鲜明的苏联特色。这套哲学教科书是对苏联时期马克思主义哲学进行的高度概括和通俗表达，它既保持了马克思主义哲学自身的理论特色，又突出了苏联意识形态斗争的需要。苏联教科书对唯物论、辩证法、认识论和历史观（通常被称为"四大板块"）等几个重要方面的集中阐述，是主要依据恩格斯的《反杜林论》、《自然辩证法》和列宁《唯物主义与经验批判主义》等著作中对哲学的论述，而构建起来的。在哲学教科书形成以后，并不是铁板一块，不可变更的。不同时期的哲学教科书，都要根据苏联哲学发展和现实斗争的需要，以"四大板块"为基础，排列组合起来。依据斯大林的《辩证唯物主义与历史唯物主义》来看，主要按照辩证法—唯物论—历史观的顺序编写。在唯物辩证法三大规律中，斯大林只论述两个规律，省略了"否定之否定"规律，就明显具有为政治需要的意图；而后来的教科书基本上是按照唯物论—辩证法—认识论—历史观顺序来安排，论述的是辩证法"三大规律"和若干范畴，体现了苏式教科书一贯的特点。每一次教科书修订上的最大变化，是把苏共中央的最新决议精神添加进去。在论述决议精神的科学性和合理性的哲学依据之外，也或多或少体现了哲学研究的最新成果。从苏联哲学教育的目的看，这样的哲学教科书结构，符合了苏共开展意识形态教育的需要，满足了广大党员干部和青年学生学哲学、用哲学的需要。

（4）是对马克思主义哲学通俗化的系统实践。哲学是理论化系统化的学说，具有较强的理论性，难以达到通俗易懂。而哲学又植根于人民群众之中，"人民的最美好、最珍贵、最隐藏的精髓都汇集在哲学思想里"，[①] 要把这些"最隐藏的精髓"反馈给人民群众，则需要把哲学革命化和大众化。哲学要革命化和大众化，被普通群众所理解，真正成为革命群众的理论武器，首先需要进行通俗化的改写。恩格斯曾经说过，哲学的通俗化需要奠定科学的基础，"只要科学的基础一奠定，通俗化也就容易了"。[②] 列宁也强调了理论需要通俗化，但不能庸俗化，因为"庸俗化和哗众取宠绝非通俗化"。[③] 苏联哲学教育的过程，就是把马克思主义哲学逐步通俗化，适应于大众阅读和理解直至接纳的过程。斯大林善于在实践

---

[①] 《马克思恩格斯全集》第1卷，人民出版社1995年版，第219—220页。

[②] 《马克思恩格斯文集》第10卷，人民出版社2009年版，第197页。

[③] 《列宁全集》第5卷，人民出版社1986年版，第322页。

中把马克思主义哲学通俗化，他采用民族化的语言，以自然科学做案例，提纲挈领、简洁明快地阐述了唯物辩证法、辩证唯物论和历史唯物主义三个方面的内容，撰写的《辩证唯物主义与历史唯物主义》，符合了普通苏联人学习哲学的需要。列宁、斯大林和大批苏联哲学家在竭力保持马克思主义哲学理论深度的基础上，突出强调马克思主义哲学的科学性，用现代自然科学的成果做论据，把马克思主义基本原理通俗化，同时又防止把马克思主义哲学庸俗化的问题。

（5）强化了理论为政治服务的功能。通常情况下，哲学与现实距离较远，而苏联哲学教科书基本体现了不同时代哲学为政治社会服务的功能。三十年代的哲学教科书，反映了苏联社会现实状况和哲学研究的水平，明显具有经济政治上高度集中和哲学大论争的特征。苏共二十大以后，由康斯坦丁诺夫主编的《马克思主义哲学原理》，也是适应苏联经济政治和国际关系的变化，经过多次修改、讨论而形成。从 1982 年修订的最新版本《马克思列宁主义哲学原理》来看，这本教科书仍然保持着哲学的党性和对资产阶级哲学批判的传统，但空泛论证的色彩淡化了许多，融入了哲学研究的新成果，在理论阐述的学术性上大大加强。在辩证唯物主义部分，添加了对"马克思主义认识论"和"辩证法"的阐释；在历史唯物主义部分，添加了科学和"人学"的内容。① 这些变化，不仅强化了哲学与现实的联系，也体现了哲学为政治服务的功能。

### （二）巩固了意识形态教育的基础

苏共把马克思主义哲学作为社会主义意识形态的理论基础，通过哲学世界观教育，支撑起整个意识形态的大厦。米丁曾经引述斯大林的话说过："为了在政治上不犯错误，便要以马克思主义辩证法原理为指南，便要知道历史发展的规律。"② 可见，苏共认为，只有保持马克思主义唯物论、辩证法和历史观的基础地位，才能巩固社会主义意识形态的统治

---

① 根据康斯坦丁诺夫主编的《马克思列宁主义哲学原理》1982 年版本，修改和添加较多的为：在"辩证唯物主义"部分，第七章为"人的认识的性质"，第八章为"认识过程的辩证法"；在"历史唯物主义"部分，第十八章是"社会和个人"，第十九章是"人民群众和个人在历史上的作用"。上述新内容都是苏联几十年间在"认识论"和"人学"上的研究新成果。

② ［苏］米丁：《论斯大林的〈辩证唯物主义与历史唯物主义〉》，生活·读书·新知三联书店 1950 年版，第 4 页。

地位。

1. 奠定了意识形态的历史唯物论基础。意识形态是马克思主义的重要范畴。马克思在批判资产阶级意识形态虚假性的基础上，得出了无产阶级意识形态存在的必然性。列宁在建设无产阶级国家的过程中，继承了马克思对资产阶级意识形态的批判，认为无产阶级亦有自己的意识形态或思想体系，即建立在唯物史观基础上的共产主义思想。一种思想体系"或者是资产阶级的思想体系，或者是社会主义的思想体系。这里中间的东西是没有的"。① 无产阶级要立场鲜明，才能保持无产阶级意识形态与资产阶级意识形态的对抗中获得发展。

开展意识形态建设是苏联社会主义建设的重要组成部分。在俄国国内经济文化水平落后和国际帝国主义的威胁下，要巩固苏联社会主义政权，既要从经济政治等硬实力上打造稳定的基础，也要从思想文化上进行软实力建设。列宁在战时共产主义和新经济政策时期，已经提出要在唯物史观基础上，培养苏联民众的共产主义信仰。在社会主义建设的实践中，斯大林围绕经济集中、政治集权的社会主义模式，建立起完整的社会主义意识形态体系。斯大林"一国建成社会主义"的理论依据就是唯物史观。他认为，人类社会的发展遵循着从原始社会、奴隶社会、封建社会、资本主义社会、社会主义社会到共产主义的更替，所以，社会主义是人类不可抗拒的发展规律，比资本主义具有无比的优越性，这是社会发展的"线性"的"铁的规律"。② 如何维护这一"线性"的"铁的规律"的合理性，斯大林在《辩证唯物主义与历史唯物主义》中进行了系统的哲学论述。

通过理论上的"灌输"，对无产阶级进行马克思主义教育，是培养工人阶级意识的主要方式。列宁认为，没有革命的理论就没有革命的行动，只有开展共产主义理论教育，才能引导工人阶级实现革命的理想。列宁在革命时期形成的意识形态教育，对革命以后的苏联社会主义建设仍然没有过时。既然共产主义意识需要灌输给工人阶级，那么究竟在社会主义时期需要灌输什么？从意识形态学说包含的丰富内容来看，在一定社会的经济基础上，政治法律思想、艺术、宗教、道德、哲学和其他社会科学等，以

---

① 《列宁选集》第 1 卷，人民出版社 2012 年版，第 326 页。

② 陈锡喜：《斯大林模式形成的意识形态根据及其核心话语》，《探索与争鸣》2010 年第 9 期。

其独特的形式，从各个不同的侧面反映出社会生活的现实，共同构成意识形态的有机整体。在意识形态的诸形式中，直接反映意识形态的是政治和法律思想，而通常哲学则离意识形态较远。但马克思主义哲学是适应无产阶级革命运动而产生，从来就不是一个纯粹的知识体系，它具有强烈的意识形态功能。在《〈黑格尔法哲学批判〉导言》中，马克思已经高举起哲学这一无产阶级意识形态的旗帜："哲学把无产阶级当作自己的物质武器，同样，无产阶级也把哲学当作自己的精神武器。"① 无产阶级在争取共产主义的斗争中离不开哲学这一精神武器。所以说，共产主义是马克思主义哲学的内核。② 尽管马克思主义哲学没有为"如何建设社会主义"提供明确的答案，但在苏联社会主义建设中，几乎每一个问题都依赖于从唯物史观得到合理的解释。

苏联的"辩证唯物主义和历史唯物主义"体系是苏共从最高理论层面维护社会主义制度的解释系统。它从物质本原出发，科学地揭示了自然界和人类社会发展的客观规律。在历史观上，揭示了社会主义代替资本主义的必然性，解释了苏联社会主义制度存在的合理性。同时，这一体系又是苏共树立全体国民共产主义信仰的思想改造系统。它从世界观的高度，论证了无产阶级通过革命的方式，与资产阶级进行不断地斗争，开辟了劳动群众实现自我解放和自由发展的道路，指明了共产主义道路的光明前景。在社会主义建设中，几代苏联人正是通过辩证唯物主义和历史唯物主义的教育，提高了思想理论素质，树立了为社会主义建设而奋斗的信念。

正因为如此，在苏共思想政治教育中，一贯强调用马克思主义哲学教育来巩固意识形态，甚至苏共中央及其领导人直接参与哲学教育的开展。在思想理论战线的斗争中，斯大林曾经亲自指导哲学领域的大论争并发表重要指示。在 30 年代初，斯大林要求把哲学与社会现实的政治斗争结合起来，指导了红色教授学院的"正统派"与"辩证法派"的论争；在1947 年，苏共召开哲学讨论会，按照斯大林的意图，批判亚历山大罗夫主编的《西欧哲学史》，试图把一切非"正统"哲学观点逐出苏联思想理论领域。斯大林撰写《辩证唯物主义与历史唯物主义》一节，收录在

---

① 《马克思恩格斯选集》第 1 卷，人民出版社 1995 年版，第 15 页。
② 侯惠勤：《试论马克思主义哲学的共产主义内核》，《中国高校社会科学》2013 年第 4 期。

《联共（布）党史简明教程》中，把苏联历史观奠定在马克思列宁主义哲学基础之上。为了巩固马克思主义哲学教育的成果，积极引导国际共产主义运动，此书被翻译成126种文字，发行4280万册，① 对巩固社会主义意识形态建设起到了重要的作用。后来斯大林又以唯物史观为指导，撰写出《马克思主义与语言学问题》、《苏联社会主义经济问题》等具有浓厚哲学意蕴的著作，都为巩固苏联社会主义意识形态做出了贡献。

2. 增强了苏联人的社会主义价值观认同。苏联共产党人侧重的是物质本体论和两极对立的哲学思维，强调了唯物主义与唯心主义的对立，辩证法和形而上的对立，直至无产阶级与资产阶级的对立。为无产阶级的解放而斗争，成为每一个苏维埃人的价值追求。这就确立了苏联社会"国家至上"的价值观念。在哲学教育中，确立的辩证唯物主义和历史唯物主义信念，是对以往马克思、恩格斯和列宁哲学学说的丰富，是根据工人阶级斗争和社会主义建设的新经验构建起来的，是完全彻底的科学世界观。以马克思主义哲学世界观为基础，树立的共产主义信念，增强了苏联人社会主义集体主义价值观的认同。

苏联哲学教育按照这样的逻辑灌输给全体国民："辩证唯物主义是各国共产党的纲领及其战略、策略的理论基础和科学基础。""苏联人民所以能在社会主义和共产主义的建设中取得伟大的胜利，是因为领导苏联人民的是有科学纲领和科学世界观即辩证唯物主义的共产党。"② 这里已经明确无误地指出了俄国共产党领导十月革命取得胜利的原因，即无产阶级政党以辩证唯物主义为指导，坚持科学的、彻底的世界观和方法论，给客观世界的各种现象以唯物主义的解释，成为无产阶级反抗资产阶级的理论武器。也只有拥有这样的理论武器，才会在革命和建设中取得胜利。在具体科学领域，同样离不开辩证唯物主义的指导，因为"研究辩证唯物主义，我们就能认识整个世界，而认识整个世界，就能帮助我们理解自然界和社会中的各种现象，因而也能帮助我们理解各种科学"。③ 所以说，学习掌握辩证唯物主义和历史唯物主义，就是使广大人民掌握这一科学的理论武器，为实现共产主义的最高人生价值指明方向。

--------

① 张树华等：《俄重新出版发行〈联共（布）党史简明教程〉》，《红旗文稿》2006年第1期。

② ［苏］亚历山大罗夫：《辩证唯物主义》，人民出版社1954年版，第2—3页。

③ 同上书，第5页。

　　苏联社会主义政权能够从弱到强、从松散到巩固，与广大民众对共产主义价值观的认同具有重要的关系。苏联时期，世界分割为资本主义和社会主义两个相互对立的阵营。在相互对抗中，苏共不仅竭力创造比资本主义更多的物质财富而努力，而且在思想理论上科学地解释了社会主义制度比资本主义制度的合理性与优越性。唯物科学地开展马克思主义哲学教育，大大增强全体社会成员的凝聚力，为社会主义价值观的确立奠定了思想理论基础。纵观苏联时期，马克思主义经历了从反抗资产阶级意识形态的革命理论，转向抵御资产阶级意识形态进攻的建设理论的角色变化，经历了从被压迫阶级的意识形态向占统治地位的阶级意识形态的跃迁。在这一角色转换中，"辩证唯物主义和历史唯物主义"始终支撑着苏联意识形态的大厦，以《辩证唯物主义和历史唯物主义》为主干的苏联哲学，教育苏联人民正确认识社会形态从低级向高级不断发展的规律，继而达到对社会主义制度的广泛认同。正如国内一些学者所说，《辩证唯物主义和历史唯物主义》"是对 20 世纪 20 年代、30 年代完成的斯大林——苏联体制模式的哲学升华。由于言简意赅，通俗易懂，且囊括马克思主义哲学的各主要部分，极易被人视为哲学的'精髓'，因此指导着一代又一代共产党人的思维定式"。① 在苏联不同时期，马克思主义哲学一直承担着解释苏共思想理论路线、引导人民群众保持共产主义信念的角色。从斯大林"一国建成社会主义"理论、赫鲁晓夫"全面建设共产主义"理论到勃列日涅夫"发达社会主义"理论，甚至到戈尔巴乔夫的改革理论，都进行了科学地解释和有效地辩护，从根本上影响了苏联人的思维，为苏共凝聚起建设社会主义的力量起到了十分重要的作用。

　　苏共以马克思主义哲学世界观对抗资产阶级的抽象人性论，以"大家为一人，一人为大家"的集体主义原则，对抗"人人为自己，上帝为大家"的资本主义的个人主义，② 充分体现了社会主义价值观的先进性。尽管它还有很多方面需要不断完善，但在 70 多年的建设中，激励了几代苏联人为实现共产主义目标而奋斗，却是不争的事实。苏联构建社会主义价值观体系，曾经长期被西方社会所诘难。事实上，历史上任何国家都有

---

　　① 姜长斌：《为马克思主义哲学观正名——苏联社会主义模式再反思》，《探索与争鸣》2006 年第 6 期。

　　② 《列宁全集》第 39 卷，人民出版社 1986 年版，第 100 页。

自己的主流价值观，并且时刻保持着这一主流价值观在意识形态的权威地位，否则，国家政权将不复存在。帝国主义阵营正是恐惧于马克思主义哲学的巨大解释力和影响力，一直对马克思主义及其哲学进行大肆攻击，试图通过瓦解马克思主义，达到扰乱人心，颠覆苏联政权的目的。

### （三）培养了社会主义建设的人才

历史地看，俄罗斯人的整体文化素质不高，除了少数知识分子接受西方先进思想以外，大多数民众科学文化知识比较缺乏，接受的是东正教教义，内心充满着宗教迷信思想，而造成人们思想普遍保守，习惯安于现状，不思进取。具体表现为无产阶级理论知识匮乏，工联主义思想严重；广大农民具有浓厚的小农意识，不关心或不善于参与国家和社会事务；一批资产阶级培养出来的知识分子，局限于资产阶级的思想观念，感恩于资本主义，不支持社会主义建设。这些实际状况给社会主义建设造成了严重的人才问题。

1. 促成苏联人思维方式的转变。社会主义是先进的社会制度，需要具有先进思想的人才来建设。为了社会主义建设的顺利进行，苏共发动了以经济改造和文化改造相结合的无产阶级文化革命运动。其目的是培养既有科学文化知识，又具有无产阶级先进思想的人。列宁认为，资本主义制度下培养的人才大都是为资产阶级服务的，所以，依靠旧社会的人才不能建设社会主义，必须要促成俄罗斯人思维方式的转变。在社会主义制度下，要引导旧人才自觉地为工人阶级和广大人民服务，只能通过共产主义的思想教育改造，使这些带有资产阶级偏见的旧知识分子，摆脱旧思想、旧观念，才能充分利用他们"从资产阶级那里继承来的一切知识"，[①] 为提高工人和群众的文化知识水平服务。苏共决定，在国民教育中，在培养青年的科学文化知识和专业技能之外，还开展包括哲学教育在内的独立的思想政治教育，来培养青年的马克思主义世界观和坚定的共产主义信念。列宁甚至乐观地说："只要实现了这个文化革命，我们的国家就能成为完全社会主义的国家了。"[②] 据统计，20 世纪初，苏联从事智力工作者不足100 万人，到 1926 年已达近 300 万人，1939 年达到 1300 万人，1971 年则

---

① 《列宁选集》第 4 卷，人民出版社 1995 年版，第 306 页。
② 同上书，第 774 页。

超过了3000万人。① 可见，培养具有科学技术与共产主义思想有机统一的人才，是实现社会主义的关键步骤。

在文化革命的大背景下，苏共通过哲学教育，培养了大批具有辩证思维和创新思维的专家。在各个具体科学领域，苏联普遍开展思想政治教育，以辩证唯物主义和唯物史观为指导，不仅培养了大量马克思主义的社会科学专家，而且大量自然科学的专家也在辩证唯物主义指导下开展工作。这些专家自觉运用辩证唯物主义，为苏联经济科技建设做出了巨大的贡献。诚如英国学者格雷姆所言："在苏联有一批有才干的科学家和哲学家，他们信奉辩证唯物主义，并且把这个思想体系看成是富有革新精神的可供选择的事物，而不是学院式的教条。"② 到20世纪30年代，苏联基本实现了科学和社会主义的结合，形成了一条严密的科学战线，出现了在"每个科学技术领域都有苏联专家在工作"③ 的局面。这样，根据苏共培养"又红又专"人才的要求，建立新的苏维埃知识分子队伍和培养熟练技能人才队伍的任务基本上得到了解决。

在苏联社会主义建设中，以辩证唯物主义和历史唯物主义为指导，高度重视集体主义原则和共产主义精神的灌输，激发了广大民众建设社会主义的热情，一批批具有专业知识和良好思想素质的普通社会主义建设者走上了工作岗位。诸如，革命初期出现的"星期六义务劳动"现象，20世纪30年代涌现的舍身忘我、努力工作的斯达汉诺夫社会主义竞赛；第二次世界大战中一批批普通工作者走上前线，奋勇抗击法西斯，战争结束以后，根据国家建设需要，他们又回归工作岗位。这些看似自发的群众运动，都得益于苏联系统的思想政治教育，更得益于马克思主义哲学教育对人的世界观和方法论培养的成效。

2. 建立了苏联哲学理论专家群。十月革命以后，苏联通过高校、研究院和专门培训干部的各共产主义大学等教育和学术机构，培养的马克思主义哲学专家，遍及俄罗斯联邦，其他共和国、州和边疆区。这些专家活跃在苏共领导岗位和宣传鼓动机关、社科研究和教育领域，为马克思主义

---

① Симчера В. М. Развитиеэкономики Россииза100лет · 1900—2000 · Историческиеряды, вековыетренды, институциональныециклы. Москва, 2006, с. 268.

② ［英］格雷姆：《俄罗斯和苏联科学简史》，复旦大学出版社2000年版，第109页。

③ 苏共中央马列主义研究院：《苏共领导下的苏联文化革命》，上海人民出版社1973年版，第117页。

哲学研究和教育的发展做出了重要贡献。

　　着眼于伟大的共产主义事业，苏共对马克思主义哲学教育达到前所未有的重视，甚至走向了极端。在很长时期，党的领袖带头学习、研究和宣传马克思主义哲学。在革命年代，列宁曾专门从事哲学研究，用西方的哲学思想，诸如黑格尔辩证法等，来丰富马克思主义。革命胜利以后，列宁仍然关注哲学战线的发展，强调要发挥战斗唯物主义的力量。作为政治家的斯大林，也非常善于钻研哲学。他以阐释列宁主义为主线，研究辩证唯物主义和历史唯物主义，在政治经济学、语言学，民族问题、社会主义建设问题等方面贯穿着哲学思维。斯大林善于把哲学理论运用于社会主义实践，在列宁—国建设社会主义理论的基础上，提出了"一国建成社会主义"论。列宁和斯大林在哲学研究和教育方面的表率作用，带动了党的高级干部和普通民众学习哲学的愿望，掀起了学哲学、用哲学，引领时代潮流、阐释社会生活的现象。一批批热爱哲学的人通过系统的马克思主义理论教育，成为苏联哲学领域的专业人才。从各大学培养的哲学专业毕业生，到红色教授学院、共产主义学院等研究机构培养的哲学专家，形成了璀璨的苏联哲学专家群。

　　苏联培养的哲学家们，不仅丰富和发展了辩证唯物主义和历史唯物主义，同时，在马克思主义哲学其他领域也多有建树。首先，哲学家们建立了"辩证唯物主义和历史唯物主义"的完整体系。美国学者格雷厄姆曾经这样评价苏联的辩证唯物主义，他说"苏联的辩证唯物主义，是一种令人产生深刻印象的、知识方面的成就。发挥恩格斯、普列汉诺夫和列宁的早期的见解并且使之趋于完善而成为一种有系统的对自然界的解释，这是苏联的马克思主义最独特的创造"。① 这应该是从知识层面对辩证唯物主义的客观解读。其次，从 20 世纪 60 年代开始，苏联哲学界拓展了马克思主义哲学研究领域，在人学、社会哲学、经济哲学、科技哲学等开展深入研究，使这些方面的研究达到领先于世界哲学的发展水平。再次，苏联哲学家潜心研究，撰写大量的哲学著作，其范围之广泛，达到世所罕见。哲学家们围绕哲学重大问题开展的哲学讨论会，其规模、数量，达到前所未有，是马克思主义哲学史上的奇观。诸如，20—30 年代哲学大论战历时十余年；50 年代中期开始的"人学"研究以及"认识论主义"和"本

────────────

① ［美］L. R. 格雷厄姆：《苏联国内的科学和哲学（下）》，《哲学译丛》1978 年第 4 期。

体论主义"之争到 60—70 年代科学哲学研究，规模空前；80 年代对"全球性问题"的价值思考，引导了世界哲学研究的方向。再次，一大批哲学专家活跃在世界哲学舞台上。苏联哲学家积极参加世界哲学大会，做交流发言，参与世界哲学的讨论。从 1978 年西德召开的第 16 届世界哲学大会来看，苏联哲学家围绕"哲学与现代世界科学的世界观"提交的研究报告和评论就达到 26 篇之多，① 足以见得苏联哲学家强大的阵容。

　　苏联解体以后，哲学家们围绕苏联哲学存在的问题和对社会主义的反思仍在进行着。谢苗诺夫、斯焦宾、梅茹耶夫、奥伊泽尔曼、弗罗洛夫等著名哲学家围绕"俄罗斯朝何处去"等现实问题进行着深入的哲学思考，延续着马克思主义哲学在俄罗斯的存在。在今天的俄罗斯思想理论舞台上，即使在苏联时期接受过哲学教育的很多学者出于现实的需要，抛弃了自己的政治身份，但他们的思维习惯乃至行为方式，仍然受着苏联哲学的影响。

　　3. 提高了苏联人的整体素质。哲学是启迪人智慧的学问，一个国家一个民族不能没有理论思维，作为科学世界观和方法论的马克思主义哲学，不仅启发了俄国人革命意识的觉醒，更使人们的人文素质和科学意识得到提高。马克思主义哲学以资本主义大生产为基础，继承了西方以往历代哲学思想的精华，是先进的科学理论体系。苏联哲学作为马克思主义哲学的一种解释和信仰体系，尽管存在政治化、教条化的问题，甚至被有些人认为是固守近代哲学思维，是黑格尔哲学的翻版，但其在辩证法、认识论和唯物史观上进行严密的逻辑推理和科学论证，为苏联人改变陈旧观念、用科学的方法论认识和改造世界提供了可能。辩证唯物主义以对自然界物质和能量的解释为出发点，坚持进化论，对人类思维和社会历史发展的规律做出的唯物主义解释，提高了人们的智能水平。连带有意识形态偏见的美国学者也不得不承认，辩证唯物主义"确实具有重要的教育价值和启发价值。不仅专业的苏联哲学家，而且其他领域的许多学者和学生，都具有一种关于人类知识统一原理的概念，即构成辩证唯物主义基础的唯物主义假设"。② 在历史唯物主义方面，其对社会生活的完整揭示，对人

---

　　① 根据 1980 年由天津出版社出版、中国社会科学院编译的《当代苏联哲学论文选——在第十六届世界哲学会议上》一书整理。

　　② ［美］L. R. 格雷厄姆：《苏联国内的科学和哲学（下）》，《哲学译丛》1978 年第 4 期。

类本真生存方式的探索，使苏联民众的思维、价值、审美都发生了历史性的转变。

在社会生活中，马克思主义哲学教育比较突出的成就是引导俄罗斯人摆脱了盲目的宗教崇拜，走向科学与理性。在政教合一的俄罗斯，人们长期受到宗教的浸染，具有浓厚的宗教情结。这一宗教影响在塑造俄罗斯人的互助、忍耐、克己、热情好客和帮助弱者等优良品质的同时，也造成了有神论和迷信在俄国社会盛行，导致广大民众的封闭与落后，整体素质的低下。苏共通过唯物主义、无神论教育，批判和抵制唯心主义和宗教有神论，提高了苏联普通民众对社会生活的客观认识。在与宗教的长期斗争中，苏共多次通过无神论教育的决议，还通过设立"反宗教科"，成立"无神论者协会"等形式，用唯物主义和无神论教育广大青年和群众。到1932年，受到无神论影响的会员达到550万人；到1937年，不少于1/3的农村居民和2/3的城市居民与教会脱离了关系。[1] 正是通过传播无神论和无产阶级意识，开展唯物主义、辩证法教育，清除束缚俄罗斯人一千多年的宗教有神论观念，解放了人们的思想禁锢，把人们的观念从对"天国"的崇拜转移到对"尘世"的斗争。

### （四）促进了社会主义国家哲学教育的发展

第二次世界大战以后，新成立的各社会主义国家相继模仿斯大林经济政治模式，开展了自己国家的社会主义建设。在意识形态建设上，以马克思列宁主义为指导思想，开展辩证唯物主义和历史唯物主义教育。以苏联哲学体系为马克思主义哲学的正统，在党校、高校和普通民众中进行哲学的宣传、教育活动，把哲学教育作为巩固社会主义意识形态和提高人的素质的重要方式。苏联哲学教科书一度成为这些国家编写或使用哲学教科书的主要范本。由于斯大林在国际共产主义运动中的领袖地位，他编写的《辩证唯物主义与历史唯物主义》广泛传播于各个社会主义国家，并一度得到很高的赞誉。苏联哲学教育对欧洲各个社会主义国家产生了巨大的影响，也深刻影响了我国马克思主义哲学教育。

各社会主义国家大都经历了使用苏联哲学教科书到建立自己的哲学教

---

[1]　苏共中央马列主义研究院编：《苏共领导下的苏联文化革命》，上海人民出版社1973年版，第145页。

育体系的过程。在苏共二十大以后，随着苏联国内对斯大林个人崇拜的批判，各东欧社会主义国家也对哲学教科书进行改革，但依然受着苏联哲学的影响。民主德国曾对斯大林《辩证唯物主义与历史唯物主义》一书中的若干观点进行了长期的争论，从对"实践"范畴在马克思主义哲学地位的讨论，到马克思主义哲学的对象、结构、表述和功能等的论争，跨度长达十余年。在哲学教科书讨论中，A. 柯欣主编的《马克思主义哲学教科书》（1967 年）出版，这本教科书被称为民主德国自己编写的第一本马克思主义哲学教科书。其最大特点是不认可苏联哲学把历史唯物主义作为辩证唯物主义在社会领域推广的结论，提出了"辩证的历史的唯物主义"，一度被认为是对苏联哲学教科书体系的重大创新。但 1970 年以后，受到政治局势的影响，民主德国哲学教科书又回复到"苏式"辩证唯物主义和历史唯物主义体系。从 1974 年开始，结合东德国情，由弗朗克·菲德勒等主编的《辩证唯物主义和历史唯物主义》供东德各高校使用，并经过多次修订。即便如此，该教科书仍然明确承认是"参考了苏联哲学家编写教科书的经验"。①

　　罗马尼亚是受到苏联哲学教育影响最大的社会主义国家之一。1948年以后，罗共模仿苏联模式实施工业国有化，制定国家计划，实行农业集体化。在文化教育上，模仿苏联开展旨在提高人民素质的文化革命运动。在文化革命中，罗共提出要经常性地开展政治思想工作和社会主义教育，要"把我们的整个精神生活置于辩证唯物主义思想基础之上"，要"在辩证唯物主义和历史唯物主义思想基础上对旧知识分子进行引导，并培养新一代知识分子"。② 在大学里，罗共禁止开设宗教课，模仿苏联教育模式，把马克思列宁主义作为各年级的必修课程。在罗马尼亚主要大学——安·亚·日丹诺夫学院里，第一学年普遍开设了辩证唯物主义和历史唯物主义、苏联共产党历史的必修课。1949 年以后，罗共要求从新设立的技术大学里培养青年专家队伍，模仿苏联把共产党执政以前享有声望的旧知识分子逐出公共生活和学术生活。罗共还通过决议，大规模训练党员，讲授马克思列宁主义。在 1949—1950 年培训的党员达到 249125 人；1950—

---

　　① ［德］弗朗克·菲德勒等：《辩证唯物主义与历史唯物主义》，求实出版社 1985 年版，第 2 页。

　　② ［罗］格奥尔基·苏尔巴特：《社会主义年代的罗马尼亚（1948—1978）》，江苏人民出版社 1985 年版，第 368 页。

1951 年，达到 233862 人。① 1955 年以后，在模仿苏联教学中，罗共认识到党的教育赶不上党的实际活动的需要，教育落后于日常生活并出现了各种问题，"罗马尼亚青年拒不接受共产主义教育和学说的顽强态度和他们迷恋本民族传统准则的抵抗力，同他们和劳动青年联盟要同青年群众建立某种联系的试探性的、犹豫的企图之间，造成了一条鸿沟。"② 于是，罗共提出要结合罗马尼亚的实际情况，开始走上改变机械地照搬苏联哲学教科书的探索道路。

即使较早试图摆脱斯大林哲学体系，提出"回到马克思"的南斯拉夫，受苏联哲学教育的影响也是比较明显的。第二次世界大战以后，南斯拉夫哲学家沿袭了苏联哲学的体例，撰写了许多辩证唯物主义和历史唯物主义的论文和著作。其中，影响比较大的有鲍·齐赫尔的《辩证唯物主义和历史唯物主义》（社会科学研究所的教材，1949 年出版，并多次再版）；伊利亚·柯桑诺维奇的《辩证唯物主义》（1955 年）；普·弗兰尼茨基的《辩证唯物主义和历史唯物主义》（1957 年）；波·舍希奇的《辩证唯物主义》（1958 年）等。1948 年，南斯拉夫和共产党情报局发生冲突，哲学理论和教育界批判斯大林时期把哲学庸俗化的做法，试图摆脱苏联哲学中不科学的成分，开始了独立发展马克思主义哲学的尝试。在对苏联哲学的改造中，南共试图创造性地运用马克思主义和在实践基础上发展马克思主义，同时开展了哲学领域的政治斗争，出现了把马克思主义哲学分化为"实践派"哲学和"辩证唯物主义派"哲学。

早在新中国成立以前，苏联哲学教科书的不同版本已经在国内流传，对我国产生了很大的影响。但苏联哲学的引入，并没有限制中国人对马克思主义哲学及教育的独立探索。这一时期翻译出版的《辩证法唯物论教程》（西洛可夫），《辩证唯物论和历史唯物论》和《新哲学大纲》（米丁），《辩证唯物主义与历史唯物主义》（斯大林）等著作，只是作为我国马克思主义者研究和传播马克思主义哲学的借鉴和参考。1923 年，瞿秋白从苏联留学回国以后，在上海大学开设了"社会哲学概论"和"现代社会学"课程，首次针对青年学生介绍了唯物辩证法和历史唯物论。瞿

---

① ［罗］吉塔·约耐斯库：《共产主义在罗马尼亚（1944—1962）》，世界知识出版社编译室 1965 年编印，第 225 页。

② 同上书，第 267 页。

秋白在参照布哈林的《历史唯物主义理论》等教科书之外，还以马克思恩格斯的哲学著作为文本，结合中国实际开展教学。1937年，毛泽东在延安为抗日军政大学讲授马克思主义哲学，编写的《辩证法唯物论讲授提纲》讲义，除了参考苏联教科书，还结合中国革命的实际，融入了大量中国传统哲学的元素，是把马克思主义哲学中国化的典型。此外，艾思奇的《哲学讲话》（后称《大众哲学》，1934年）、李达的《社会学大纲》（1935年）等马克思主义哲学著作，也都与苏联哲学教科书有很大的不同，体现了中国特色。新中国成立以后，从国家层面开展了马克思主义哲学教育，开始全盘接受苏联哲学教学体系，笔者将在下一章进行系统的论述。

## 二　苏联马克思主义哲学教育之"失"

苏联哲学教育在发展过程中，由于受到苏联经济政治变化的影响，不同时期的教育情况也不尽相同。本书主要从整体上对苏联哲学教育的失误与教训进行分析论述，同时兼顾不同时期教育的特殊情况。

### （一）哲学教育行政化

行政是指一定的社会组织，在其活动过程中所进行的各种组织、控制、协调、监督等活动的总称。主要指国家机关运用各种方式对国家事务的管理活动。行政化就是国家机关在管理事务中形成的制度化。这种制度化的功能能够使国家机关的各项活动按照统治者的需要顺利开展。马克思主义哲学教育归属于苏联意识形态教育的大系统，又是其思想政治教育的基础。苏共加强对思想政治教育的行政管理，便于正确贯彻党的意图，其目的是为了保证思想政治教育效果。所以，在苏联特殊的教育环境下，通过行政方式指导马克思主义哲学教育的开展，具有一定的积极意义。一是保证党的政策方针能快捷地得到贯彻执行，迅速汇集全国的哲学资源集中于哲学教学，能保证教学质量；二是有效组织教师集中培训，能保证不同水平的教师整体素质的提高，形成全国教育一盘棋，提高教育的效率。

但哲学教育是一种复杂的实践活动，遵循着自身的运行发展规律。马克思主义哲学的理论本性是实践性，这就决定了其在宣传教育过程中，要与社会生活相结合，通过潜移默化，逐渐理解社会生活的现象，并对现实进行反思和批判。而不尊重哲学教育规律，对哲学教育进行过度的行政干预，容易出现把哲学教育简单化的倾向。苏共出于快速实现育人任务和贯彻党的决议的考量，在很长时期内对哲学教育采取行政干预，以行政手段干预正常的哲学研究和教学活动，导致哲学教育违背自身的运行规律而成为政治的附属品，反而人为限制了其育人功能。

1. 过度行政干预，导致哲学教育从开放走向封闭。受政治集权制和计划经济的影响，苏共在思想文化教育领域，采取了与经济和政治管理相类似的做法。在哲学教育中，行政干预总是与哲学教育如影随形，导致在哲学教育方式上的行政化思维，在哲学研究上的政治化倾向。

革命以后的苏俄，物质基础薄弱，干部群众的马克思主义理论水平不高，而俄共面临着短时期内改变民众旧思想、旧观念而接受社会主义新思想的任务；资本主义时期培养起来的旧知识分子，在讲坛上宣扬唯心主义和有神论，抵制马克思主义和社会主义，对正常的宣传和教学产生了直接干扰。当时，为了使广大群众的思想跟上社会变革的步伐，用唯物主义世界观武装干部、青年，列宁主张一方面通过正面教育，对这些资产阶级的专家学者进行思想改造，使其能为社会主义建设服务；另一方面，对那些不愿意与苏共配合的唯心主义、宗教有神论专家学者，则采用行政司法手段进行干预，甚至动用行政权力把他们强制驱逐出境，造成了苏联文化史上著名的"哲学船"事件。经过整顿，在短时期内，一大批持不同观点的专家、学者被逐出俄罗斯思想理论舞台，有些人被逮捕流放、另一些人被驱逐到国外。在大学课堂上，马克思主义得到正常传播，形式上完成了"净化俄罗斯"的任务。在此后的很长时期内，苏共多次运用行政手段，阻断苏联哲学家对西方哲学的正常研究，同时对各种非马克思主义哲学实行屏蔽隔离、行政管制，对哲学经典甚或一般著作，几乎全部予以拒绝或无情批判；在斯大林时期，行政干预哲学研究和教育达到了极端的程度，二战以后，为了阻止西方思想理论的渗透，进一步开展对"世界主义"的批判，建立起对西方的文化壁垒，这一时期哲学领域的国际交流基本上被取消。

斯大林时期对哲学教育的行政干预最为常见，影响也最为严重。在列宁时期对来自马克思主义外部的不良思想"干扰"进行整肃以后，斯大林对待来自马克思主义哲学内部的不同派别，采取行政批判、甚至肉体消灭的办法，试图建设"纯洁"的马克思主义。"哲学船"事件以后的一段时期，各种非马克思主义退出了苏俄社会思想和学术舞台，但在马克思主义内部形成了不同学派，各派之间开展学术论争，形成了"百花齐放"的局面。哲学工作者围绕如何发展马克思主义，不断把马克思主义哲学科学化、系统化。与之相对应的是，在哲学教育中，教育的内容得到丰富，诸多辩证唯物主义和历史唯物主义的基本思想从马列著作中被发掘出来，促进了马克思主义哲学的良性发展。但斯大林出于党内政治斗争的需要，运用领袖的权威，指示所谓的"正统派"从政治斗争的角度对"机械派"和"德波林派"的哲学进行无情批判。政治斗争的引入，中断了哲学界的正常争论，实际上终结了苏联哲学及哲学教育界内部形成的"百家争鸣"。斯大林这样做的目的，主要是为了回应自 1925 年以来苏共推行的"布尔什维化运动"，实现意识形态领域"100% 的纯洁性"和在世界观上培养"100% 布尔什主义"的要求，但造成的直接后果则表现为：其一，结束了马克思主义哲学内部不同观点的碰撞，固化了理论，"正统"马克思主义基本原理之外的领域成为学术禁区，哲学教育从开放转向封闭。其二，破坏了哲学教科书不断发展完善的进程。斯大林时期的哲学教科书尽管表面上形成体系，但在理论上还需要不断完善。而教科书体系对哲学的垄断，使哲学教育从多样化走向教条主义。在此后几十年里，"哲学开始变成意识形态大棒，被用来毁灭哲学思想和与独立的理论探索'孤岛'作斗争"。① 苏共对哲学功能定位的变化，导致马克思主义哲学从探究自然界与社会发展规律、培养人们科学世界观的学说，逐渐滑向哲学理论政治化，演化为纯粹对党的"命令"进行接受、解释的教条化工具。

如果说列宁采取行政手段干预哲学教育的做法，是迫于当时严峻的思想政治教育形势需要，是迫不得已而采取的临时性措施，而当苏联社会主义已经趋于巩固，斯大林仍然加强行政干预的做法，对哲学教育的扭曲则是根本性的。赫鲁晓夫时期，尽管思想理论领域的行政化有所改善，但这种消极影响一直延续到苏联解体。

2. 用行政手段管理哲学教学，窒息了哲学教育活力。在计划经济背景下，随着共产主义教育走上正轨，苏共对马克思主义理论的研究和教学活动进行严格控制，在教材编写和教学过程中逐渐形成了以行政手段为主要管理方式的制度化模式（已经在前一章进行了论述）。除此之外，苏共

---

① ［苏］弗罗洛夫：《哲学导论》上册，北京师范大学出版社 2011 年版，第 208 页。

在思想政治教育方面还做了多方面的具体限定。在斯大林时期，明确规定马克思主义的宣传教育要以苏共中央审定的《联共（布）党史简明教程》为依据；规定在党内外要设立各级教育小组，小组的学习内容要报同级党委批准，甚至具体到对小组学习活动和个人自学活动的计划安排；在马克思主义理论演讲活动中，演讲者及其演讲内容要由各省精挑细选，报同级党委批准才能进行；高等学校《马克思列宁主义基础》课程的开设，教研室的设立，教研室领导的安排等，都要提请联共（布）批准；对马克思列宁主义教员进行严格的资格审查，具备资格才能授课。在哲学的讲座和课堂教学中，内容要通过行政审查，甚至每一节课教师讲述哪几个问题都被事前限定。

从形式上看，这些行政化的管理与措施，体现了从中央到地方、从高校到教师对马克思主义理论教育的高度重视，而实质上，这种只注重统一不注重发挥个性、只服从领导不关注学生、只服从教学不研究教学、只需机械讲解理论不要丰富理论的做法，完全违背了列宁在《论战斗唯物主义的意义》（1922 年）中的教导：马克思主义教育应通过多种方式，而不是单一的方式，才能使广大人民群众摆脱愚昧状态，如果这样做，就是"最大的而且是最坏的错误"①。苏共的做法，影响了民众对马克思主义的深度接纳。早在 1926 年，苏联历史学家 M. H. 波克罗夫斯基就对思想理论教育的状况感到担忧，他说："……如果我们欲将我们的思想体系之影响的深度和广度上，我们就会看到，前者远远落后于后者。不是每一个高唱《国际歌》的人都是马克思主义者，不是每一个能在各种场合下道出'苏维埃社会主义共和国联盟'这一国名的人都是真正的苏维埃人。对各种共产主义公式的灵活复述，也许掩盖着关于共产主义和共产党人的最大的无知。"② 苏共对哲学教育采取过度行政管理的结果，导致了教育内容的教条化、僵化；教育者积极性、主动性的丧失；广大受教育者失去了主体参与的意识，放弃了对理论的主动思考，哲学教育生态被破坏，哲学教育的育人功能被限制。

苏共长期被西方国家经济政治钳制和文化渗透，国内经济落后和物质资料的缺乏，以及党内的路线斗争等严峻的历史局势，再加之国民文化素

---

① 《列宁选集》第 4 卷，人民出版社 1995 年版，第 649 页。

② ［俄］M. H. 波克罗夫斯基：《共产主义革命》，1926 年第 19 期，第 57 页。

质低下和不科学的宗教思维方式的限制。他们往往采取简单的行政行为，对马克思主义及其哲学化繁为简、急于求成的实用主义做法，从广博的马克思主义理论中，选取了一些亟待解决苏联社会主义现实问题的论点，决定了其对马克思主义及其哲学精神实质的把握和理解也是片面化的。这种对马克思主义理解的片面化，在苏联哲学教育上明显地体现出来。

### （二）哲学教育简化为政治斗争工具

在《共产党宣言》中，马克思、恩格斯明确指出："共产党一分钟也不忽略教育工人尽可能明确地意识到资产阶级和无产阶级的敌对的对立"。① 可见，作为工人阶级理论武器的哲学，具有鲜明的党性和阶级性，理应为无产阶级反对资产阶级服务。在对无产阶级的教育中，通过马克思主义哲学教育，运用唯物主义对唯心主义、辩证法对形而上学的斗争，来批判唯心主义和形而上学的荒谬性；引导人们坚持唯物辩证法，树立科学的世界观和方法论；教育无产阶级采取科学、有效的策略，反对资产阶级的斗争。但这并不等于说哲学就是阶级斗争，更不是用阶级斗争意识来指导哲学教学。在苏联哲学教育中，用阶级斗争思维指导教学，极端突出哲学党性教育和阶级斗争教育，长期混淆阶级斗争性和哲学党性的差别，致使马克思主义哲学失去了自身功能而成为阶级斗争的工具。

1. 哲学党性泛化为阶级斗争性。在马克思主义哲学发展史上，哲学党性特指哲学的"党派性"，它的特定内涵是指唯物主义和唯心主义根本对立的"派别"性，是围绕对哲学基本问题，即思维和存在的关系问题作出的不同回答，来区分唯物主义和唯心主义两大派别的标准。恩格斯指出："全部哲学，特别是近代哲学的重大的基本问题，是思维和存在的关系问题。""除此之外，唯心主义和唯物主义这两个用语本来没有任何别的意思。"② 很显然，恩格斯在哲学的范围内，把唯物主义和唯心主义严格限定为两条对立的哲学路线，其他任何滥用的做法都是错误的。列宁明确提出了哲学的党性原则，他说："唯物主义和唯心主义按实质来说，是两个斗争着的党派。"③ 指出了任何哲学都不能超越唯物主义和唯心主义之

---

① 《马克思恩格斯选集》第 1 卷，人民出版社 1995 年版，第 306 页。
② 《马克思恩格斯选集》第 4 卷，人民出版社 1995 年版，第 223、224—225 页。
③ 《列宁选集》第 2 卷，人民出版社 1995 年版，第 240 页。

外，但列宁的哲学党性并不是特指阶级的斗争性。

但苏共在对苏联哲学的认知中，对哲学党性作了简单化、实用化、庸俗化的理解。从斯大林时期开始，把哲学党性原则泛化为不同阶级的政治性，把唯心主义等同于反动阶级，唯物主义等同于无产阶级，把唯心主义和唯物主义的对立视为一切反动阶级和无产阶级的对立。从而把哲学党性与政治性和阶级性混为一体。这样的嫁接，把本来与经济基础距离较远的哲学意识形态，与阶级利益直接挂起钩来，使哲学从意识形态的后台走到了阶级斗争的前台。把教育广大民众树立正确世界观、人生观和价值观基础的哲学，运用于社会的政治斗争，使启迪人的智慧的哲学变成了阶级斗争的批判工具。这样，给人们造成的错觉是，学习哲学的目的就是纯粹为了同一切反动阶级的斗争。

在苏联哲学研究和教育中，把哲学党性等同于阶级斗争性具有不同的表现。其一，在哲学研究中强化阶级斗争意识。30 年代哲学大论争后期，"辩证法派"就把"机械论派"明显作为敌对的派别，把本来专属于理论领域的批判泛化到政治批判的层面上。"辩证法派"提出：在哲学问题的讨论中，"不能不在一定程度上反映出阶级斗争，它不能不是'党派的'"，[1] 这就把理论观点的对立混同为阶级观点的对立。至此，在苏联哲学论争中，打开了哲学党派和阶级派别的藩篱。后来，斯大林运用相同的方法，从政治上把"辩证法派"定性为所谓的"孟什维克唯心主义"，从政治角度开展无情的批判，达到了清理哲学理论派别的目的。其二，在哲学教科书中强化阶级斗争理论。在 Г. Ф. 亚历山德罗夫主编的《辩证唯物主义》教科书中，把阶级斗争作为主线，用了整整一节的篇幅专门谈"哲学党性"。把哲学归结为直接表现和维护阶级利益的意识形态，而对哲学两个基本派别以及划分它们的标准不加分析，就直接作为结论来使用。[2] 此后，各种版本的教科书基本上把哲学党性与政治党性混为一谈。其三在实践中强化哲学领域的政治斗争。在苏联《简明哲学辞典》的"科学和哲学的党派性"条目里，把哲学党性作为苏共政治斗争的最高标准。《辞典》明确指出："在哲学上的思想斗争的背后，永远隐藏着社会上各阶级和各政党地斗争。""理论和实践地统一同马克思、列宁关于哲

---

① ［俄］司多利亚洛夫：《苏俄哲学论战》，大中华书店 1933 年版，第 3 页。

② ［苏］Г. Ф. 亚历山德罗夫：《辩证唯物主义》，人民出版社 1954 年版。

学地党派性的学说是不可分裂地联系着的。在布尔什维克们，说话和行为是永远不会不符合的；这就是布尔什维克的党派性的最高标准。"① 在苏共党内多次政治斗争中，最终都上升到哲学层面来定性。

把马克思主义哲学与不同阶级的政治斗争结合起来，在苏共历史上有很深的积淀。从革命实践来看，布尔什维克在反对各种思想派别的斗争中取得了"十月革命"的胜利，斯大林又在苏联社会主义建设中反对党内派，如托洛茨基、布哈林直到德波林派的胜利，这些胜利都被看作不仅是政治上的胜利，而且是理论上的胜利。因为共产党是科学理论指导的党，革命初期的领导人在哲学上亦有很深的理论功底。斯大林认为要取得斗争的胜利，不仅要从政治上打倒这些人，而且要从哲学上彻底清除这些人的思想。因此，他把哲学的批判看作是政治斗争的延伸。从思想理论来看，苏共中央和斯大林从《共产党宣言》、《反杜林论》到《唯物主义和经验批判主义》和《论战斗的唯物主义》等经典的解读中，有目的地突出政治斗争理论，把不同哲学派别的斗争泛化为资产阶级和无产阶级的政治斗争，并把这一观点贯穿于"辩证唯物主义和历史唯物主义"之中。从民族文化特点来看，突出与自己对立面的斗争，与俄罗斯民族的传统思维有很大关系。因为"俄罗斯人有寻找'罪人'、寻找'敌人'的喜好。整个世界总是分成两个部分，一部分是属于侵略者的；而另一部分则属于被动的牺牲品"。② 这种民族文化传统与现实的政治斗争需要结合起来，影响了苏共对哲学党性的研判。

2. 哲学教育庸俗化为阶级斗争教育。在社会主义国家中，增强马克思主义的理论素养，是领导干部保持政治清醒、立场坚定的基础和前提，也是广大人民群众坚定社会主义信念的思想基础。通过马克思主义哲学教育是使党员干部和广大群众提高理论修养的最好路径。

（1）通过马克思主义哲学教育，确立了广大民众的"斗争哲学"意识。苏联哲学从唯物主义反对唯心主义的斗争出发，经过辩证法和认识论的逻辑分析，以无产阶级反对资产阶级的政治斗争落点。在哲学教学大纲中，首先规定了哲学上党派斗争的阶级性，指出"哲学中的党派斗争是阶级斗争的表现"。大纲不仅强调了辩证唯物主义的党性，而且

---

① ［苏］M. 罗森塔尔、尤金：《简明哲学辞典》，北华新华书店1948年版，第103页。

② Наталия Ермильченко, XX Век, Москва：Белый город, 2002, с. 46.

突出了历史唯物主义的党性，通过运用历史唯物主义来"揭穿现代资产阶级社会学的反动本质"。在哲学教科书中，把"阶级与阶级斗争理论"作为历史唯物主义的重要章节，强调了人们"提高政治警惕，加强与资产阶级思想斗争的必要性"。甚至把这种观点延伸到自然科学的研究中，要求人们"对自然科学事实与规律的哲学解释也是具有阶级性和党性的"。①从而把这种"斗争哲学"意识扩展到整个社会科学和自然科学领域。

苏共对哲学做简单化的理解，从实用主义出发，把哲学教育当成批判资产阶级意识的工具。其一是在哲学讨论中，要求哲学界严格按照马克思主义哲学党性为标准开展讨论，批判一切资产阶级的哲学观点，把讨论中的不同观点作为政治上的敌对阶级意识进行批判，甚至用政治斗争方式对哲学家划定阶级的立场。这一做法一度波及苏联整个思想文化领域，导致运动不断、批判不止。其二是把哲学作为领导人观点做注释的工具，围绕苏联党和国家领导人的政治态度和个人好恶，不讲原则的为其做政治辩护。对政治领域的各种批判活动，都试图从哲学上找到批判的依据，使哲学丧失了原则性，变成了政治批判的教育活动。这样，哲学教育的成效不是关注人们是否能坚持彻底唯物主义的哲学路线，而是看人们对资产阶级进行无情斗争的程度。这种把哲学阶级斗争化的做法，既阻碍了广大干部群众马克思主义哲学素养的提高，又使哲学变得面目狰狞，失去了"智慧之学"的特性。

（2）在苏联哲学教学中，贯穿着阶级斗争意识的教化活动。苏共对苏联哲学教学的要求是，教师要讲述清楚哲学对阶级斗争的作用，强调这一阶级斗争不仅仅局限于哲学斗争本身，而且要突出马克思主义哲学在各种斗争中的根本作用。在20世纪80年代，苏联还出版过论述在哲学教学中如何批判资产阶级哲学和社会学的著作。书中指出，在哲学教学中，"最好不是从哲学斗争本身，而是从关于整个马克思列宁主义哲学作用问题的论战入手"，②让学生首先了解哲学原理在社会主义和资本主义斗争中的整体作用，直接把哲学和苏共的实际行动纲领链接起来。从而培养学

---

① ［苏］卡尔塔赫羌：《辩证唯物主义与历史唯物主义教学大纲》，人民出版社1955年版，第3—35页。

② ［苏］Г. K. 阿申、B. H. 德明：《在马克思主义哲学原理教学中怎样批判现代资产阶级哲学和社会学》，求实出版社1985年版，第2页。

生在认识苏维埃国家和苏共的哲学原则基础上，通过哲学学习，树立为马克思主义哲学纯洁性而斗争的意识。

把阶级斗争深入到整个哲学教育领域，在哲学教学中产生了极大的负面作用。从哲学性质来看，把马克思主义哲学和其他哲学思想绝对的"一分为二"、相互对立，割裂了马克思主义哲学和西方哲学的传统继承关系。把马克思主义哲学当作阶级斗争学说来传授，扭曲了马克思主义哲学的学科性质。从哲学教学来看，学生们接受的是僵化的唯物辩证法知识，培养的却是两极对立的形而上学思维。人们学习哲学不是为了提高自己的辩证思维能力，不是为了对社会生活进行反思和探求，而仅仅是为了政治批判，形成的是公式化、单一化的线性思维。

### （三）哲学教育的教条主义倾向

教条主义是马克思主义的敌人。作为与时俱进、不断发展的学说，马克思主义从来不拘泥于任何固定不变的既定理论，它随着社会变化和无产阶级斗争的需要而不断丰富和发展。马克思说过："辩证法不崇拜任何东西，按其本质来说，它是批判的和革命的。"① 马克思主义自形成以来，一直反对任何思想僵化和教条主义，但由于苏联对马克思主义的错误理解和运用，马克思主义没有与时俱进，逐渐走向僵化、走向教条主义，失去了认识和改造社会的巨大力量。由于马克思主义哲学的教条化，直接导致苏联哲学教育上的教条主义倾向。

1. 文本诠释的教条主义。苏联哲学教育的文本具有多种形式。在报纸杂志、广播电视的哲学宣传，主要采用通讯稿、讲稿、论文等形式；在党校、高校和各种培训班、讲习班的哲学教育中，主要采用教科书的形式。教育文本的思维方式和精神实质是否科学，直接影响到教育教学的基本走向和实际效果。自20世纪30年代开始，苏联加强对意识形态领域的控制，对任何形式的哲学教学活动都进行审查，用规范的教科书来开展辩证唯物主义和历史唯物主义教学。斯大林时期，全部哲学宣传和教育活动，都要围绕斯大林的《辩证唯物主义与历史唯物主义》来展开。各种讲话稿、宣传稿、培训资料，只需要围绕这几个部分进行传播即可，任何超出这一界限的思想都被认为是"异端"，加以批判或者否定。

---

① 《马克思恩格斯文集》第5卷，人民出版社2009年版，第22页。

　　教条主义的明显特点是片面化和抽象性。根据苏共中央的要求，苏联哲学家对马克思、恩格斯、列宁的哲学观点进行提炼，组成基本原理，运用自然科学和社会科学的成果来论证和解释这一原理。在提炼、论证的过程中，完全不考虑经典作家所处的社会环境，而根据苏共的现实需要，任意裁剪文本，对哲学原理做出的是片面化、抽象化的理解。诸如，出于肃反的需要，斯大林从唯物辩证法的对立统一规律中，仅突出矛盾双方的对立，而淡化甚至不提矛盾的统一问题。通过这样的裁剪，把表达全面的唯物论、辩证法理论，取舍为简单的教条，用于哲学教学，虽然增强了哲学为政治服务的功能，而破坏的是马克思主义哲学的科学性。在哲学教科书的编写逻辑上，采取从基本范畴、基本原理出发，进行演绎或归纳，运用具体科学来论证原理本身，把马克思主义哲学分割成唯物论、辩证法、认识论和历史观等相对独立的板块，至于马克思、恩格斯、列宁在思考问题的方法论上则不予顾及，破坏了马克思主义哲学内部的有机联系。这样的文本诠释，表现在具体哲学教学中，则是对几条原理、若干范畴的孤立说教，再加上陈旧的内容，格式化的语言，固化的逻辑顺序，很难使受教育者理解什么是真正的马克思主义哲学。

　　这种诠释的结果是把马克思主义经典作家的理论绝对化、神圣化，放之天下而皆准，以致在苏联哲学的运用中，出现了诸如"论内燃机的辩证法"等毫无根据的推理。在苏共中央在党代会和各级会议中，尽管多次批评哲学研究和教学活动脱离实际需要，提出要加强哲学和社会现实、日常生活相结合，要把理论具体化的愿望，但由于固守哲学原理的教条主义解释，并没有达到预期的效果。

　　2. 教学实践的教条主义。在哲学教育实践中，苏共过分夸大哲学实际应用的作用。苏联哲学家认为，辩证唯物主义和历史唯物主义是唯一配得上时代哲学的称号，因为"它反映了最迫切、最紧要、最主要的时代课题，并能对当时的一些伟大问题作出有科学根据的解答，为进步人类和当时的先进的社会阶级指明未来的道路。""马克思列宁主义哲学思想每隔十年都要掌握越来越多的、千百万人的智慧。"只有马克思列宁主义哲学"才是我们时代的伟大真理"。① 在苏联七十多年里，对哲学功能的这

---

　　① ［苏］Ф. В. 康斯坦丁诺夫：《马克思列宁主义哲学与现时代》，上海译文出版社 1986 年版，第 2 页。

种夸大一直是苏共的主要观点。这样，就把马克思主义哲学看作智慧的化身，是攻无不克、战无不胜的精神力量，谁掌握了马克思主义哲学理论，谁就掌握了改造现实世界的"万能钥匙"。在教学中，给教师学生的感觉是，只需要掌握统一教科书的知识体系，其他的学习都是次要的。表现在教学中，注重的是理论知识的灌输，轻视对话和对学生思维能力的启发。

苏联哲学教学突出表现为对教学大纲和教科书的迷信，认为只要掌握了哲学的几条绝对真理，就掌握了哲学，而缺乏对教学内容的更新和教学对象的具体研究。在理论教学中，教师仅讲授教科书提纲或论点，要求学生死记硬背书本上的教条；课堂讨论变成了轮流发言。苏联哲学专家谢·斯·吉谢辽夫在解答教学中如何认识哲学教学大纲的原则性时，提出要灵活对待教学大纲，围绕大纲灵活开展教学。但他在接下来的关于教学法的演讲中，又明确要求教师在教学过程中，要"坚决执行国家制定的教学大纲"，尽管他认为对大纲灵活处理的意见是正确的，"但决不是要大家以我的演讲为根据，高等教育部规定怎样的大纲，就必须毫不动摇地来执行"。[①] 可见，教师的教学完全没有主动性和灵活性可言，导致对尖锐问题不能给予清晰的回答。这种教育方式导致"学生习惯于认为马克思主义哲学基本原理没有根据，这是一个教条式僵硬的科学，它不能解释，也不能预见事件的过程"。[②] 在学生心目中，哲学常常被看作"神学"。

这种对教学大纲和教科书的迷信教条，来源于苏共中央的严格管控，带来的是哲学教育的损失。在具体的授课过程中，教师不需要对教学内容再创造，也不需要怀疑教科书的科学性，只需要重复解读大纲和教科书规定的内容。把各种概念和原理论证清楚，"让学生听到论证后自己相信这一定义是完全正确的，而且能讲出为什么这样讲是正确的"，[③] 就完成了教学任务。这种教条主义的哲学授课活动，完全忽视了学生思考、解决问题和创新能力的培养，忽视了培养学生的批判精神和怀疑精神。

### （四）政治运动破坏了哲学教育生态

苏共开展的多次政治和群众运动，都波及到思想政治教育领域，影响

---

① ［苏］谢·斯·吉谢辽夫：《马克思列宁主义哲学及其教学方法的若干问题》，高等教育出版社1956年版，第158页。
② 沈志华等：《苏联历史档案选编》第31册，社会科学文献出版社2001年版，第144页。
③ 同上书，第156页。

了马克思主义哲学教育的正常发展，破坏了哲学教育生态。尽管这些做法都是苏共急于促进马克思主义理论发展的行为，但实际上，也对正常的哲学教育形成了很大的干扰。本书通过对苏联"大清洗"运动和"非斯大林化"运动的分析，来揭示政治运动对哲学教育的干扰。

1. "大清洗"运动，窒息了马克思主义哲学教育。1930 年，为了进一步纯洁马克思主义，防止有害和不健康的图书对广大民众思想的毒害，教育人民委员部发出"清理"思想不健康和有害的图书的指示，由各地教育局编写书单，对地方图书馆和大学图书馆的藏书进行清洗。在大清洗中，把全部反宗教书籍、工会书籍，甚至把马克思、恩格斯、列宁和斯大林的著作，作为不良书籍清除了。据统计，"全部图书中有 60% 遭到清除。有些图书馆被清除的书籍竟高达 80.9%"，"哲学、自然科学、高雅文学的经典著作，甚至革命的马克思主义经典著作，都遭到清除"。① 在列宁格勒清除的关于"哲学"书籍的指示中，除了留下康德和黑格尔文集以外，清除全部唯心主义哲学书籍，资产阶级社会学家斯宾塞、塔尔德等人、布哈林，德波林著作，反宗教书籍清除包括考茨基、卢森堡等在内的 90 种书籍。列宁格勒图书馆把梁赞诺夫主编的马克思恩格斯文集也清除了，国家政治保卫总局侦探在工农速成学校学生手中截获布哈林的《历史唯物主义理论》一书，并抓住售此书的图书管理员，将其传唤到国家政治保卫总局加以申斥。② 遭到清除的书籍，除了留下两本保存之外，全部被卖到造纸工厂。这次清除运动历时 2 年，直到 1932 年 10 月才结束。

大清洗运动对哲学家和哲学书籍的"清洗"，对苏联哲学教科书体系的形成产生了重要的影响。大"清洗"之时正值苏联教科书体系形成时期。大量西方哲学家思想被禁止，其书籍被限制使用，阻断了哲学资源的充分利用。一大批著名马克思主义理论家、哲学家，诸如布哈林、德波林等被打倒，其著作被清除、思想观点被禁止传播，使马克思主义哲学教科书的探索经验被抹杀。资深的、成熟的哲学家被初出茅庐的"少壮派"所代替，对马克思主义哲学以前的先行者采取虚无主义的态度，在很大程度上切断了"十月革命"以来苏联哲学界对马克思主义哲学的探索。而

---

① 沈志华等：《苏联历史档案选编》第 11 册，社会科学文献出版社 2001 年版，第 366 页。
② 同上书，第 371 页。

仅仅根据斯大林对马克思列宁主义哲学的理解，单纯从满足工业化、农业集体化需要和为苏共决议做论证的目的出发，编撰出来的哲学教科书，必然是被裁剪的马克思主义哲学。

2. "非斯大林化"运动，扰乱了哲学教育。如果说斯大林时期的"大清洗"运动从"左"的方面窒息了哲学教育，那么赫鲁晓夫时期反对斯大林的"非斯大林化"运动，则从"右"的方面扰乱了哲学教育。斯大林逝世以后，赫鲁晓夫在苏联各个领域进行"解冻"。苏共二十大开始，赫鲁晓夫公开批判斯大林的个人崇拜，在政治上为冤假错案平反，在思想文化领域放松管制，提倡思想解放。一批揭露斯大林时期阴暗面、倡导解放思想的文艺作品公开出版，在社会上引起很大反响。由于赫鲁晓夫对"解冻"存在矛盾心态，既需要放松思想管制来推进改革，又害怕局面混乱，失去控制，以至在思想文化管制上出现时松时紧的状态。

"解冻"给苏联社会带来了思想解放、扩大民主，但由于赫鲁晓夫准备不足，不时地改变立场，没有对思想理论的发展进行有效的引导，伤害了民众的感情，引起了人们的思想混乱。在思想文化领域，"解冻"打破了斯大林时期长期宣传和灌输的观念，大量文艺作品在表现社会真实的同时，也出现了描写"非英雄化"等倡导玩世不恭、游戏人生的作品。一些青年人将目光转向西方，向往西方生活方式，追求物质享受，违法犯罪现象增多，导致理想信念崩塌。所以，毛泽东说赫鲁晓夫批判斯大林的秘密报告一是揭了盖子，二是捅了娄子，① 评论得恰如其分。

苏共在反对教条主义和个人崇拜的同时，提出创造性地研究马克思列宁主义理论，反对个人迷信，迎来了重新认识马克思主义的新气象，但由于赫鲁晓夫脱离实际的做法，并没有达到预期的效果。哲学界对斯大林《辩证唯物主义与历史唯物主义》教科书的错误观点进行清理，纠正了斯大林只强调对立面的斗争而不讲对立面统一的观点；恢复了否定之否定规律，把斯大林认可的唯物辩证法两大规律恢复为三大规律，纠正斯大林完全排除哲学历史遗产的错误，添加了哲学史有关内容；抛弃了斯大林关于社会主义越发展，阶级斗争越激化的错误观点。按照赫鲁晓夫在国内外倡导的"一切为了人、为了人的幸福"观念，研究人、人性、人道、人的

---

① 吴冷西：《十年论战（1956—1966）中苏关系回忆录》上册，中央文献出版社 1999 年版，第 7 页。

本质。在苏共二十二大的《苏共纲领》中，直接写进了人道主义的内容，掀起了人道主义的宣传运动。哲学界试图在批判资本主义人道主义的前提下，建立马克思主义人道主义理论，把人道主义渗透到社会生活的各个领域。但苏联哲学界在研究人的问题时，仍然坚守自己的"正统马克思主义"观念，把马克思主义人道主义作为社会主义道德的基本原则，侧重于对赫鲁晓夫时期"全民国家"、"全面建设共产主义"歌功颂德，没有对西方人道主义进行深入的研究，甚或进行单向的批判，实际上，并没有把人道主义研究真正深入下去。

理论上缺乏创新，思想上的混乱，不仅苏联马克思主义理论教育没有多少起色，反而越来越引起人们的反感。首先，真正有说服力的教科书没有出现。在"解冻"中，斯大林时期的哲学教科书停止使用，《联共（布）党史简明教程》已经被批判得面目全非。而新的教科书并没有真正跳出原有的教科书体系。1966 年，苏共中央在讨论意识形态工作时，勃列日涅夫忧心地说，自《联共（布）党史简明教程》以后，"能够真正成为案头必备之书的、有说服力的、论据充分的、能捍卫马克思主义者和反马克思者攻击的，真正的马克思列宁主义教科书，至今仍然没有"。① 这一时期，苏共一方面大力批判、颠覆斯大林时期哲学教科书，另一方面还在沿袭传统的辩证唯物主义和历史唯物主义体系，这种状况的存在，不仅降低了哲学教科书的说服力，而且容易引起干部青年的思想混乱。1956 年 5 月 13 日，苏联作协书记亚法捷耶夫在《给苏共中央的一封信》中，描述了列宁逝世以后苏联思想解放的现状："列宁死后我们被贬低到小孩子的地位，被消灭，被意识形态恫吓，这一切还被称之为'党性'。而现在，当一切本可以改正时，肩负改正的人所表现出来的却是粗浅、无知和无以复加的自负。"②

其次，在"非斯大林化"中，涌现的一批持"异端"思想的人，借助批判斯大林个人崇拜，干扰正常的哲学教学活动。这些反对社会主义的专家学者，乐于揭露社会生活的阴暗面、故意歪曲斯大林时期取得的成就，描绘西方资本主义的"天堂"生活，甚至把这些观点带进高校的课堂，搅乱了苏联马克思主义理论教育的阵脚，培养了不同于正统社会主义

---

① 沈志华等：《苏联历史档案选编》第 31 册，社会科学文献出版社 2001 年版，第 117 页。
② 沈志华等：《苏联历史档案选编》第 28 册，社会科学文献出版社 2001 年版，第 108 页。

信念的社会群体。苏联时期出现的"六十年代人"、"夜间人"和"持不同政见者运动"①等，都与"非斯大林化"具有不可分割的联系。

### （五）理论教育与实践脱节

苏联哲学教科书作为一套完整的世界观体系，如何贯彻这套体系是苏联哲学教育工作者充分关注的问题。在哲学教育中，苏共花费了巨大的人力、物力，在马列主义哲学教育上用时用力超出了任何一门课程，可谓使完了各种解数。尽管如此，并不能说明苏联民众对哲学问题特别感兴趣，相反，由于苏联只注重教授，不注意结果，长期脱离实际的做法，普通苏联人反而出现了害怕哲学、厌恶哲学的情况。

苏联哲学教育重视理论灌输是人所共知的。而如果说苏联哲学教育也要求注意如何提高学生运用哲学理论解决现实问题的能力，大概没有几个人会表示赞同。在哲学教育中，苏共和教育者并不是没有认识到提高学生运用哲学理论分析现实、解决现实问题的重要性，但由于方法不当，收效甚微。

1. 注重理论灌输，轻视教学互动。马克思主义哲学教育既要考虑理论内容的科学性，又要考虑受教育者的可接受性。苏联人普遍认为，"向群众灌输先进的马克思列宁主义理论，这只是共产主义教育的一个方面。……，共产主义教育还有另一方面；这就是与人们意识中的一切资本主义遗毒作不调和的斗争"。② 但说的是一回事，做起来却是另一回事。苏联哲学作为真理"顶峰"的学说，强调的是广大民众了解马克思主义"是什么"，而并不过度要求"怎么样"的问题。对哲学基本原理不需要进行深入的分析，只要把各种思想对号入座，凡是与马克思主义理论不相同的观点，就可以判断为"异端"。这样，必然形成哲学教育中的单向理论灌输。其结果出现的是人们能熟读马列，并没有真正精通马列的状况。

---

① "六十年代人"主要指世界观形成于20世纪50年代末60年代初，即"赫鲁晓夫解冻时期"的一代自由主义知识分子。他们崇尚自由人权，民主、公开性。"夜间人"是指20世纪70年代，白天与官方保持一致，到夜间则阅读地下出版物，交流政治笑话和批评时政的一些人。"持不同政见者运动"主要指勃列日涅夫时代，在苏联广泛出现的一种民间对抗力量或改革力量，是由于勃列日涅夫执政失误所引发的一种特殊的社会现象。

② ［苏］柯瓦廖夫：《什么是对劳动人民的共产主义教育》，人民出版社1955年版，第174页。

在具体哲学教学中，以教师为主体来灌输理论，学生被简单看作教育的对象，而不是教育的积极参与者。教师严格按照大纲的既定安排，采取填鸭式的灌输方法，是完成理论教学任务的主流。即使在课堂讨论中，讨论的主题、讨论的内容，甚至讨论的步骤，都被事前设定。师生严格按照设定的讨论步骤开展讨论，就算完成了教学任务。这种只注重灌输，而不考虑受教育者学习效果的做法，限制了受教育者主动性的发挥，没有形成良性的接受—反馈效应。

2. 哲学教育和社会生活的脱节。自斯大林《辩证唯物主义与历史唯物主义》出版以后，哲学教科书以绝对真理的形式固化下来。米丁等人曾认为："斯大林在马克思主义辩证方法的发展中，在它的基本特征的理论论述中，在新时期的一切问题的辩证法分析中所作的贡献，是马克思主义哲学发展的高峰，是马克思主义辩证方法发展的高峰。"[1] 那么，哲学教科书体系也顺理成章地达到了马克思主义哲学的"高峰"，哲学理论的科学性和合理性已经达到完美无缺，毋庸置疑，再也不需要研究和论证、丰富和发展。广大干部群众只要学好"辩证唯物主义与历史唯物主义"哲学理论，运用哲学原理来理解党的决策、解释社会生活的现象，批判资产阶级思想和落后意识。教学中，教师完全不需要关注哲学发展的前沿成果，也无须结合社会实际的变化，只需要照大纲和教材宣科、完整传授这一理论，就万事大吉了。哲学研究领域出现的新思想、新观点，社会生活中涌现的新现象，只要没有被收入大纲和教科书，则都不在教授的范围之内，教师也没有传授这些新观点、解释这些新现象的责任。赫鲁晓夫时期，苏共曾经批评过这种"高峰"理论和理论脱离实际、不关注社会现实发展的现象。试图通过开展"理论讲习班"等形式，改善辩证唯物主义和历史唯物主义教学状况，同时对哲学教科书进行修订，提倡对哲学理论进行广泛的讨论，一定程度上使教师的主动性有所增强，哲学教育联系实际的情况有所好转。但赫鲁晓夫提出的"全面建设共产主义"理论，这一本来就是不切实际的提法，却要求"马克思主义哲学家，无论在哪一领域里工作，都应该是生机勃勃的共产主义思想的宣传者，都应当密切结合党的政策来研究科学的理论

---

[1]　[苏] 米丁：《斯大林——马克思主义辩证方法的伟大巨匠》，海燕书店 1951 年版，第14 页。

问题"。① 事实上又脱离了苏联社会的实际状况，把哲学教育引向了对虚假共产主义时代的空泛论证。

正是哲学教育与社会生活的脱节，片面强调理论逻辑而不是关注社会生活，在国家管理和社会实践中，只有政治家自己知道需要什么样的理论。所以，苏联哲学的理论创新常常不是理论家而是政治人物。政治人物关注的是如何把哲学导向党的政策做论证和开展政治斗争，强调哲学教育是否反映了这一斗争。缺乏与社会生活的结合，缺乏对人的创造性思维的开发，以及缺乏对人的智慧启迪，则成为苏联哲学教育的常态。

### （六）马克思主义教育整体性缺失

马克思主义是完整的体系，而苏联哲学教育却割裂了这种完整性。从苏联哲学教学的全部过程来看，主要围绕辩证唯物主义和历史唯物主义开展教育，看起来体系完备，条理清晰，实质上把哲学从完整的马克思主义理论中独立出来，单纯强调哲学的体系形式，弱化了唯物辩证法作为"伟大的认识工具"的作用，也没有达到苏共要求的培养民众科学世界观的效果。

苏共把"辩证唯物主义和历史唯物主义"作为一门独立的科学，对广大干部和青年学生开展独立教学，依据的是列宁关于马克思主义"三个组成部分"的划分。早在 1913 年，列宁在阐述马克思主义时，把马克思的学说划分为哲学、政治经济学和科学社会主义三个组成部分，但列宁特别强调，马克思主义是一个"完整的世界观"。他指出："马克思学说具有无限力量，就是因为它正确。它完备而严密，它给人们提供了决不同任何迷信、任何反动势力、任何为资产阶级压迫所作的辩护相妥协的完整的世界观。"② 只是这一"完整的世界观"包含的哲学、政治经济学和科学社会主义（阶级斗争学说）分别有不同的来源，即德国古典哲学、英国政治经济学和法国社会主义。要引导无产阶级取得阶级斗争的胜利，"只有马克思的哲学唯物主义，才给无产阶级指明了如何摆脱一切被压迫阶级至今深受其害的精神奴役的出路。只有马克思的经济理论，才阐明了

① 《哲学研究》编辑部：《苏联哲学资料选辑》第 5 辑，上海人民出版社 1964 年版，第 205 页。

② 《列宁选集》第 2 卷，人民出版社 1995 年版，第 309 页。

无产阶级在整个资本主义制度中的真正地位"。① 所以，在马克思主义的传播和宣传教育中，三个部分不应该各自为政，而应作为"一块整钢"，才能准确表达什么是马克思主义。

苏联通过开展马克思主义哲学教育，巩固社会主义意识形态，培养广大民众科学世界观，为社会主义建设服务，其方向性是毋庸置疑的。上文我们论述了苏共把哲学从马克思主义理论中提炼出来，加工整理，把马克思主义哲学通俗化和系统化，形成"辩证唯物主义和历史唯物主义"体系，独立开展宣传和教学，取得了一定的效果。但从实质上来说，马克思主义哲学教育的孤立开展，不仅破坏了马克思主义的内在特质，也削弱了马克思主义理论教育的整体功能，并没有达到教育效果的最大化。把马克思主义理论分解为三个独立的部分开展公共基础课程的教学，从教育效果上来看，到底是三根指头有力量，还是一个拳头更有力量，结论一目了然。马克思主义哲学作为科学的理论，既有深厚的哲学理论积淀，也需要与社会经济发展相结合，与时俱进。如果把马克思主义哲学作为相对独立的学科，进行专门的研究，从学理上不断丰富，在实践中加以完善，甚或对哲学专业的学生开展专业的教学，培养理论家等，都是无可厚非的。而在民众的思想政治教育方面，由于传播的对象是不同层次、不同岗位的党员干部和不同专业背景的青年学生，单纯开展辩证唯物主义与历史唯物主义教育，灌输抽象的哲学原理，不考虑受教育者的接受能力，则难以使理论真正入心入脑。受教育者只能识记一些理论教条，接受的唯物论、辩证法知识也都是抽象的，而不是具体的。这样的做法，既难以达到转识成智、转识成信，也难以在社会生活中灵活运用。尽管苏联哲学家对哲学教科书作了通俗化的努力，穿插了诸多社会科学和自然科学的具体事例来论证哲学理论的科学性，但这种脱离了历史感和现实感的事例对哲学原理的论证也难以引人入胜。在斯大林时期，苏共把辩证唯物主义和历史唯物主义融入《联共（布）党史简明教程》，把抽象的哲学理论混同于党史，来开展教学，更加违背了马克思主义理论的生存规律，不仅彻底割裂了马克思主义理论，而且使马克思主义哲学成为党史论证的工具，把哲学教育混同为党史教育。

---

① 《列宁选集》第2卷，人民出版社1995年版，第314页。

### （七）哲学教育的"人道主义"嬗变

苏联哲学教育的目的是开展科学世界观教育，培养为苏联社会主义建设的接班人。哲学教育的效果如何，关涉到接班人的培养。而在苏联哲学教育过程中，由于辩证唯物主义和历史唯物主义体系的自我封闭，导致哲学教育失去效力。在改革时期，戈尔巴乔夫试图打破这种封闭性，引入"人道主义"的"活水"来代替历史唯物主义，则扭转了哲学教育的方向，导致苏联哲学教育的终结。

1. "辩证唯物主义和历史唯物主义"体系长期自我封闭、体系僵化，是戈乐巴乔夫引入"人道主义"的基本动因。苏共二十大以后，苏联"辩证唯物主义和历史唯物主义"体系经过多次修订和补充，但总体上看，仍然是一个封闭的体系。这个封闭的体系长期作为哲学教科书存在，与苏联时期既要克服来自第二国际以后修正主义的歪曲，又要抵制西方意识形态的渗透有关。这一封闭体系的存在，尽管是苏联保持马克思主义"正统"的需要，但更多是由于苏联哲学教育自身革新不足造成的。从20世纪60年代开始，苏联哲学家对马克思主义哲学的研究范围已经扩大到社会哲学、科学哲学、经济哲学、语言哲学和人的哲学等①方面，对"辩证法"问题、"价值"问题、"全球化"问题和"人"的问题等研究，已经达到世界哲学的前列，但苏共出于稳定哲学教学的考虑，这些研究成果基本局限于学术的殿堂和讨论会上，很少被吸收到对广大民众、特别是青年大学生进行普及教育的《马克思列宁主义哲学》教科书中，造成了"讲坛哲学"和"教坛哲学"的分离。

马克思主义本来就是一个开放的、不断发展的体系，只有不断添加新的内容，才能与时俱进，保证其科学性和活力，而把马克思主义理论封闭起来、失去创新就会导致僵化。不仅苏联哲学教科书重复的是多年不变的教条、陈旧如一的体例，这种情况还蔓延到整个社会科学教学中。从60年代末期开始，青年大学生逐渐对社会科学的学习失去了吸引力。在社会科学课堂上，由于教师只要求学生机械记忆而不是深入理解，学习社会政治课程就像在积累事实，从而形成了"社会科学'不是课程'的观

---

① 李尚德：《20世纪马克思主义哲学在苏联》，社会科学文献出版社2009年版。

点"①。学生对社会科学的轻视，导致社会科学在他们心中失去了威信。由于教学内容的单调和封闭，一些大学生对马克思、列宁著作不感兴趣，反而对现代西方哲学，如尼采、柏格森、弗洛伊德和萨特等思想引起极大的好奇。正是由于上述因素，一些大学生公然认为："马克思列宁主义理论已经过时，而材料的内容落后于思想斗争不断变化的形式和方法。"②马克思列宁主义教育的僵化，导致很大部分学生对马克思主义理论的轻视和应付差事，失去接纳的兴趣。迫于实际的需要，他们仅仅从实用层面入手，把学习马克思主义作为走向官僚阶层的阶梯。与之相反的是，他们崇拜西方生活方式，把非政治化、性开放、酗酒等作为时尚的行为，所谓的理想信念，统统被抛在脑后。

思想政治教育和哲学教学的自我封闭，导致哲学教育逐渐丧失了效力。面对哲学及其教育的僵死状况，苏共中央多次批评思想理论教育没有创新性，提出要对哲学以及社会科学的教学进行全面改革。在戈尔巴乔夫"新思维"的指导下，哲学界把"人道主义"作为马克思主义的新的增长点，进行了全方位的研究，试图为封闭的哲学教育引入鲜活的内容。而由于"人道主义"以"抽象的人"为起点，不仅没有创新马克思主义，反而脱离了正确的轨道。

2. 把马克思主义哲学人道主义化，哲学教育偏离了正确的方向。人道主义在苏联经历了一个长期发展演变的过程。斯大林逝世以后，在赫鲁晓夫倡导思想文化"解冻"下，"人道主义"逐渐形成一种哲学思潮。赫鲁晓夫为了全面否定斯大林个人，树立自己的权威，势必要建立一种自己的学说。他首先去斯大林主义的理论基础——"辩证唯物主义和历史唯物主义"的马克思主义哲学。赫鲁晓夫接受了苏联一些国内学者和西方社会流行的批判辩证唯物主义和历史唯物主义"见物不见人"的观点，把"人"作为自己新理论的基本范畴，宣扬全人类利益高于一切，提出"一切为了人、为了一切人的利益"的口号。在赫鲁晓夫的鼓动下，苏联理论界掀起了一场"人道主义"大讨论。赫鲁晓夫的"人道主义"，尽管在马克思主义哲学的框架下，但他以抽象的人、人性和人道主义为出发点分析当时的苏联现实，与西方的抽象"人道主义"并没有本质的差别。

---

① 沈志华等：《苏联历史档案选编》第 31 册，社会科学文献出版社 2001 年版，第 140 页。
② 同上书，第 204 页。

为了迎合"人道主义"的政治宣传，在康斯坦丁诺夫编写的《马克思主义哲学原理》（1958年）中，人道主义色彩已经有所显现。在本书的"第十七章　社会意识形态及其在社会生活中的作用"中已经提出：无产阶级社会主义思想体系的内容，就实质上说来，也是"全人类"的内容。① 在本书的结论中，又提出了"人道主义原则是各国人民巨大历史经验和人类先进人物巨大思想工作的成果"，各国人民经过艰苦斗争，最终找到的是人道主义原则。"共产主义是人道主义的最高体现"。② 这里，比较含糊地提出了共产主义的理论基础就是人道主义的结论。既然如此，那么共产主义的唯物史观基础怎么体现，如何协调人道主义和唯物史观的关系，并没有深入的阐述。

如果说为了政治的需要，赫鲁晓夫时期对人道主义的解释还被限制在马克思主义人道主义范围之内，到了60年代末70年代初，苏联哲学界开始正式涉足人和人道主义研究。从对全人类意义的问题，诸如核时代的战争与和平问题、环境污染与保护问题、人口和粮食安全问题等，逐渐发展为对全球性问题和人本身问题的研究，则逐渐脱离了唯物史观的理论基础。在戈尔巴乔夫倡导的"新思维"下，作为哲学家和戈尔巴乔夫主要智囊的弗罗洛夫，提出抛弃斯大林式《辩证唯物主义与历史唯物主义》的"简单化了的公式"，号召用新思维来推进哲学改革，"建立一种能够揭示现实生活矛盾，阐明世界文明发展的趋势和前景，同时又是面向人及其需要和目的的、大胆的和创新的哲学"。③ 弗洛罗夫把人和人道主义研究提到哲学研究的首位，倡导创建"全人类的价值优先"的人道主义哲学，作为新的社会主义观的基础。他强调人的主观辩证法，来推进社会生活全面人道化，更新社会主义。可见这种人道主义是抽象的。为了配合人道主义宣传教育，苏共提出削弱大学生公共理论课科目的课时，改变马克思主义课程的名称。1989年12月，教育委员部直接取消了马克思主义理论课程。在哲学教育中，用"人道主义"为基础编写的《哲学导论》代替《马克思列宁主义哲学》，不仅没有改变苏联哲学教育的无效状况，反而引起了人们思想的混乱。

---

① ［苏］康斯坦丁诺夫：《马克思主义哲学原理》，人民出版社1959年版，第649页。
② 同上书，第948—949页。
③ ［俄］弗罗洛夫：《哲学导论》上册，北京师范大学出版社2011年版，第214页。

　　以改变苏联哲学和哲学教育僵化状况为目的的改革，最终走向了抽象的"人道主义"，同样脱离了苏联现实的社会环境，违背了苏联意识形态建设改革的初衷。在改革中，否定马克思主义唯物史观分析社会现实的原则，以人道主义来替代历史分析方法和阶级分析方法，实质上是否定了马克思主义哲学，丢掉了苏联人长期在唯物史观教育下培养的共产主义信念。抽象"人道主义"的宣传教育，带来的是干部群众思想的混乱，摧毁的是苏联共产党赖以执政的思想理论基础。

# 第五章

# 苏联马克思主义哲学教育的启示

从我国高校公共理论课设置上看，马克思主义哲学已经回归到"马克思主义基本原理"之中，不再作为一门单独的课程存在，但我国马克思主义哲学教育还存在，增强思想政治教育的有效性还有待破解。苏联哲学教育的做法、基本特征、得与失，经验与教训，为我国继续创新马克思主义哲学教育和思想政治工作，提供了正反两面的教材。所以，本章以苏联哲学教育为参照，探究其对我国当下的马克思主义哲学教育乃至思想政治教育的启示，是符合理论逻辑和历史事实的。

## 一 警钟长鸣：苏联意识形态僵化滥觞于哲学教育的失误

苏联解体已经过去二十多年，对于苏联解体的原因，人们从经济的、政治的、军事的、民族的、社会的、国际关系的和意识形态等方面进行了多方面的探求，但今天仍然有很多疑问待解。我们认为，苏联解体的一个深层次原因是对人的世界观教育的失败。而辩证唯物主义与历史唯物主义是"马列主义党底世界观"① 的基础，马克思主义哲学教育是意识形态教育的内核。总体上说，苏联意识形态建设的状况影响着哲学教育的开展，而哲学教育开展得如何，反过来又影响着意识形态建设。二者荣辱交织，相互关联。本章侧重于研究苏联哲学教育对意识形态的影响，认为苏联意识形态的僵化与苏联哲学教育的失误具有紧密的关系。

### （一）马克思主义哲学教育与苏联意识形态建设

苏联社会主义国家建立在俄罗斯帝国崩溃的基础上，它是一种不同于

---

① 斯大林：《辩证唯物主义与历史唯物主义》，外国文书籍出版局1950年版，第3页。

以往的新型国家形态和社会模式。主要体现在：以马克思主义为指导，全体劳动人民掌握国家政权，实行无产阶级专政。苏联国家政权的理论基础是全新的共产主义思想体系。共产主义的意识形态不仅深深吸引着社会精英，也深深吸引着苏共党员和绝大多数人民群众，在这一坚强信念指导下，汇集成苏联共产党的施政纲领和行动计划。正是马克思主义意识形态学说和党对国家的执政力量，构成了苏联人的思想基础和政治基础。而加强对党员干部和群众的马克思主义教育是巩固这一基础的主要手段，从十月革命胜利开始，苏联共产党已经深刻认识到这一要件。

在苏联社会主义建设中，曾遭遇过几次大的执政危机。苏共在危机处理中，既在经济政治上纠偏，更在意识形态上寻求对策，但最终由于戈尔巴乔夫在指导思想上的错误使苏联跌入深渊。第一次是在国家转轨时期，苏联面临被反动势力颠覆的危机。20 年代初，由于俄共机械照搬马克思主义理论，没有处理好"战时共产主义"与时代变化的关系，违背了苏俄经济社会的基本要求。是列宁在困境中总结经验教训，把马克思主义和苏俄实际相结合，实行"新经济政策"，同时把马克思主义理论教育列入国民教育体系，巩固了国民的共产主义信念，顺利实现了国家建设的转轨。第二次是列宁逝世以后，党内争夺领导权的危机。20 世纪 20 年代末，在面对苏联社会主义向何处去的分歧中，斯大林发展了列宁的"一国建设社会主义"理论，建立了经济集中、政治集权的国家体制，同时把马克思主义理论教育一体化，清理了各种非马克思主义思潮，建立起相对稳定的社会主义模式。第三次是打破斯大林个人崇拜过程中造成的民众思想危机。50 年代中期，赫鲁晓夫批判斯大林个人崇拜，在思想文化领域"解冻"，一度使广大民众出现思想上的混乱。赫鲁晓夫从经济上进行改革，在奠定了国家物质基础的同时，加强马克思主义意识形态教育，巩固了人们为共产主义而奋斗的信心，为苏联出现长期的社会稳定提供了思想理论条件。第四次是苏联改革中的社会主义信念崩塌危机。80 年代以后，为了改变苏联出现的经济衰退、政治腐化和意识形态僵化状况，戈尔巴乔夫开始全面改革，但他不仅准备仓促，而且目标不明，不仅没有能够在经济政治上取得预想的成就，而且在民众对马克思主义信仰出现动摇的情况下，却过早地开始了所谓的"民主化"进程，贬低马克思主义，以抽象的"人道主义"替换历史唯物主义，走上民主社会主义道路。正是戈尔巴乔夫对马克思主义指导思想的放弃，使苏共失去了执政的思想基础，人心涣散，导致改革的失败。

苏共面临的执政危机问题，实际上是如何巩固马克思主义的指导思想地位，指导社会主义建设的问题。尽管苏共多次度过了危机，但在如何坚持和发展马克思主义中出现了很多的隐忧。斯大林的马克思主义理论一体化，把辩证唯物主义和历史唯物主义作为"高峰"之学，以"绝对真理"代替发展着的马克思主义，用唯物论、辩证法的机械知识代替科学世界观和方法论，把广大干部群众对马克思主义的认知固化为政治斗争的工具，并没有真正理解马克思主义的精华，出现了马克思主义的教条化。赫鲁晓夫提出要"创造性地"发展马克思主义，全面建设共产主义，加强广大民众的马克思主义哲学教育，通过修订教科书，强化理论培训，取得的效果明显，但他用"解冻"的方式，在否定斯大林个人崇拜的同时，盲目宣传"人道主义"，扰乱了人们的思想，导致各种思想观点的泛滥，为虚无马克思主义开了方便之门。勃列日涅夫试图扭转赫鲁晓夫造成的思想混乱，但他在马克思主义教育上不求创新，以稳妥求生存，固守僵化的马克思主义。尽管苏共开展了大量的马克思主义培训和教育活动，却培养的是大批心口不一，表面上赞成马克思主义，暗地里诋毁社会主义的"持不同政见者"。

苏共长期对待马克思主义的机械理解和应用不断集聚，在戈尔巴乔夫时期集中爆发出来。戈尔巴乔夫在改革中，不仅没有正确对待和解决这些矛盾，反而在如何对待马克思主义上愈加偏离方向。其一，放弃了马克思主义的科学社会主义指导思想，实行"人道的、民主的社会主义"，出现指导思想多元化，导致广大干部群众的思想混乱。戈尔巴乔夫对马克思主义的放弃，具体表现在对高校马克思主义理论课程的弱化，直至取消。马克思主义是苏联立党、立国的思想基础。而放弃马克思主义理论教育，无疑推倒了苏联广大民众精神大厦的支柱。其二，在苏联共产党内放弃马克思主义指导思想地位，鼓吹多党制，致使党的执政合法性理念丧失，导致党内人心涣散。苏共是苏联社会主义制度的核心领导力量，需要马克思主义来理论武装。放弃对共产党员的共产主义理想信念教育，等于放弃了苏联共产党的执政地位，为出现多党执政打开了缺口。取消马克思主义的指导，不仅改变了科学社会主义的发展方向，而且使苏联社会失去主心骨出现一盘散沙的混乱局面。其三，放弃了长期坚持的马克思主义理论教育，失掉了思想舆论阵地。马克思主义理论教育不仅是苏联培养广大民众科学世界观和方法论的主渠道，也是抵御西方资本主义意识形态进攻的主阵地。放弃了马克思主义理论教育，就是放弃了思想理论武器，是思想上的"投降主义"。正是这三个方面的"放弃"，导致了苏联在意识形态上的全面失守。

苏联社会主义实践证明，马克思主义理论和社会主义制度是一个完整的整体，已经和苏联社会的政治和经济模式达成融合。马克思主义理论体系的崩溃和科学社会主义的变异，必然导致苏联国家失去指导思想和政治目标而解体。正如罗伊·麦德维杰夫所说："共产主义的意识形态和马克思主义思想理论绝不仅仅是作为观念体系、道德要求和行为方式的标准而扎根在人们的头脑中。这种意识形态不仅被事实所证明，而且还形成了国家政权体系和社会经济模式。"[1] 马克思列宁主义作为实现人的自由而全面发展的科学理论，需要各社会主义国家无产阶级政党的不断完善和发展，而这种完善和发展需要结合各国的实际，经过艰苦的实践和探索，科学对待马克思主义，持续发展马克思主义，才能在广大人民群众心中扎下根来。德国专家埃克·考普夫在《欧洲社会主义失败的教训》一文中指出：社会主义国家要在政治和经济层面保持革命性之外，在意识形态领域，"使工人阶级和其他联合起来的从业者拥有科学的世界观"至关重要。他同时指出，"将以往革命斗争的经验传给后代，让他们及时意识到自己肩负的政治责任，这是一个尤为艰难的历史使命。"[2] 而苏共在发展中，长期教条主义地理解和传播马克思主义，固守传统思维，只会使这一思想体系权威的丧失；在改革中，戈尔巴乔夫面对艰难的局面，轻率放弃马克思主义理论及其教育，武断地抛弃马克思主义，出现人心涣散，导致社会主义失败的结果也是必然。

所以，我们认为，苏联解体包含着诸多因素，而总根子是如何对待马克思主义的理论基础，如何坚守意识形态阵地，来培养广大民众坚定的共产主义信念问题。从斯大林时期开始，苏共试图用一体化的马克思主义哲学，来教育党员群众，就存在着失误，并且失误的程度随着局势

---

[1]　[俄]罗伊·麦德维杰夫：《苏联的最后一年》，社会科学文献出版社 2009 年版，第 186 页。

[2]　[德]埃克·考普夫：《欧洲社会主义失败的教训》，《国外理论动态》2002 年第 9 期。

的复杂化而不断加大，致使马克思主义不仅没能真正深入人心，广大民众的无产阶级世界观没有培养起来，而且这些失误在不断蚕食着貌似强大的苏联体制，最终导致马克思主义意识形态从僵化到失守，直至苏联解体。

### （二）反思苏联解体与哲学教育探索

作为迎接人类黎明的"高卢雄鸡"，哲学总是具有先于其他思想文化的敏感性，首先感应到时代变革的步伐。中国的改革开放肇始于马克思主义哲学的觉醒。"文革"以后，理论界掀起"思想解放"运动，从哲学高度论证了"实践是检验真理的唯一标准"，拨开了重重迷雾，开始探索解决中国问题的出路。面对新的实践，对传统马克思主义哲学存在的弊端和造成的不良后果，思想理论界一边开展自我反思和批判，一边寻求变革之道。

20世纪90年代左右，发生的两件大事引起中共中央和全体人民的震撼，进一步推动了我国对马克思主义理论教育的重视。其一是国内的资产阶级自由化思潮引起的高校学生八九政治风波；其二是否定社会主义制度的东欧剧变和苏联解体。中共中央和思想教育界对资产阶级"自由化"思潮和苏联解体进行反思，探索进一步加强马克思主义理论和思想政治教育问题。探寻牢牢把握马克思主义理论阵地，抓住意识形态主动权的方式方法。面对严峻的局势，中共中央就如何进一步加强马克思主义理论教育和思想政治工作，保持马克思主义在意识形态领域的指导地位，进行了深入的思考。邓小平提出，面对新的形势，物质文明和精神文明要坚持"两手抓"，两手都要硬。并以此为标准，重新思考建设中国特色社会主义精神文明的问题。

随着社会主义市场经济的建立，各种思想观点在思想理论舞台上相互激荡，马克思主义的、非马克思主义的、传统的、西方的、新时期出现的各种思想观点都需要厘清。在马克思主义理论领域，哲学界直面问题，围绕人道主义和异化、生产力标准、主体性与价值、马克思主义哲学体系，哲学思维方式等影响人们思想的重大理论问题进行了长期的深入的研究，在马克思主义指导下，揭示了这些问题的实质，纠正了人们对这些问题的错误理解。这些研究既有从宏观领域对哲学发展的探讨、也有微观领域对哲学理论问题的智辩。在哲学社会科学工作者的努力下，稳定了社会主义的思想理论阵地，每一次大讨论都加深了对马克思主义的科学理解，为马克思主义理论教育提供了新的内容和学理支撑。

国内"自由化"思潮的不利影响和苏联解体的教训，进一步使党中央坚信，马克思主义不仅要坚持、不能丢，丢了就会丧失人民的政权，同时要打破传统僵化的马克思主义，不断发展中国化的马克思主义。在对青年的教育中，强调要把思想政治教育和科学文化教育统一起来。1978 年，在全国教育工作会议上，邓小平就已经指出："毫无疑问，学校应该永远把坚定正确的政治方向放在第一位"，"这不仅不排斥科学文化，相反，政治觉悟越高，为革命学习科学文化就应该越加自觉，越加刻苦"。[1] 只有培养德智体全面发展的人才，才能更好地为社会主义建设服务。

以高校和党校干部培训系统为主要教育阵地，恢复开设马克思主义理论课。1978 年 4 月，教育部发布《关于加强高等学校马列主义理论教育的意见》，规定重新开设马克思主义理论必修课程，把开设的四门课程设定为辩证唯物主义和历史唯物主义、政治经济学、中国共产党党史和国际共产主义运动史。并且强调，开设马克思主义理论课是新中国的大学区别于旧中国的大学，是社会主义的大学不同于资本主义大学的重要标志。在思想政治教育教学中，提出了"教师必须教好，学生必须学好，各级领导必须管好"的"三好"标准。[2] 以此为基础，开始了中国特色马克思主义理论教育的探索。

第一，以高校为重点，进一步加强青年马克思主义理论教育。90 年代以后，国家政治经济生活发生了重大的改变。通过改革开放，实行计划经济向市场经济体制的转轨，在经济建设中取得了巨大成绩，中国走向了世界。但国内外敌对势力为了实现对我国的"和平演变"战略，加紧在高校进行思想文化渗透，妄图占领意识形态领域的阵地。在严峻的形势下，党中央认为，要战胜敌对势力的"和平演变"图谋，关键要做好青年学生的马克思主义科学世界观和方法论的教育工作。1991 年 8 月 3 日，根据党中央要把德育放在学校工作首位的指示精神，原国家教委发布了

①　《邓小平文选》第 2 卷，人民出版社 1994 年版，第 104 页。
②　《教育部关于加强高等学校马列主义理论教育的意见》（征求意见稿，1978 年 4 月），《普通高校思想政治理论课文献选编（1949—2006）》，中国人民大学出版社 2007 年版，第 70 页。

《关于加强和改进高等学校马克思主义理论教育的若干意见》，指出要充分发挥马克思主义理论课在思想政治教育的主阵地和主渠道作用，要理论联系实际，全面系统地开展马克思主义理论教育，增强理论教育的思想性和说服力。此后，按照教委的意见，各地方制定了一系列旨在巩固高校学生思想政治理论教育的措施和方案。

第二，总结历史教育经验，摒弃"运动式"教育。"运动式教育"是指教育机关为解决某一领域内突出存在的思想问题而通过集中优势人力、物力，采取有组织、有目的、规模较大的教育活动行为。在计划经济下，我国马克思主义理论教育包括哲学教育受到苏联运动式教育的影响，把运动式教育作为开展马克思主义理论教育的一种重要形式。在特殊时期，运动式教育能立竿见影，对提高广大干部群众的思想认识水平起到一定的促进作用，但这种教育的效果会随着运动的结束而逐渐淡化。思想观念的转变和正确世界观的培养，往往不是短期的行为，需要长期的引导和教化。在改革开放中，由于西方各种思潮的冲击，主要是各种哲学思想，也有文化方面的冲击，动摇了人们对马克思主义的信念。邓小平在南行时多次强调"不要搞政治运动"，在思想理论教育领域，也要摒弃运动式教育，防止形式主义，高校马克思主义理论课要相对稳定，要建立起教育的长效机制。

第三，重在建设、重在发展、重在创新、重在实用。在马克思主义理论教育中，从无情批判等过激的方式走向了坚持正面教育为主，用引导和说服相结合，以灌输和疏导相结合。通过反思"大鸣、大放、大字报、大辩论"的危害性，采取疏导的办法，正确对待思想政治教育中出现的问题。通过评选奖学金、优秀学生、选拔研究生等方面的政策倾斜，提高学生对思想政治教育的认可度。通过鼓励学生把学习的理论知识积极运用于社会实践，在实践中锻炼自己的意志，养成高尚的情操和坚毅的品格。中共中央通过实施"马克思主义理论研究和建设工程"，集中力量深入研究马克思主义理论，破除长期以来形成的对马克思主义理论的教条式理解，澄清附在马克思主义名义下的错误观点，编写更加科学的马克思主义理论教育教材。通过培养有开拓精神的马克思主义理论领域的教科研人才，造就一批高水平的思想政治理论教师队伍。

第四，探索教育新形式。思想理论教育的形式要与具体内容相结合。随着实践的发展，需要探索教育的新形式。通过改革课程设置和教材的编写，使课程设置和教材跟上时代变化和青年大学生的特点。鼓励教师参与教学改革，探索教育教学规律，发掘宣传教育的新方法。在教学关系上，不仅重视教师的教，同时在学生的学方面下功夫。充分利用多媒体等先进教学设备，不断丰富教学，提高马克思主义理论教育的吸引力。通过占领网络思想政治教育的阵地，用积极生动活泼的方式，形成网上网下的互动机制。

### （三）以苏为鉴，回归哲学教育本性

马克思主义哲学教育不能脱离现实的社会实践，要在社会实践的基础上，回归马克思主义的本真状态。如何回归文本、回归真实？首先要吸取苏联哲学教育的教训。事实证明，延续苏联的做法肯定行不通，也不可能从马克思主义之外找到解决的途径。根本的做法是回到马克思，既要在马克思主义哲学教育的思维方式上实现转换，又要把握马克思主义的理论本性，实现马克思主义中国化、时代化和大众化，才能摆脱苏联哲学教育的不利影响，走中国化的马克思主义理论教育之路。

1. 以实践思维方式开展马克思主义哲学教育。"哲学思维方式是哲学家思考、研究哲学问题的立足点和思路，它决定着哲学家所作哲学思考的性质，并规范着他们对一系列哲学问题的提法和解决方向。"[1] 哲学的思维方式决定了哲学教育的思维方式，它贯穿在教科书和教育教学之中。哲学研究的方向和哲学教育的方式都是在思维方式的指导下进行。哲学思维方式如何，就会产生相应一致的哲学研究和哲学教育，而思维方式的错误，带来的是哲学研究和教育的谬误。苏联哲学教育贯穿着唯物辩证的思维方式，曾经具有自己的优势，以条理分明、逻辑严密，锻炼了人们的思维，在培养人的世界观方面起到了很大的作用。但苏联哲学思维总体上反映的是 20 世纪 30—50 年代苏联社会主义建设特殊时期的社会政治思想状况，体现的是社会发展客观规律性的基本内涵，基本上没有真正反映马克思哲学变革旧哲学的实践精神和创新精神，其内容也有诸多偏离马克思哲学基本实质的方面。可见，要真正把握马克思主义哲学的真精神，则需要在实践基础上，把马克思主义实践观点作为首要观点，以实践思维方式开

---

① 汪信砚：《哲学思维方式的重大转换——评高清海主编的〈马克思主义哲学基础〉》，《哲学动态》1989 年第 8 期。

展哲学教育教学活动，摒弃传统的苏式哲学固有思维，才能把马克思主义与中国社会变革统一起来。

　　我国马克思主义哲学研究和教育，从思维方式到教学实践，都带有苏联哲学教育的印记。我国一度沿袭了苏联哲学在强调物质本体论基础上的辩证唯物思维方式以及哲学党性基础上的"两极"对立思维方式。辩证唯物思维方式仍然属于旧哲学的范畴，本身并没有摆脱形而上学性。这种思维方式，从物质出发，把世界的物质统一性和整个世界存在运动的基本规律作为核心，在历史观上，把自然"本体论"和自然界的发展规律看做在社会领域的延伸，而没有真正理解马克思从实践出发，来探求事物和现象的思想精髓。这种思维方式表现为过度依赖客观必然性而无视人在实践中主观能动性的思维方式，也就是马克思所批判的"对对象、现实、感性，只是从客体的或者直观的形式去理解，而不是把它们当作感性的人的活动，当作实践去理解，不是从主体方面去理解"[①] 的旧唯物主义的思维方式。具体表现为：世界是物质本体统率下的客观世界，万事万物都遵循着确定不移的客观规律而运动、变化和发展。在人类社会中，也遵循着同样的发展逻辑。这样就把世界万物和人的一切活动都集合于这一客观的、"铁定"的规律之下，只有抽象的规律，人变成了社会的集合体。用这样的教科书开展哲学教育，其一，造成我们宣传和学习的并不是真实的马克思主义哲学，而是旧唯物主义哲学；貌似传授的是辩证的逻辑，而形成的是静态的思维。其二，苏联哲学思维方式仍然属于先验的思维方式，不符合现代科学发展的精神，不仅使马克思主义哲学的功能得不到发挥，而且容易使马克思主义脱离现实的社会实践，在教学中极容易把鲜活的马克思主义理论变成冰冷冷的教条，使哲学失去了亲和力和理论魅力。

　　"两极"对立思维方式是片面强调哲学上的党性原则，非此即彼，只突出对立，而忽视联系与统一。用政治上的阶级对立来代替哲学上的思想理论对立，用无产阶级和资产阶级的政治斗争来代替不同理论观点的批判。其解决方式是激烈、对抗性的，而不是理论探讨、批评式的。思想理论上的对立和斗争本质上是阶级斗争的一种形式，同样需要立场鲜明，观点清楚，但把思想理论观点的差异和政治上的斗争混为一谈，其结果出现

---

　　① 汪信砚：《哲学思维方式的重大转换——评高清海主编的〈马克思主义哲学基础〉》，《哲学动态》1989 年第 8 期。

的是势不两立，甚至出现对人身的无情打击。"两极"对立思维表现在具体的教学中，强调的是马克思主义的绝对真理性，对待事物认识的片面性，在解决问题上的单向性。这种思维方式具有很大的危害，其一，在哲学教育中，容易把马克思、恩格斯的思想与马克思主义继承者的观点对立起来。造成只重视教授马克思、恩格斯，不重视传授马克思主义的继承者列宁主义和毛泽东思想，甚至出现前后观点之间的相互否定。其二，在哲学教学中，把哲学分割为若干"板块"，破坏马克思主义哲学的"完整性"，乃至影响到对马克思主义的整体性认知；其三，在马克思主义教育内部，容易造成不同观点的简单否定，用一个极端反对另一个极端，导致思想片面化，不能自觉地吸收对方合理的思想。马克思主义理论教育是对人的思想塑造活动，对不同观点理应采取说理、批评和自我批评的方式，需要的是以理服人而不是强制。

正是哲学思维方式的错误，严重束缚了哲学教育的有效开展。根据中国社会实际和马克思主义理论教育的现状，这种唯物辩证思维方式亟待改革，而"两极"对立思维方式理应摒弃。

马克思主义哲学的真精神是用实践的思维方式来看待和发展马克思主义。马克思本人的哲学思想体现的是对近代形而上学唯物主义和黑格尔唯心辩证思维方式的否定与超越，是从实践理解的唯物和辩证的内在统一，这是一种实践思维方式。在《关于费尔巴哈的提纲》中，马克思就指出："哲学家们只是用不同的方式解释世界，而问题在于改变世界。"由此可见，马克思看待世界的态度和方式已经与以往旧哲学有本质的差别。旧哲学认为世界要么是超自然的存在、要么是外在于人而存在的直观的对象，人担当的只是消极无为的承受者和被动的解释者的角色。而马克思哲学认为，人所在的世界都是人参与其中的，人并不是消极被动的，而是能动的主体，是一种积极主动的能动的存在。马克思把人当作感性的活动，当作实践来理解，从主观的方面来理解。这样，马克思主义哲学变革的最本质意义就在于："适应人从古代（经过近代）走向现代，实现了从直观态度向实践态度、从先验思维向实践思维的理论转变。"① 马克思哲学的思维方式不同于旧哲学的本体思维方式，而是实践的思维方式。这种实践的思维方式不仅在于马克思主义哲学是唯物论和辩证法，还在于"怎样地唯

---

① 高清海：《历史性转变——论马克思哲学变革的实质》，《开放时代》1995 年第 6 期。

物"和"怎样地辨证"。① 所以，要发展马克思主义哲学，就要摒弃传统哲学的唯物辩证思维方式，恢复实践思维方式。实践思维方式的确立，使马克思主义哲学从实践出发去理解人的本质，从而使人的本质理论立足于现实的基础之上，使哲学不仅着眼于科学地解释世界，而且着眼于能动地改造世界。

用实践思维方式来开展马克思主义理论教育，能取得以下效果。

首先，使马克思主义理论变得"有理"。马克思主义是在实践基础上形成的科学理论，并随着实践的发展而不断改变自己的形式，使理论适应时代的要求。用实践思维方式开展马克思主义理论教育，使马克思主义脱离凝固不变的教条，变成从根本上解决社会重大问题的学说。在教学中，把马克思主义与中国特色社会主义实践相结合，通过对科学技术推动社会发展、人民群众推进历史进程、先进文化提高民族素质的科学阐释，才能展示马克思主义的基本原则和精神实质，体现出马克思主义的真理性意蕴。对于马克思主义的物质统一论、矛盾论、反映论、历史观等已经成为常识性的基本观点，在全面介绍的基础上，结合当代实践的新经验、科学发展的新成果对之作出合理的阐释，才能展现出马克思主义哲学的发展开放性。

其次，使马克思主义理论变得"可信"。马克思主义随着时代的发展而发展，在教学中，不是单纯"灌输"理论教条，而是结合实践发展的具体情况，从根本上提高人的辩证思维能力和政治鉴别力，培养正确的世界观、人生观和价值观，才能使受教育者立足中国特色社会主义实践，自觉认清各种"西化"观点对我国社会主义建设的不良图谋。

最后，使马克思主义变得"可爱"。马克思主义是抽象的理论，但马克思主义不是高不可攀的理论。在当代实践基础上，把抽象的理论与人们的生产、生活结合起来，变成可以理解和接受的理论，才能引起受教育者的兴趣，才能使马克思主义理论变得可爱、可亲。

2. 马克思主义哲学教育要体现马克思主义理论本性。马克思主义从哲学起步，哲学是马克思主义的理论基础。哲学的理论本性是"爱智"之学，即哲学把智慧作为探求的对象。这种对智慧的探求不是解决具体的

---

① 倪志安、王永崇：《马克思主义哲学教育中几个重大的问题》，《西南大学学报》（人文社会科学版）2007 年第 2 期。

小问题，而是解决"关于人类生存发展和安身立命的'大智慧'和'大聪明'"。① 马克思主义哲学的"大智慧"和"大聪明"具体表现在，它是无产阶级的世界观和方法论，在对人类彻底解放道路的探求上，具有彻底的科学性、坚定的革命性和自觉的实践性。科学把握马克思主义的理论本性，是正确开展马克思主义理论教育的核心。

其一，马克思主义具有彻底的科学性。马克思主义首先是马克思、恩格斯的思想。要正确理解马克思主义的科学性，得从马克思主义创始人的哲学立场出发。恩格斯说："马克思的整个世界观不是教义，而是方法。它提供的不是现成的教条，而是进一步研究的出发点和供这种研究使用的方法"。② 马克思主义哲学既然是方法，就需要在实践中不断丰富和发展。作为世界观的哲学，不是神圣不可侵犯的教条，而是建立在现代科学基础上的人类认识世界和改造世界的工具。可见，在马克思主义哲学发展中，理论要彻底，就需要不断吸取人类社会实践的成果。任何把马克思主义哲学教条化、神圣化的做法，都是与马克思、恩格斯的思想格格不入的。马克思主义哲学作为一门学科，理应不断追求其科学性内涵，通过不断吸收自然科学和社会科学的新成果丰富自己。苏联哲学教育把马克思主义经典作家的文本按照国家建设和开展教育的需要进行取舍和组合，建立了一套"完全科学"的体系，貌似结构合理、逻辑顺通，在哲学教育中也起到了一定的作用，而事实上却违背了马克思、恩格斯关于哲学需要不断发展的初衷，导致了苏联哲学研究和教育的僵化。我国长期沿用苏联哲学教育的内容和方法，以苏联哲学教科书来开展哲学教育，既吸收了苏联哲学的优势，也接纳了苏联哲学及其教育的弊端。所以，我们应该根据马克思主义的科学性，在改造苏联哲学教科书弊端的过程中，建立与自己国家实际情况相符合的马克思主义理论教育。

其二，马克思主义具有坚定的批判性。作为无产阶级和人民大众争取自身彻底解放、追求自由而全面发展的新世界理论，马克思主义哲学坚持唯物辩证法的逻辑，具有彻底的批判精神。唯物辩证法不崇拜任何绝对的权威和永恒的真理，"按其本性来说，它是批判的和革命的"。③ 唯物辩证

---

① 孙正聿：《哲学通论》（上），吉林人民出版社 2007 年版，第 2—3 页。
② 《马克思恩格斯文集》第 10 卷，人民出版社 2009 年版，第 691 页。
③ 同上书，第 22 页。

法认为，世界是充满矛盾的，任何事物和现象都是一个过程，都要在运动和发展中走到自己的反面。这就要求我们要用发展的观点看问题，用批判的眼光看待整个世界。马克思把唯物辩证法当作"批判的武器"，不仅仅批判自己的客体，去伪存真，在批判中吸收营养，达到自我的超越；同时也不断开展自我批判，去粗取精，在自我批判中形成理论自觉，不断趋向真理。在认识世界的过程中，需要对世界进行反复的不断的探求，才能达到对事物较高层次的认识。世界上没有完全绝对的真理，绝对真理总是寓于相对真理之中。在无产阶级争取解放的道路上，会遇到无数的曲折和磨难，要在前进中坚持唯物辩证的思维，在批判旧世界中不断发现新世界。在很长时期内，我国哲学承袭了苏联哲学的单向批判思维，把哲学作为理论和政治武器，展开对唯心主义和各种封建主义、资本主义哲学的批判，立场鲜明，态度坚决，而认识不到自身理论的不足和缺陷，固守陈旧的体系，自然会逐渐丧失批判的能力。在哲学教育中，不考虑时间地点和条件的变化，机械地传授僵化的教条，认为只要掌握了几条哲学理论，就掌握了全部真理，就能包打天下，"老子天下第一"。其结果不仅误导了学生，也伤害了哲学。

其三，马克思主义具有自觉的实践性。与以往各种哲学不同的是，马克思主义哲学具有自觉的实践性。马克思重视人类实践活动，揭示了实践是社会生活的本质，因为"社会生活在本质上是实践的。凡是把理论诱入神秘主义的神秘东西，都能在人的实践中以及对这种实践的理解中得到合理的解决"。[①] 离开了对实践活动的理解，马克思主义的真理性就会丧失。正是这种对实践的理解构成了马克思实践的思维方式，使马克思主义哲学具有了自觉的实践性本质。马克思运用实践的思维方式，对资本主义生产过程进行本质分析，对人与人的社会关系进行系统考察，揭示了人类社会发展规律和资本主义独特的生产方式运动，发现了唯物史观，把社会主义理论从空想变成了科学。马克思主义来源于实践，又诉诸实践，以改造现实世界为目的，并不断接受实践的检验而不断丰富和完善。要真正把握马克思主义这一实践性本质，这就要求我们运用实践的思维方式来开展马克思主义哲学教育。而传统马克思主义哲学教育不仅固守僵化的思维方式，而且在教学中造成了理论和实践的脱离。用这样的哲学理论来指导我

---

① 《马克思恩格斯文集》第 1 卷，人民出版社 2009 年版，第 505—506 页。

们的实践，就容易犯教条主义的错误。"文化大革命"结束后，一些人坚持的"两个凡是"，就是沉痛的教训。在哲学教育中，为了避免犯"左"的或右的错误，只有坚持马克思主义哲学的实践性，才能真正发展马克思主义，用实践的马克思主义指导我们的行动。

开展马克思主义哲学教育乃至整个思想政治工作，科学把握马克思主义的理论本性，启迪人的智慧，达到转识成智、转识成信，这是开展马克思主义哲学教育的基本要求。如果离开马克思主义的理论本性来谈哲学教育，只会造成教育的盲目性。用毛泽东的话来说，这叫"无的放矢"。只有坚持从马克思主义的科学性、批判性和实践性出发，才能保证我们的哲学教育不走样，才是真正用马克思主义的立场、观点和方法武装人们的头脑；只有用科学的、批判的和实践的眼光，敢于直面现实，才能应对意识形态领域各种思想观念的挑战。

3. 在"三化"基础上推进马克思主义哲学教育。任何理论都产生于实践，反过来为实践服务。产生于一定实践基础上的理论，相应地随着一定实践的发展而不断改变形式，才能为人们继续开展实践活动提供指导。马克思主义哲学传入俄罗斯经历了一个俄国化的过程，苏联哲学教育是对革命时期马克思主义传统教育的俄国化改造。那种教育体系，基本符合了苏共开展意识形态建设的功能定位，一定程度上与苏联广大民众的文化素质和认知水平结合起来。今天来看，它并不是一个完整、科学的体系，但这一体系的影响"是空前而深远的"。① 正是这一"空前而深远的"影响，在世界社会主义阵营内产生的负面作用也是巨大的。

世界民族文化具有差异性和多样性的特征，但民族文化亦具有共通之处，在世界民族发展的道路上，文化的借鉴和交融，共同推进了世界史的进程。没有哪一种文化具有绝对的普世性质，只有与各民族的文化，民族所处的时代、站在本民族的立场上，经过长时期的加工提炼，才会成为本民族文化不可分割的一部分，才能得到广泛的传播，最终被最大多数的人所接受与认可。马克思主义作为世界性的思想文化潮流，从西方到东方，从欧洲到亚洲，正是在与各个民族文化相结合的过程中，才产生了巨大的精神力量。自马克思主义传入中国以后，一直朝中国化的方向在发展。自

---

① 袁贵仁、杨耕：《马克思主义哲学教学体系：历史与现状》，北京师范大学出版社2011年版，第8页。

1938 年毛泽东提出"马克思主义中国化"的命题开始，经过延安"整风运动"的教育实践，最终确立了中国化的马克思主义——毛泽东思想。这是中国人灵活运用马克思主义，把马克思主义与中国实际相结合的理论成果。

马克思主义中国化、时代化、大众化，各自具有自己特定的内涵，但又是辩证不可分割的统一。从马克思主义"三化"的功用来看，中国化是把马克思主义和中国民族文化结合起来；时代化是把马克思主义和中国现代化进程结合起来，大众化是把马克思主义和人民群众的实践结合起来。使马克思主义成为中华民族的、现代化的科学理论，成为人民群众手中可以利用的思想理论武器。

马克思主义理论教育需要我们站在马克思主义立场上，需要根据时代变化增添新的内容，也需要体现广大人民群众的切身利益。苏联哲学教育中存在的诸多问题，警示我们在推进马克思主义"三化"过程中，要结合中国实际，克服以下几个方面的问题。其一，克服哲学教育中把马克思主义基本原理教条化的倾向。马克思主义不是教条，也不是真理的"顶峰"，需要在哲学教育实践中，处理好研究、继承和发展的关系。其二，避免哲学教育中的语录化风格。在教学的语言风格上，不仅要改造马克思主义的英语风格、也要改造俄语风格，要解决好西语、俄语和中国话之间的关系，体现中国语言风格。其三，克服苏联哲学教育中孤立传授马克思主义的做法。马克思主义不是孤家寡人，也不是唯我独尊，在哲学教育中，既要面向历史，又要面向世界和未来，协调好马克思主义和传统文化、西方文化的联系。最后，克服哲学教育脱离群众、脱离实际的弊端。马克思主义坚定立场，要走大众化之路，接地气、保持广大人民群众的立场。

## 二　返本开新：突破苏联哲学教学体系

我国马克思主义哲学教育的"本本"直接来源于苏联。苏联哲学教育对我国马克思主义哲学教育乃至整个思想政治教育具有巨大的、深远的影响。新中国成立以后，由于和苏联在意识形态上的一致性，再加上建国初期国内教育资料的短缺和教育经验的不足。在社会主义建设"以俄为师"的背景下，新中国教育包括思想政治教育向苏联学习，是中共必然的选择。今天，苏联已经解体了，苏联哲学教学体系的"原本"已经不复存在，但这一体系的"副本"在我国还时隐时现，一定程度上制约着我国马克思主义的发展。所以说，我们走马克思主义中国化之路，加强马克思主义哲学教育，改革哲学教学，前提是如何突破苏联的教学体系。

### （一）苏联哲学的传入

马克思主义哲学在中国传播的途径主要有西欧、日本和苏联三条传入路线。在《论人民民主专政》中，毛泽东说："中国人找到马克思主义，是经过俄国人介绍的。""十月革命一声炮响，给我们送来了马克思列宁主义。"① 可见，苏联马克思主义对我国的影响为最大。三条路线传播的内容虽然包括了历史唯物主义、辩证唯物主义，但各自理论的侧重点有所不同。从西欧和日本传入的主要是历史唯物主义，把唯物史观作为社会主义运动的基本方法。陈独秀、李大钊等早期马克思主义者受此影响，都把马克思主义哲学等同于唯物史观。最初，辩证唯物主义主要从苏联传入。因为苏联哲学认为，马克思主义哲学就是辩证唯物主义，历史唯物主义只是把辩证唯物主义原理延伸到社会历史领域的结果。瞿秋白是传播苏联辩证唯物主义的代表人物。1923 年，瞿秋白从苏联归国，主要致力于传播辩证唯物主义和在辩证唯物主义指导下苏联社会主义取得的成功经验。他试图模仿苏联，把辩证唯物主义运用于中国社会实际的变化，把马克思主义哲学作为指导中国民主革命的工具。在瞿秋白传播辩证唯物主义的同时，自觉的马克思主义哲学教育在一些地区也已经展开。李达是其中的主要代表。20 年代，中国共产党在上海大学办社会学系，汇集了一大批共产党员来这里任教。李达在上海大学社会学系讲授"社会哲学"（辩证唯物主义），他亲自编写讲义，把哲学理论和当时中国革命形式相互结合，后来以《社会哲学概论》（1924 年）名称发表出来。在上海大学开设辩证唯物主义课程对学生进行马克思主义理论教育，在中国的大学里是比较早的。当时，培养了秦邦宪、王稼祥和杨尚昆等一大批革命人才，为中国革命做出了贡献。

苏联哲学在中国的传播，首先是通过翻译苏联哲学教科书，扩大了马克思主义的影响。当时，在中国影响比较大的苏联哲学教科书，主要有西

---

① 《毛泽东选集》第 4 卷，人民出版社 1991 年版，第 1470—1471 页。

洛可夫主编的《辩证法唯物论教程》（李达、雷中坚译，1932 年）；米丁主编的《辩证唯物论与历史唯物论》（上册）（1936 年）和《历史唯物论》（沈志远译，1938 年）；米丁等著的《新哲学大纲》（艾思奇等译，1936 年）和《辩证唯物论与历史唯物论》（沈志远译，1937 年）等。在很长时期内，中国人自己编著出版的哲学著作主要参照苏联哲学，是对苏联哲学教科书的模仿，但也融入了一些中国元素和哲学家的研究与创新。在民主革命时期，流传很广、对广大群众学习马克思主义有较大影响的教科书，主要有李达的《社会学大纲》（1935 年），艾思奇的《大众哲学》(1936 年) 等。1937 年 5 月，由上海笔耕堂书店出版的《社会学大纲》，是李达在北平大学法商学院讲课基础上，经过调整和扩充成书的，从北平到延安都留下了《社会学大纲》的足迹。毛泽东在延安收到李达寄来的《社会学大纲》后，曾给李达写信说，这是中国人自己写的第一本马克思主义哲学教科书。事实上这本书受到西洛可夫主编的《辩证法唯物论教程》影响还是比较大的。艾思奇的《大众哲学》也是在苏联哲学教科书影响的基础上成就，其中关于辩证法"三大规律"和"五大范畴"的体例明显借鉴了米丁等《新哲学大纲》。尽管如此，并没有影响人们对《大众哲学》的传播。《大众哲学》通俗易懂，一出版就受到了读者的广泛喜爱，成为中国人把马克思主义哲学大众化的典型读本。在《大众哲学》第四版的序言中，艾思奇自己曾说过，如果读者对感性认识上升到理性认识方面的内容看不明白，就"再读一读米丁等主撰的《新哲学大纲》里'认识的过程'一章，就可以明白的更详细些"。[①] 在《实践论》和《矛盾论》中，毛泽东不仅参照李达的《社会学大纲》，而且使用的主要参考书也是《辩证法唯物论教程》等苏联哲学家的著作。可见，苏联哲学教科书的引入，促进了马克思主义中国化的进程。

### （二）新中国哲学教学的苏联情结

新中国成立以后，为了实现新民主主义文化向社会主义文化过渡，需要亟待解决马克思主义理论人才匮乏的问题。毛泽东说："我们要在党内外五百万知识分子和各级干部中，宣传并使他们获得辩证唯物论，反对唯心论，我们将会组成一支强大的理论队伍，而这是我们极为需要的，这又

①　艾思奇：《大众哲学》，新华出版社 2001 年版，第 242 页。

是一件大好事。"①　而开展唯物论、辩证法的宣传工作，首先需要从马克思主义哲学开始，因为"马克思主义有几门学问：马克思主义的哲学，马克思主义的经济学，马克思主义的社会主义——阶级斗争学说，但基础的东西是马克思主义哲学。这个东西没有学通，我们就没有共同的语言，没有共同的方法，扯了许多皮，还扯不清楚。有了辩证唯物论的思想，就省得许多事，也少犯许多错误"。②　中国共产党正是秉承这样的理念，借鉴苏联马克思主义理论教育的经验，唯物论、辩证法教育在全国范围内大规模地展开。

1. 苏式学哲学运动。在马克思主义教育中，中共中央在全国首先循序渐进地开展马克思主义哲学教育。由于旧中国造成的人们知识匮乏，对马列主义知之甚少；长期战争造成的各级干部和广大群众文化水平不高，而辩证唯物主义和历史唯物主义又相对抽象，如果直接开展辩证唯物主义和历史唯物主义反而不利于马克思主义哲学的传播。根据实际情况，中共决定循序渐进、由浅入深地开展唯物史观教育，先通过学习难度较低的"社会发展史"，使全国人民达到逐渐接受马克思主义的教育目的。

在社会发展史的学习中，全国范围内使用的教材主要是艾思奇编写的《历史唯物论——社会发展史讲授提纲》和解放社出版的《社会发展简史》。尽管在苏联没有单独开展社会发展史教育，但这次学习活动仍是在苏联哲学教育的指导下进行的。从山东新华书店出版的《学习社会发展史参考材料》（1950 年）中罗列的十本教学和学习参考书来看，除了少数参考恩格斯和艾思奇的著作之外，其他参考书基本上都来自苏联。③

为了把中国化的马克思主义哲学教育全面推进，让马克思主义哲学说中国话，适应广大干部群众掌握无产阶级世界观和方法论的需要，在开展社会发展史教育之外，中共决定开展学习毛泽东"两论"的教育活动。通过"两论"的学习教育，在全国范围内掀起了学习马克思主义辩证法和认识论的热潮，进一步改造了干部、群众的世界观，促进了马克思主义

---

① 《毛泽东文集》第 6 卷，人民出版社 1999 年版，第 395 页。

② 同上书，第 396 页。

③ 这 10 本参考资料分别为：（1）《从猿到人》（恩格斯）；（2）《论国家》（列宁）；（3）《家庭、私有财产及国家》（恩格斯）；（4）《辩证唯物主义与历史唯物主义》（斯大林）；（5）《社会经济形态》（苏联哲学专家拉苏莫夫斯基）；（6）《封建主义》（苏联哲学专家科斯明斯基）；（7）《资本主义》（苏联哲学专家里昂基耶夫）；（8）《生产三大特点》（苏联哲学专家安德烈夫）；（9）《社会发展史学习提纲》（未署名）；（10）《社会发展史讲授提纲》（艾思奇）。

哲学和中国社会实际的结合。

事实上，新中国成立初以"社会发展史"为起点的全国性思想教育运动，是对干部群众开展整体的唯物史观教育。这场唯物史观教育运动，与苏联 30 年代哲学教育有很大的相似之处。其一，都是走马克思主义哲学教育通俗化的路径。当时斯大林为了提高干部群众的学习效果，亲自编写的《辩证唯物主义与历史唯物主义》教科书，就是言简意赅、思路清晰、简单明了的典型。新中国哲学教育从简易处入手，同样是考虑到干部群众的接受能力。其二，都是为了阶级斗争的需要，采取学习和批判相结合的方式。在学习马克思主义基本原理的同时，开展对人们头脑中的唯心主义旧思想进行批判。用唯物史观占领阵地，达到巩固人民民主专政，建立社会主义新文化的目的。其三，效果都很明显，在很短时间里就使马克思主义哲学得到了普及。第四，都轻视了对历史上各种哲学思想的借鉴。在苏联，马克思主义哲学达到了"唯我独尊"的地位，其他一切哲学都被排除在教育之外。在我国马克思主义哲学教育过程中，我们也片面地强调对各种唯心主义的批判和清理，对中国传统文化和西方哲学持排斥、甚至完全否定的态度。

2. 苏式哲学教学体系在党校和高校的运用。为了打牢马克思列宁主义理论学习阵地，培养党的理论干部，保证干部和青年学生学习马克思主义理论，中共决定在高校和党校开展马克思主义哲学的系统教育。

1949 年 10 月，中共中央决定模仿苏联党校模式，成立马克思列宁主义学院（中央党校），在各大区和各省、各地级单位成立中级党校和地方党校，把苏联的哲学教学体系照搬到中国来，对党的干部进行系统的马克思主义理论教育，培养党的理论干部和轮训干部。根据党对干部和理论人才建设的需要，设置不同的班级。在中央党校，明确要求"不论培养什么干部，均需以中外近代史、马列主义基础、中共党史为必修课"。[①] 以加强马列主义基本理论的学习，为以后继续学习提高打下基础。1953 年，随着党校走向正规化，《辩证唯物主义和历史唯物主义》作为必修课之一也稳定了下来。

在全国高校，陆续开设了思想政治教育公共必修课，明确把教师和青

---

① 《中共中央党校培养干部和教学工作的历史发展概述（1933—1992 年）》，中央党校教务部 1993 年版，第 18 页。

年学生的思想政治教育作为国民教育的一部分。1949 年 8 月，华北人民政府高等教育委员会要求，高校各年级必修课程包括辩证唯物主义和历史唯物主义（包括社会发展史）、新民主主义论（包括近代中国革命运动史）和政治经济学三门课程。[①] 在高校的思想政治教育中模仿苏联模式，不仅高度重视公共基础课程，而且在开设的课程上逐渐与苏联靠近。到1953 年，开设的马列主义基础、政治经济学、辩证唯物主义和历史唯物主义三门主要课程连名称都相同。在哲学教学中，除了要求教师添加一些中国文化元素作为事例讲授之外，在内容上基本是照搬苏联教学体系。此外，为了在群众中广泛开展哲学教育，在机关单位和工矿企业模仿苏联的做法，开设夜校、学习班等教育形式，理论工作者下到班级，进行宣讲，或由学员集中讨论，来满足广大普通群众学习哲学，接受哲学教育的需要。

在拥有共同的意识形态基础上，中共试图模仿苏联成熟的思想政治教育方式，进而找到一条开展中国思想理论教育的捷径。所以，在党校和高校教学中，"当时考虑的不是苏联的教学大纲是否适用的问题，而是如何更好地运用苏联的教学大纲，将马克思列宁主义原理系统地讲授清楚，并用这些原理来分析解决中国历史的和当前的实际问题"。[②] 可见，模仿苏联的目的，是借用苏联哲学教学体系推动我国的思想文化建设，为解决中国实际问题服务。

3. 编写哲学教科书的尝试。新中国哲学教育的广泛开展，在广大群众中普及了马克思主义哲学，但很长时间，并没有出现中国人自己独立编写的教科书。在哲学教学中，主要由苏联专家指导教学，使用的是苏联教科书的译本；[③] 或者使用的是这些专家根据苏联教科书编写的讲义。[④] 在教学大纲的编写、教学过程的组织上，基本上都是仿造苏联哲学教学的做

---

① 教育部社会科学司：《普通高校思想政治理论课文献选编（1949—2006）》，中国人民大学出版社 2007 年版，第 2 页。

② 胡锡奎：《中国人民大学学习苏联经验的总结报告》，《教学与研究》1954 年第 10 号。

③ 当时，在马列主义基础课程中主要使用《联共（布）简明党史教程》，哲学课程主要使用米丁主编的《辩证唯物主义和历史唯物主义》、斯大林单行本《辩证唯物主义与历史唯物主义》、亚历山大诺夫主编的《辩证唯物主义》和康斯坦丁诺夫主编的《历史唯物主义》等。

④ 主要由苏联专家尼古拉也夫 1954 年在中央党校讲课的《辩证唯物主义讲义》；1956 年，中央党校黎明编写的《辩证唯物主义讲义》；苏联专家克列 1953 年在中国人民大学的哲学讲稿编写的讲义等。当时，很多教师使用的讲义都是参照列克的讲义自行编写讲义。

法。苏共二十大后，中苏两党在对待马列主义问题上开始发生意见分歧，也影响了苏联哲学教科书的使用。1958 年，苏联撤走了中央高级党校的援助专家，高校里除了少数专家留下之外，大部分也都撤离。失去了对苏联专家的依赖，又出现了教材的缺乏，给我国哲学教育带来极大的被动。于是，中共提出，在仍然借鉴苏联教育经验的基础上，探索中国自己的哲学教育。

　　首先需要解决的是哲学教科书匮乏的问题。新中国第一本哲学教科书是艾思奇主编的《辩证唯物主义　历史唯物主义》。这本书在 1958 年开始编写，经过集体讨论，于 1961 年出版。在编写过程中，以苏联哲学教科书为范本，同时坚持胡绳拟定的几个原则：其一，教科书要有一定的稳定性，能在较长时间内，不必做很大的根本性的修改。其二，力求比较准确、简练地表述马克思主义哲学的一般原理，同时要论述毛泽东对马克思主义哲学的发展。其三，教科书应该与它的对象相适应。其四，要贯彻学术上"百家争鸣"的原则。① 教科书出版以后，立即投入使用，成为全国高校和党校的哲学通用教材。这本教科书曾多次重印，到 1965 年，发行量达到近百万册，在"文革"时期停用。1978 年，经过韩树英等人的校正，又重新出版，一直使用到 1982 年，才正式退出党校和高校课堂。这本教科书是集中了当时中国马克思主义哲学界的精英力量编写而成的，除了艾思奇之外，关锋、肖前、韩树英、王哲民等十余著名哲学专家都参与了编写工作，经过多次修改，基本达到了中国马克思主义哲学的最高水平，被中国哲学教育界称为自己编写的第一本哲学教科书。

　　由于中国社会的政治变化，哲学教育也遭遇了寒冬。1964 年开始，各级党校停止了培训活动，教员和学员全部投入到农村的"四清"运动中，直到"文化大革命"结束才恢复。

### （三）对苏联哲学教学体系的改革

　　1. 模仿与创新的结合。总体上看，我国哲学教育由于片面模仿苏联，加之经验的欠缺，暴露出很多弊端。其一，排斥了西方哲学精华，忽视了中国传统哲学优秀成分。干部群众只知道有辩证唯物主义和历史唯物主

---

① 胡为雄：《新中国第一本马克思主义哲学教科书的编写及其经验》，《毛泽东邓小平理论研究》2007 年第 5 期。

义，不知晓在马克思主义哲学之外，还有中国传统哲学和西方哲学，更没有对这些优秀哲学思想的借鉴和运用。其二，把马克思主义哲学简单化的倾向。哲学反映社会现实往往是间接来体现的。采取喜闻乐见、灵活多样的形式开展马克思主义哲学的学习，使哲学突破了"经院式"哲学的局限性和神秘性，有利于群众把理论与实际联系起来，但过分强调哲学的实用性，直接与社会生活相链接，容易使作为时代精华的哲学走向简单化和庸俗化。其三，在哲学教育中过分强调了对人的思想改造功能。

但是，中国马克思主义哲学教育在模仿苏联哲学教育体系的同时，从来都不是亦步亦趋的，不管是在教育的形式上，还是在教育的内容上，都经过了改造。在我国哲学教育中，一方面，哲学教育强调要结合中国革命和建设的实际情况。中央马列主义学院制定的教学方针是"学习理论、提高认识、联系实际、改造思想"，就是要求"学习马列主义理论的目的是为了使学生能够正确地应用这种理论去解决中国革命的实际问题"[1] 在教学中不断提炼学习材料，除了读苏联哲学教科书以外，主要研读马恩列斯的经典原著和中国人自己撰写的哲学书籍。不断改进教学方法，提倡广泛讨论，开展"百家争鸣"。在高校哲学教育中，在内容上按照《共同纲领》的规定开展教学，结合中共反美帝国主义、围绕"土改"开展教育。在方法上要求防止教育中的简单粗暴倾向，把学习理论知识和学生的生活实际结合起来，要重视自学、防止片面灌输，不要局限于细枝末节，防止教条主义。另一方面，把马克思主义哲学宣传、学习与知识分子、广大群众的思想改造相结合。通过社会发展史和"两论"的教育，是对广大干部、知识分子和青年学生的哲学启蒙运动，是在此基础上"广泛开展了一个自我教育和自我改造的运动"。[2] 侧重点是对知识分子的改造，解决知识分子的立场和态度问题，以适应新中国过渡时期建设的要求。

2. 改革苏联教科书体系的尝试。哲学是时代精神的精华，随着时代的发展，哲学从形式到内容都要随着社会发展而改变。"改革的事业就需要有改革的哲学。"[3] 所以，在改革开放时代，需要开展对传统哲学教科书的重构工作。

---

① 《中共中央党校培养干部和教学工作的历史发展概述（1933—1992 年）》，中央党校教务部 1993 年版，第 23 页。

② 《毛泽东文集》第 6 卷，人民出版社 1999 年版，第 183 页。

③ 肖前：《改革的哲学和哲学的改革》，《江苏社联通讯》1985 年。

　　首先，在模仿苏联哲学教科书开展教学的同时，哲学界在马克思主义哲学改革上达成共识。从保持哲学生命力的角度来看，马克思主义哲学是开放的学说。而已经到了80年代，我国哲学体系基本上还是沿袭着苏联30—50年代形成的哲学，所以对哲学的改革势在必行。随着我国经济政治体制的变化，马克思主义哲学研究的内容在不断扩展，而哲学原理固守的"两个主义"和四大板块结构明显不能满足需要。当时，"旧的教科书体系已不适于表现马克思主义哲学的理论内容，体系妨碍内容的丰富和发展已到了非改不可的地步。"① 要使马克思主义哲学充分表现现时代的理论内容，充分反映哲学的科学性和革命性，建立适应新时代需要的具有丰富内容的哲学原理体系迫在眉睫。

　　20世纪80年代以来，在对传统哲学教科书改造上，力求克服以下几个方面的弊端。其一，克服极"左"思想的影响，打破马克思主义哲学与政治的联姻。摆脱哲学作为现行政策的辩护工具、政治的附庸和政治权力追随者的角色，开展马克思主义哲学的学科建设。其二，克服马克思主义哲学的简单化和庸俗化倾向。把马克思主义哲学从神台上拉下来，加强与社会生活的联系，真正实现马克思主义哲学理论提高群众思维水平。其三，克服把哲学本体论化、实证化的倾向。回到马克思，真正体现马克思主义哲学的理论本性和哲学的真精神。

　　其次，突破"两个主义"框架。马克思主义哲学是开放的学说，只有不断吸收科技发展的新成果，才能不断丰富自己。实际上，中国哲学从"实践是检验真理的唯一标准的大讨论"开始，就确立了实践检验真理的地位，把哲学从神圣的高不可攀的云端拉到了现实生活中来。正如高清海所说，"在1978年的真理标准大讨论，完成的是克服哲学神学化倾向的任务"。② 把实践观点贯穿在全部马克思主义哲学之中，成为马克思哲学的立论基础，是哲学体系突破"两个主义"的开端。在苏联哲学教科书中，把马克思主义哲学分割为"两个主义"，其实质仍然只是"一个主义"，即辩证唯物主义，历史唯物主义只被看着辩证唯物主义在历史领域的应用和推广。这种观点不管在历史发展上还是逻辑演绎上都是没有道理的。所以，要打破辩证唯物主义和历史唯物主义"两个主义"体系，以实践观

---

① 高清海：《哲学体系改革》，吉林人民出版社2007版，第1页。
② 高清海：《突破真理论的传统狭隘视界》，《哲学研究》1995年第8期。

点为基础，把辩证唯物主义和历史唯物主义有机统一起来。1993 年，由肖前、黄楠森和陈晏清主编的《马克思主义哲学原理》在"两个主义"的划分上首先进行了改革，就是一次大胆的尝试。

再次，突出"问题意识"。从对传统哲学教科书的批判眼光来看，教科书在体系上的僵化，在内容上的缺陷是毋庸置疑的。在当代中国，打破教条主义，突出哲学的"问题意识"，建立能反映时代发展、关注现实、关注人的命运的哲学，是哲学发展的方向。在 20 世纪 80 年代，中国学界曾以马克思的《1844 年经济学—哲学手稿》为主要文本基础，从《手稿》中找到发展哲学的文本依据，并掀起了三次哲学大讨论，即 1979 年开始的人道主义和异化问题大讨论，1982 年在认识论中讨论主客体问题与人的价值关系大讨论；以及 1988 年开始的实践唯物主义大讨论。这些问题都是在改革开放以后，适应中国社会发展的需要，引起哲学界关注和深入研究的领域。今天，哲学理论界对哲学与生活关系的讨论还方兴未艾，把哲学融入社会生活，指导社会生活，既是马克思主义的人本追求，也是我国改革开放处于关键期对"以人为本"理念的贯通。

3. 理性看待苏联哲学教科书。近年来，我国马克思主义哲学教育的发展伴随着对苏联哲学教科书体系的批判和新的教科书体系的构建。哲学研究及其教育界普遍认为，我国在运用哲学教科书开展哲学教育的过程中，由于受到苏联哲学教科书的影响，在哲学教育中出现了很多消极的问题。对苏联教科书的批判主要表现为：苏联哲学教科书体系不是科学的体系，它没有从实践出发，而是坚守物质本体论思维，没有反映马克思主义哲学的真精神；苏联哲学教科书体系是教条化的体系，坚持哲学上的"两个主义"而不是一个主义，把体现人的主观能动性的人类社会发展规律看作是毫无生气的自然界客观规律在社会历史领域的延伸，割裂了马克思主义哲学的完整统一，颠倒了马克思主义哲学把人作为主体研究的事实；苏联哲学教科书具有片面性，在教科书中，列宁的思想多于恩格斯的思想、恩格斯的思想多于马克思的思想，没有真正反映以马克思的哲学为主要内容，不是真正的马克思主义哲学，还没有彻底摆脱近代哲学的束缚等。

于是，马克思主义哲学的实践本体论、马克思主义是辩证唯物主义、"回到马克思"等观点一度成为哲学讨论的热点问题。诸种新观点的出现，是中国社会变革的必然呈现，也是对苏联哲学教学体系反思的结果。

其中，回到马克思最有吸引力。与其说是回到马克思的文本，不如说更应该回到马克思对待哲学的精神。因为无论是运用西方现代哲学的思维方式、还是中国传统哲学思维方式，都不能真正回到对马克思的真实。马克思在对待传统西方哲学上，体现的是批判和建构的统一，他在批判一切旧哲学的同时，为建立新哲学而努力；马克思把哲学看作解释世界和改造世界的统一，为无产阶级提供了推翻旧世界，建立新世界的理论武器；马克思认为哲学是世界观和方法论的统一，他把哲学不是看作僵化不变的教条，而是随着时代不断变化的学说。所以，只有回到马克思认识哲学的方式，才能最大限度地读懂马克思。

客观地分析苏联哲学教学体系，既要看到它的不足和缺陷，也要看到它的历史价值。它带给我们的思考应该是双重的。一方面，苏联哲学教育在以教科书为学习的文本之外，还配之以马列经典原著的研读。在教学过程中，苏共一刻也没有放松干部、青年对于原著研读的要求，并且要求结合现实进行研读。这样，在哲学学习过程中，受教育者能够更加准确地接近马恩列斯的思想真实，而不是仅仅局限于教科书编撰者的解读，能够通过自己的独立思考达到对马克思主义哲学的认知。正因如此，通过哲学教育，不仅培养了大量通晓马克思主义哲学的人才，还涌现了一大批善于独立思考、敢于突破教科书体系而开展独立研究的著名哲学家。另一方面，苏联哲学教育中过分注重教科书的权威性，崇拜"顶峰"情结和意识形态说教，又使哲学教育走向教条化、僵化，束缚了人们创造性思维的建构。教科书以马克思主义的"顶峰"自居，排斥其他哲学，以马克思主义哲学为标准，任何与教科书相违背或不相同的思想观点，都受到无情的批判。苏联哲学教科书过分进行意识形态渲染，把启迪人的智慧的学说变成了政治上的说教，使充满智慧的哲学变成了僵化的教条，成为"绝对的真理"。这种教育逻辑，使受教育者失去了对理论和现实进行批判和质疑的权力，带给受教育者更多的是对哲学权威的反感。

### （四）超越苏联哲学教学体系

新时期的教科书改革，经历了从改革初期运用统一版本的教科书，到20世纪90年代多种版本的教科书，再到目前重新统一教科书的过程。作为思想政治教育序列的公共理论教育课程，经历了从《辩证唯物主义和历史唯物主义》和《马克思主义哲学原理》教科书，到《马克思主义基本原理概论》教科书的发展。目前，在高校思想政治教育中，尽管马克思主义哲学课程已经不再独立开展，但马克思主义哲学教育教学仍然是客观存在的。所以，面对急剧变化的时代和时代对青年的创新要求，我们仍然需要对马克思主义哲学进行改革，与时俱进的发展好马克思主义哲学，来教育干部青年，以守护好、发展好马克思主义哲学这一"看家本领"。

1. 实现教学与研究的统一。作为一种马克思主义哲学的解释体系，哲学教学应该与哲学研究的发展相互联系。苏联哲学教科书体系，是苏联哲学家共同努力的结果，曾经达到了当时苏联马克思主义者对马克思主义哲学理解的最高水平，满足了不同层次的受教育者学习马克思主义哲学的需要，创造了马克思主义哲学史上的辉煌。但可惜的是，在这一哲学体系形成以后，经过斯大林《辩证唯物主义与历史唯物主义》的框定，教科书体系作为哲学发展的"顶峰"而出现了僵化。不同时期，新的哲学研究成果被作为哲学的"末流"不被重视，甚至遭到批判。在我国哲学教育界，也出现了所谓的"论坛哲学"和"讲坛哲学"分歧。"讲坛哲学"主要指在以讲坛为主要平台，以哲学育人为核心理念的哲学；而"论坛哲学"则主要是通行于各类学术报刊、各类学术会议的可供研究讨论的哲学。① 讲坛哲学主要按照国家审定的教科书对成熟的、得到政治和理论界公认的哲学基本原理的教学，论坛哲学则主要围绕哲学的现实重大问题进行研究得到的成果。马克思主义本来就是一个开放的体系，它通过不断吸收优秀文化理论精华而不断壮大自己的力量。在我国高度重视以教科书为本来开展哲学教学的同时，对哲学研究的理论成果也要不断地吸收进来，以保持马克思主义哲学的时代性。但这种结合要坚持一定的原则。既要坚持马克思主义哲学基本原理的教学，以培养青年学生的世界观、人生观、价值观和科学方法论为指向，突出马克思主义的育人功能；又要坚持在马克思主义哲学框架下，解释现实重大问题，为国家经济社会建设服务。

2. 实现哲学与生活的统一。作为培养人的人生观、价值观的学说，哲学要更多地融入生活。任何真正的哲学都是"自己时代的精华"，其中包含着对社会生活的追问、反思和批判。马克思主义理论来源于社会实践，首先来源于人的基本社会生活实践，然后才是阶级斗争的实践。

---

① 孙亮：《"讲坛哲学"个性化误区的前提反思》，《中国社会科学报》2010 年 8 月 5 日。

马克思主义具有多方面的内容，在无产阶级革命时代，苏共突出了马克思主义的阶级斗争和无产阶级专政理论，是出于特殊时期继续革命的需要。在哲学教科书中凸显的是以物质统一性为基础的自然界和社会发展的客观规律性，辩证法中凸显的是革命的斗争精神，有它的历史背景和现实需要。苏联哲学教科书的主体内容是 20 世纪 30 年代苏联工业化、农业集体化和意识形态斗争的产物，体现的是那一时代人们对世界的认知，反映的是当时激进的社会斗争。随着社会环境和时代要求发生的巨大变化，哲学教科书也需要不断变换内容和形式。但苏联哲学教科书一直以革命的思维看待哲学，造成了理论与实践的脱节，哲学与现实的分离，失去了对社会发展的解释能力，变成冷冰冰的教条，是值得我们警醒的。马克思指出："人的本质不是单个人所固有的抽象物，在其现实性上，它是一切社会关系的总和。"马克思从"现实的人"出发，对人的本质进行了界定。这里的"一切社会关系"，既包括人与人的生产经济政治关系，也包括人的生活关系，体现的不仅仅是人与人之间的社会斗争，也体现了人与人之间的生活和谐。所以，马克思主义哲学亦需要展现生活哲学的运思。

目前使用的马克思主义基本原理教科书经过结合中国实际的改革，哲学与生活的联系加强了，但马克思主义的生活哲学并没有真正进入教科书，教科书对重大社会现实问题的关注也是不够的。有学者提出："以哲学的方式关注并影响现实生活，这是当代中国马克思主义哲学不可推卸的重要使命。"[①] 哲学教育面向的是普通大众，哲学要"关注现实生活"，则需要把哲学教育与生活联系起来，在教科书中融入马克思主义的生活哲学。经过几十年的社会变迁，中国共产党从革命党演进为执政党，中国社会从争取革命胜利的年代走向了社会主义建设时期，一切思想和理论理应从革命的实践走向生活的实践。今天来看，我们仍然需要马克思主义作为根本指导思想，"老祖宗"不能丢，丢了就会失去方向。但也需要马克思主义关注生活，在哲学上，从革命的哲学回归生活的哲学。新时期的哲学教科书需要更多地融入现实生活的元素，而不仅仅以高大上的姿态游离于社会生活之外，哲学更需要反映现实生活中真善美的本质，反思信息化、生态和民生问题，启发人们对人生和价值的思考，为人的现实生活服务。

3. 实现意识形态与学科的统一。马克思主义哲学在适应意识形态需

---

① 贺来：《努力以哲学的方式关注现实生活》，《中国社会科学报》2011 年 12 月 27 日。

要的同时，更应该体现哲学的学科性质。作为对人的思想政治教育的马克思主义哲学教育，其意识形态色彩不仅是必要的，而且对社会主义国家来说，也是合理的。哲学是探讨人与世界关系的学说，在人对世界、对社会的思考中，"执着地追问'事物自身'的形而上情结"，[①] 来丰富人自身，提高人的素质，树立正确的世界观和方法论。哲学一切其他的功能，诸如思想政治教育、意识形态等，都应该建立在这一哲学学科性质的基础上才能得到真正实现。马克思主义哲学理应首先体现自身的哲学性质，而不是过度的政治化，按照马克思主义哲学学科发展而不断丰富内容，人们才能在认同的基础上达到对马克思主义哲学的接纳。苏联哲学教科书中突出表现的"绝对真理性"，有利于苏联巩固社会主义意识、反对资本主义的意识需要，但这种强烈的政治化色彩，掩盖了哲学的学科性质，致使哲学研究中大批的新成果不能融入教科书，限制了马克思主义哲学的发展。直到苏联解体，苏联教科书哲学也没有形成一个真正的学科。

我国哲学教育存在着和苏联哲学教育同样的问题。在马克思主义发展过程中，形成了马克思主义中国化的"实践形态"和"学术形态"的划分。所谓的两种形态，"前者是马克思主义哲学在实践中的运用，后者是在总结前者实践经验的基础上的理论建构与发展"。[②] 在很长一段时期内，这两种形态既有统一，也有分歧。哲学教育主要针对的是马克思主义哲学在现实实践中的运用，而学术不足，说教的成分大于学理的成分，致使哲学理论出现了接受现成的结论而不能完全以理服人的情况。当前，哲学界和思想政治理论界对哲学教育学理不足的情况已经形成了统一的认识，关键是如何改变存在于教科书学术不足、存在谬误的问题，实现教科书编写的自觉转身。有学者认为："在马克思主义哲学原理中同样会存在错误理解和附加问题，存在需要澄清的问题，特别是存在结合新的实际创造性发展的问题。"[③] 对上述问题的解决，都需要通过学术研究才能厘清。

在急剧变化的新时代，我们面临的重要任务是如何改革马克思主义理论课教科书，构建新的教学体系。马克思主义哲学在思想政治教育中的指导地位，决定了《马克思主义基本原理》教科书在思想政治理论课教材

---

① 叶秀山：《哲学作为哲学——对哲学学科性质的思考》，《中国社会科学》2005 年第 6 期。

② 叶汝贤：《未来中国马克思主义哲学》，《现代哲学》2006 年第 3 期。

③ 陈先达：《马克思主义哲学繁荣之路》，《东岳论丛》2004 年第 1 期。

中的重要位置。针对思想政治教育的发展要求，把思想政治理论课程列入中央马克思主义理论研究和建设工程，旨在研究马克思主义基本原理及其实践教育教学的规律，目的就是为了不断增强马克思主义学术创造力，形成体现马克思主义立场、观点、方法的话语体系，促进马克思主义的当代发展，努力提升马克思主义理论学科的国际影响力。但从实践上看，马克思主义基本原理教科书尽管实现了形式上的统一，但在学术性、实践性上的问题还存在，三个部分相对独立的状况还有待进一步融合。这些问题的解决仍然需要我们在反思苏联哲学教学体系的基础上，达到意识形态教育和学术研究的进一步融合。

## 三  防微杜渐：哲学教育应对社会思潮的干扰

所谓社会思潮，是指"某一时期内在某一阶级或阶层中反映当时社会政治情况而有较大影响的思想潮流，它以一定的社会存在为基础，以特定的思想理论为理论核心，并与某种社会心理发生相互影响、相互制约、相互渗透的作用"。① 作为一种具有特定目标和指向的思想理论，社会思潮具有一定的客观性和时代性，都有对社会问题进行解答的理论逻辑。所以，社会思潮既是一种社会意识形态，又有一定的社会心理基础，某种思潮一旦形成，具有很强的流行性，会对人们产生一定的影响。通常社会思潮都具有共同的特征：具有群体性特征，总是对应着一定的社会群体，能够得到一定人群的支持和响应；具有政治性特征，常常直接反映着一部分社会群体的利益诉求，并且渗透在社会生活的各个方面。具有很强的现实性特征，它一旦形成，就会想方设法把自己的目的和意图付诸实施，变成社会的行动。具有持续反复性特征，当它失去社会基础或者被外力制约时，便会销声匿迹，一旦社会条件具备，又会重出江湖。归根结底，各种思潮尽管外在表现各异，有时界限也不清晰，但终归都有自己的哲学基础和价值取向，具有形而上的特征。作为非主流意识形态的社会思潮往往以某一种哲学理论为基础对抗主流哲学，对统治阶级的主流哲学教育形成冲击。要正确认识和应对各种社会思潮，需要从哲学层面才能理清它们的本来面目。

① 梅荣政：《用马克思主义引领社会思潮》，武汉大学出版社 2008 年版，第 57 页。

### (一) 苏联马克思主义与各种社会思潮

在社会的不同时期，既有占主导地位的意识形态，也伴随着各种非主流意识形态的存在。作为现代国家的统治阶级或执政党，都存在着意识形态领域的斗争，面临着应对一定社会思潮的问题。统治者基本的处理方式都是要么采取一定的思想政治教育方式加以引导，要么依靠国家强制力，运用一定的强制手段来控制。而错误的处理方式，往往会干扰主流意识形态的建设，甚至出现丧失国家政权的危险。所以，对各种社会思潮首先要有正确的认知，把握其基本特征和实质，才能保证主流意识形态的主导地位，而不能进行简单的否定或肯定。在苏联意识形态斗争中，曾经出现过"左"的和右的两种对待各种社会思潮的错误倾向，导致苏共最终没有抵挡住反动思潮的干扰，不仅严重干扰了哲学教育对人们世界观的培养，而且淡化了人们的共产主义信念。

第一次是对各种社会思潮采取简单否定，甚至采取政治强制和驱逐的做法，损害了马克思主义的活力。马克思主义具有与时俱进的理论特质，在于各种社会思潮的竞争中，依赖强大的吸纳力和批判力维持着自身的活力。马克思主义要落地生根，理应依靠科学性和理论魅力征服人心，而不是以唯我独尊的面目强加于人。在马克思主义理论教育中，不能对社会思潮不加分析就简单化或持否定态度，强制驱逐并不是很好的办法。在20—30年代的苏联政治社会思想舞台上，存在着各种非马克思主义思潮，干扰了苏共对人民群众的马克思主义教育。为了"净化俄罗斯"，给马克思主义理论教育开辟空间，方便宣传主流意识形态，苏共采取强制手段，把一大批具有"异端"思想的教授清理出高校讲坛和研究机构。随着斯大林政治经济模式的建立，各种西方学说和传统宗教思潮统统被强制"消灭"，在形式上创建了一个新的马克思主义知识分子阶层，一个唯我独尊的"大一统"式马克思主义体系建立了。而事实上，各种社会思潮并没有被征服。一些持不同思想的专家学者，被迫从地上转到了地下，隐藏起自己的信仰，表面上接受马克思主义。缺少了与不同思想的碰撞和交锋，马克思主义（哲学）建设中的缺陷得不到克服，其自身也失去了活力，逐渐变成了僵化的学说。用有缺陷的、僵化的马克思主义来教育广大民众，其效力和持久力必然会大为减弱，难以真正吸引民众。

第二次是对各种社会思潮听之任之，任其发展，导致社会思潮泛滥，颠覆了马克思主义。各种社会思潮的存在，对马克思主义主流意识形态建设必然形成一定的干扰，如果任其发展，有些反马克思主义思潮甚至会危及马克思主义的生存。20世纪60年代，赫鲁晓夫在批判斯大林个人崇拜的同时，缺乏对人们正确开展马克思主义的引导，仅仅盲目地在思想文化领域进行"解冻"。他不仅允许各种社会思想任意散布传播，而且大力宣扬所谓的"人道主义"。他不是实事求是地改造已经僵化了的马克思主义，反而用"全面建设共产主义"理论虚化马克思主义，宣扬阶级斗争已经不再存在，苏联已经成为一个全民的国家，苏共也已经成为"全民党"。这些做法把马克思主义理论教育"空心化"，扰乱了人们的思想，不仅没有培养出共产主义的"新人"，反而催生了所谓的"六十年代人"。勃列日涅夫尽管对赫鲁晓夫时期出现的思想混乱情况有所管制，但他并没有采取实质性的、有效的措施，思想理论教育保守僵化，导致"夜间人"活动频繁。在80年代改革时期，戈尔巴乔夫提倡民主化、公开性，主张"多元"文化，任由各种各样的非正式组织风起云涌。导致不同群体中压制多年的各种思潮与西方所谓的自由、民主思想结合起来，共同反对马克思主义。正是戈尔巴乔夫在思想理论教育上采取的错误做法，一时间，在苏联的思想舞台上群魔乱舞，再加之苏共的官僚主义和形式主义，最终导致了马克思主义正统地位的丧失，人心涣散，使人们彻底失去了对共产主义的信仰。

苏共对待社会思潮的做法，也一度影响了我国思想文化领域。诸如60年代，我国普及马克思主义理论过程中，对各种非马克思主义思想的"大批判"运动，造成了一批无辜的思想冤案；80年代，由于思想政治教育的不力，对各种思潮任其放任自流，一段时间内出现了资产阶级"自由化"泛滥的状况，不仅严重干扰了改革开放和国家稳定，也降低了马克思主义的声誉。在改革十年，面对各种"自由化"思潮，邓小平曾痛心地说："十年最大的失误是教育。"① 邓小平所说的"教育"是指对青年学生和广大人民的思想政治教育，"失误"是指在马克思主义理论教育上没有形成一贯性和创新，导致资产阶级"自由化"思想乘虚而入。

"前车之鉴，后事之师。"在苏联，各种社会思潮对马克思主义理论

---

① 《邓小平文选》第3卷，人民出版社1993年版，第306页。

（哲学）教育的负面影响，值得我们保持高度的警惕。在我国思想文化领域，各种社会思潮与马克思主义相伴而存在，但由于目标的差异和政治上的不同诉求，终究形成的是此消彼长的关系。错误对待各种社会思潮，会危及马克思主义理论教育的顺利开展，中国特色社会主义信念的确立。所以，在马克思主义理论（哲学）教育中，要正确处理好马克思主义和各种社会思潮的关系。

### （二）反观我国主要社会思潮

当前，我国正处于改革开放的攻坚期，中华民族实现崛起的转折期，国内国际形势复杂多变，随着社会经济转型和民主化进程的扩大，产生了各种新的矛盾和问题。为了应对这些矛盾和问题的挑战，以知识分子为主体的社会不同群体，力求提出自己解决问题的主张和方案，并进行理论阐释。由此，就形成了不同的社会思潮。至于中国社会生活中究竟包括哪些思潮，人们根据不同的判断标准，提出了"三思潮"说，"四思潮"说，"七思潮"说，甚至"八思潮"说，[①] 等等。这些社会思潮通过各种途径，在社会生活的各个领域传播自己的观点，与马克思主义形成了相互对峙的局面。在高校校园里，这些思潮对马克思主义的正常教学形成了一定程度的抵制，对大学生的世界观、人生观和价值观产生了很大的影响。本文主要针对我国波及范围比较广，影响比较大的新自由主义、历史虚无主义和民主社会主义等，比照苏联时期的社会思潮，进行扼要地阐释。

1. 新自由主义思潮。新自由主义思潮是 20 世纪 30 年代资本主义国家陷入经济危机、社会主义苏联蓬勃发展的背景下，在欧洲形成的一种经济学思潮，它以反对国家干预的凯恩斯主义起家，反对社会主义，主张绝对的经济自由、反对国家干预，但长期没有得到资本主义的青睐，而进入休眠期。到了 20 世纪 70—80 年代，资本主义出现"滞涨"，垄断资本主

---

① 房宁在《影响当代中国的三大社会思潮》中归纳出"三思潮"说，即自由主义、民族主义和新左派。徐友渔在《90 年代的社会思潮》中归纳出"四思潮"说，即文化民族主义、后现代主义、"新左派"理论和自由主义。萧功秦在《当代中国六大社会思潮的历史与未来》中归纳出"六思潮"说，即自由主义启蒙思潮、新权威主义、新左派、新民族主义、文化保守主义和民主社会主义。马云诚在《当代中国的八种社会思潮》中归纳出"八思潮"说，即中国特色的社会主义思想、老左派思潮、新左派思潮、民主社会主义思潮、自由主义思潮、民族主义思潮、民粹主义思潮和新儒家思潮。其他学者还提出了不同的分法，不一一列出。

义在寻求出路的过程中，新自由主义的自由化适应了国际垄断资本全球寻租的需要，一发成为英美资本主义的主流经济学。

　　新自由主义作为一种经济理论体系，从美国起步，在 20 世纪 70 年代以后随着国际金融资本的扩张逐渐向全球蔓延，在给这些国家和地区带来意识形态灾难的同时，摧毁了这些国家的经济和政治生态。首先蔓延到拉美地区。新自由主义以解决拉美经济危机为借口，逼迫拉美国家实行国有企业私有化、开放市场，实现价格自由化，最终控制了拉美国家的市场和金融体系。结果使拉美国家的政府失去了对国家的控制力，民族企业陷入困境；经济发展停滞、失业率上升；资金外流，外债负担加重；两极分化严重，社会动荡加剧。其次，蔓延到俄罗斯。苏联解体以后的俄罗斯，引入了新自由主义，对国家改革采取"休克疗法"，全面效法美国经济模式，实施市场自由化、企业私有化和价格稳定化的"三位一体"方案。在十余年的时间内，苏联遗存下来的公有制经济被摧毁，出现少数人一夜暴富，社会普遍出现贫困，社会矛盾激化、政局不稳，使俄罗斯陷入了空前的危机之中。直到普京总统抵制新自由主义，国家政治经济局势才有所好转。再次，蔓延到亚洲一些国家。20世纪 80—90 年代，东南亚一些国家推行新自由主义的改革，采取金融、贸易和投资的自由化政策，使国家失去了对经济的掌控能力，不仅终结了东南亚很长时间的经济快速增长，反而爆发了 1997 年席卷整个东南亚的金融危机。此外，新自由主义在中东、北非也引起了这些国家和地区的金融动荡。就是新自由主义始作俑者美国自己，也没有逃脱 2008年次贷危机的打击。

　　对新自由主义带来的全球性灾难，资本主义国家的有识之士早已做过反思，并提出了社会主义的替代方案。荷兰左翼学者欧内斯特·曼德尔在一次演讲中明确指出，资本主义自由放任的市场经济具有极大的破坏性，造成了严重的社会问题。新自由主义的高峰期已经过去，世界人民应该为社会主义前途而斗争。他说："马克思主义是过去 150 多年来社会思想和实践的最好的事物。马克思主义是关于社会的科学。它是在占有惊人的大量经验信息基础上以一种严密统一的方法对过去 200 多年发生的事物的认识，而且在社会科学中至今没有任何有价值的甚至是部分有价值的理论能替代它。"社会主义者的关键任务之一就是要进行基本的社会主义宣传和教育，使"人民大众能认同的社会主义内容。"①
澳大利亚社会主义平等党总书记尼克·比姆斯也指出，"只有在动员工
人阶级的基础上，人类才能对抗全球资本主义秩序日益深化的危机和避
免灾难性的结局。"②

20世纪80年代随着中国社会的转轨，在对外开放中，新自由主义伴
随着经济形式和物质产品的引入一道传入中国，它以"启蒙"面目出现，
宣传西方资本主义意识形态。这种思潮在政治上崇尚西方民主自由，经济
上主张私有化，在意识形态上否定马克思主义。新自由主义者不仅在经济
上有所主张，还有自己的政治诉求。一些学者把新自由主义的"意识形
态终结论"引入到我国，散布并演化为"马克思主义过时论"，这种取消
主流意识形态的做法是极端反社会主义的。把新自由主义宣扬的个人主义
引入中国来对抗社会主义的集体主义原则，实质上就是反对社会主义。把
新自由主义宣扬的私有化引入来反对我国社会主义公有制为主体的经济制
度，建立资本主义私有制的制度。把新自由主义主张的全球贸易自由引入
我国，接受所谓的"普世价值观"，试图抹杀我国民族文化的独特性，重
新成为资本主义的附属国。中国自由派知识分子利用我国改革开放中产生
的一些问题，借助青年学生，发动了一场所谓的"民主运动"，在1989
年政治动乱中被剿灭。到了90年代中后期，这种思潮再度兴起，并且以
"学理"的面目做包装，以实现自己的现实要求。

2. 历史虚无主义思潮。早期的历史虚无主义是与中国近代崇尚西方
文化相互呼应的一种错误思潮。它主要表现为贬低和否定中华文明，对民
族文化、历史采取蔑视、虚无的态度。这种思潮歪曲反映近代中国发展的
要求，与历史发展相违背，随着中国革命的胜利，民族自尊心、自信心和
自觉意识得到极大增强，这种思潮受到冷落，逐渐衰微。新中国成立以
后，在国内建设社会主义的大背景下，马克思主义主流意识形态确立，在
很长时期内，中国共产党对各种非马克思主义进行批判和打击，历史虚无
主义一度销声匿迹。到20世纪80年代，在改革开放和思想解放的旗帜
下，在拨乱反正、纠正"文化大革命""左"的错误和评价毛泽东历史功

① ［荷］欧内斯特·曼德尔：《社会主义还是新自由主义》，《国外理论动态》2002年第
12期。
② ［奥］尼克·比姆斯：《资本主义的世界危机和社会主义的前景展望》，《国外理论动
态》2008年第11期。

过的过程中，苏联历史虚无主义①传入我国。它们在"解放思想"的名义下，提出"重写历史"，从否定中国近代革命的正义性和必然性到否定中国几千年的悠久文化成就，从对"文化大革命"的否定到否定毛泽东的历史地位和毛泽东思想，到全盘否定社会主义取得的成就。他们否定革命，主张社会改良，其逻辑落点是中国还没有搞社会主义的条件，应该重新回到资本主义道路。

新时期，历史虚无主义思潮受到苏联改革时期戈尔巴乔夫否定自己历史的重要影响，同时又在苏东剧变，世界共产主义处于低潮时期出现扩大化。苏联改革时期，戈尔巴乔夫推行改革新思维，抛出"民主化"、"公开性"，要不留"历史空白点"，倡导全面翻开历史。在戈尔巴乔夫的鼓动下，在苏联文化理论界和各路媒体出现了"重新评价"历史的潮流，它们对斯大林时期社会主义建设完全否定，从否定十月革命以来的道路，否定苏联社会主义建设的成就，要"告别过去"，到否定列宁、斯大林等革命领袖人物，到彻底抛弃他们建立的社会主义制度；从取消苏联高校马克思主义理论教育课程，重新编写历史、哲学教科书，到否定马克思主义的主流意识形态地位，提倡指导思想多元化。结果走上了人道的民主的社会主义道路。

苏联这种否定自己历史的做法被我国一部分历史虚无主义者作为样板，在国内大肆宣扬、传播。他们仿效苏联，在思想理论领域提出"告别革命"，从否定"文化大革命"到否定毛泽东及毛泽东思想，一直否定下来，否定革命的历史必然性和进步性，把中国五千年的灿烂历史一笔抹杀。它们提出"告别主流意识形态"，否定马克思列宁主义，否定社会主义，接受西方资本主义主流价值观，最终目的是要"全盘西化"中国。

在东欧剧变、苏联解体以后，世界共产主义运动进入低潮，西方世界内马克思主义"终结论"观点一时间甚嚣尘上。他们大肆宣扬马克思主义、社会主义"失败论"、"终结论"，推销资本主义的政治经济理念，宣扬资本主义思想观念和价值体系的优越性，具有很大的迷惑性和攻击力，吸引了国内一部分人的响应。这样，国内历史虚无主义者与西方对我国的

---

① 苏联历史虚无主义具体表现为50年代全盘否定斯大林主义，80年代，在提倡"民主化、公开性"下，全盘否定苏联社会主义历史的一种思潮。

意识形态"攻心战"结合了起来。西方对我国的"和平演变"目的非常明显，就是要通过西方思想文化理论渗透，妄图摧毁我国共产主义思想理论体系，瓦解广大人民群众对社会主义、共产主义的信仰。为了避免遭受打击，历史虚无主义经过了华美的包装，他们往往以"学术研究"的面目出现，通过所谓的"研究创新"来发布虚无主义言论，但他们否认中国革命和历史、美化西方资本主义制度的目的还是显而易见的。

3. 民主社会主义思潮。民主社会主义起源于第二国际社会改良主义者的社会"改良"思想，长期与科学社会主义抗衡，长期受到马克思列宁主义的批判。20 世纪 50 年代，在德国法兰克福成立的"社会党国际"，作为现代民主社会主义正式形成的标志。此后，民主社会主义思潮在世界上产生了越来越大的影响。民主社会主义是与科学社会主义进行对抗、较量和相互影响的主要派别。它们认可资本主义政党制度，实现资产阶级的民主制，主张指导思想多元化，崇尚多种社会理论并存，是否定马克思主义指导地位，主张在资本主义私有制存在的前提下，通过征税、建立职工基金等渐进式的改良，来实现"社会主义"。赫鲁晓夫提出的"人道主义"与民主社会主义有很深的渊源关系，实质上是民主社会主义的翻版。

而近代以来，民主社会主义思潮在我国一直存在，但由于缺乏群众基础和现实价值，基本上处于社会边缘地位。它们曾一度成立"中国社会党"。中国民主社会主义是中国封建性、军阀性和第二国际改良相结合的混合物，它们反对十月革命，拒绝与中国共产党合作，也反对资产阶级民主派，主张通过走社会改良的"社会主义"道路，其代表人物江亢虎在抗战中参加汪伪政权，在抗战胜利以后，作为汉奸被拘捕。

20 世纪 80 年代，国际民主社会主义打着"民主"和"人道主义"的旗号重新进入中国，得到国内一些人的积极响应。他们召开所谓的学术讨论会，把马克思主义解释成人道主义，以此来探讨社会主义的"异化"现象。同时，他们对苏联出现的"人道主义"进行研究，提出中国的人道主义问题。他们认为，苏联从 20 世纪 50 年代以来，在人道主义、人性的研究和宣传方面不断发展。"这固然是为了应付西方人道主义者如萨特等人的挑战，但也是由于苏联制度本身的需要。"① 表达了对苏联抽象人道主义的认可。民主社会主义对人道主义和异化问题的讨论，一度引起国

---

① 王若水：《人道主义在中国的命运》，香港明镜出版社 1997 年版，第 62 页。

内思想理论教育上的混乱，出现了指导思想"多元化"和否定科学社会主义的思潮，直接催生了1989年的"学潮"运动。苏东剧变以后，民主社会主义借着对苏东剧变的反思，竭力把科学社会主义拉向民主社会主义的方向。1998年，民主社会主义者抛出了一份《中国需要新的转变——民主派的纲领意见》的民主社会主义纲领，他们提出的具体主张是：在思想上，反对马克思主义指导地位，主张指导思想多元化；在政治上，反对中国共产党领导的多党合作制度，主张多党轮流执政的议会制度；经济上，反对以公有制为主体，主张以私有制为主体的混合经济制度；在外交上，反对国家主权独立，主张出卖国家主权。

从上述民主社会主义抛出的纲领可以看出，其明显违背了科学社会主义坚持的用社会主义取代资本主义的论断，而把未来社会发展看作是社会主义和资本主义相互融合的"混合经济"时代。这种观点实质上是戈尔巴乔夫提出的全人类利益高于一切，社会主义和资本主义"你中有我、我中有你"的翻版。它们试图用社会运行机制来代替社会基本制度，模糊了社会主义和资本主义在基本制度上的本质差别。民主社会主义提出，要放弃马克思主义的阶级斗争学说，主张阶级调和。它们借口新时期中国共产党纠正"阶级斗争为纲"的契机，直接演绎出不要阶级斗争的结论。事实上，只要在阶级社会里，阶级斗争就不会消亡，并且在一定条件下还有激化的可能。在国际上资本主义处于强势的情况下，与国内一些试图推翻社会主义制度的敌对分子相互联合，一刻也没有放弃对我国进行和平演变的图谋。这种观点，实质上是混淆阶级、阶层差别，反对的是人民民主专政。民主社会主义还混淆抽象"人道主义"和我国提出的"以人为本"的区别，在世界观上，它们以所谓"永恒的人性"和"普世价值"来解释历史，把实现人的价值当作社会发展的目标和动力，是一种彻头彻尾的唯心主义历史观。

民主社会主义思潮具有极大的迷惑性，他们借口民主社会主义是马克思主义的一个流派，与科学社会主义是同一阵营，是马克思主义内部的不同派别，妄说二者之间的分歧是马克思主义内部的斗争。事实上并不是如此。民主社会主义是一股反马克思主义的思潮，列宁曾经对第二国际的政治理论观点进行过尖锐的批判。他指出，在民主社会主义的党不再唤起人们思想意识，放弃革命，走向沙文主义的时候，"它们已经叛变，它们在政治上已经死亡，它们已经放弃自己的作用，它们已经倒向资产阶级"。①
在我国出现的这种思想潮流已经引起了中共的高度重视。在中共中央发布
的《关于加强和改进思想政治工作的若干意见》中指出："如果不切实扭
转这种状况，对各种错误思潮掉以轻心，任其泛滥，我们就会犯历史性的
错误。"② 是对思想政治教育工作不力的情况敲了警钟。

　　上述"三大"社会思潮具有共同的哲学理论基础。它们都以唯心主
义历史观为基础，来抗衡马克思主义唯物史观。新自由主义从经验主义出
发，主张自由化，反对国家的干预，让历史在试错中演进。历史虚无主义
从主观出发，随意裁剪历史，修改历史事实，达到歪曲和否定历史事实的
目的。民主社会主义以抽象"人道主义"为基础，从抽象的人性出发来
考察历史，把人性作为考察历史的尺度，抹杀了阶级差别和经济基础的差
异。在意识形态表现上，它们都主张消解主流意识形态，最终的目的都是
否定马克思主义和社会主义。它们起源于西方思想，都是以西方资本主义
思想理论体系为参照，结合我国改革开放的实践而占据一定的社会地位。
上述三大社会思潮同时又是政治思潮，每一种思潮在阐述自己理论主张的
同时，又提出了自己的政治主张。在当前中国特色社会主义道路上，其政
治主张受到遏制，但其在社会生活中形成了很大的影响。

### （三）吸取苏联教训，科学引领社会思潮

　　三大主要社会思潮以西方某些反动势力为后盾，结伴而行，来势汹
汹，成为各种社会思潮的主流，大有形成对马克思主义和中国特色社会主
义的"围剿"之势。我们除了要在实践中切切实实地展示中国特色社会
主义取得的成就，以事实说明这些思想理论的破产之外，在思想理论教育
领域理应采取相应的策略，进行正确地控制和引领，不仅要打破这种
"围剿"，而且要取得彻底的胜利。这是作为思想政治教育主渠道的马克
思主义理论（哲学）教育理应承担的责任。

　　1. 树立维护意识形态安全意识。意识形态安全是国家安全的重要组
成部分，开展马克思主义理论教育是维护意识形态安全的重要措施。在世

---

① 《列宁选集》第2卷，人民出版社1995年版，第464页。
② 中共中央文献研究室：《十五大以来重要文献选编》，中央文献出版社2001年版，第195
页。

界走向全球化的背景下，不同民族、不同国家和地区的意识形态处于一个开放的、相互比较的时空里。在我国改革开放的新时期，各种社会思潮必然会涌入我国，试图占领我们的意识形态阵地。它们与马克思主义争取青年、争取群众，其目的为了实现自己的政治思想主张。苏联解体已经充分说明，意识形态上的成败是国家安全的关键因素。苏联马克思主义哲学教育给我们展现了这样一幅图景：哪一个阶段哲学教育搞得比较成功，人民群众的社会主义信念愈加巩固，社会主义越发展；反之，会造成人民群众丧失信念，社会主义就会失去活力乃至生存力。所以，我们要加强社会主义意识形态建设，大力开展马克思主义理论教育，着眼于中国社会的复杂局势，坚守教育干部青年的主阵地，正确研判各种思潮，增强自信心，不断在内容上和形式上树立创新马克思主义理论教育的意识。

各种社会思潮经过精致的包装、逻辑的梳理，特别是针对我国思想文化领域某个方面的不足开展有明确目的的诱惑和渗透，具有很强的迷惑性和竞争力。马克思主义不怕竞争，自马克思恩格斯创立马克思主义那一天开始，就是与各种不同思潮的竞争中不断成长，发展壮大的。这就需要我们不断创新马克思主义理论教育的内容和形式，要理直气壮地宣传马克思主义对国家、社会和现实生活的真谛，批判各种对马克思主义的实践性、科学性和革命性的歪曲，把实现人类解放和幸福的目标充分展示。马克思主义理论课的教师要坚定信念，站在马克思主义的立场上，对各种社会思潮进行深入的分析和研究，厘清它们的来龙去脉，揭露它们的真实意图，消解它们的理论架构。

各种社会思潮打着西方"先进"的旗号，在话语上亦具有优势，我们不能盲目崇拜西方思想文化，要保持马克思主义的思想理论特色。要通过马克思主义理论教育，纠正一些人看到西方现代化优势，就乐观地认为只要照搬西方的制度，什么问题就迎刃而解的观念。我们要结合中国社会的实践，认真深入地研究马克思主义理论，构建中国化的马克思主义话语体系，不仅要研究好、同时还要传播好，使之成为维护国家意识形态安全的主导力量。

2. 直面现实问题，保持对各种社会思潮的批判。这里要直面的"问题"当然不仅仅是研究各种社会思潮存在的问题，同时也要面对现实中存在的各种问题。在马克思主义理论教育中，要坚持马克思主义的原则，批判各种社会思潮。首先必须研究清楚这些思潮的基本性质。对于有害的、反动的社会思潮，要立场坚定地进行批判，如对历史虚无主义，认清它妄图抹杀中国革命和社会主义建设成就的反动立场，把握其要害进行旗帜鲜明地批判。这些思潮之所以会出现，必然是针对现实中存在的问题而产生。

当前，我国存在的贫富差距、社会腐败、民生缺失等现实问题，也需要用马克思主义理论来解释。只有解决了现实中存在的各种问题，各种思潮才会失去依托。通过对各种有害思潮有理有据的批判，教育青年学生和广大民众认清各种思潮的本质，才能使广大民众远离各种不良、有害的思潮。所以，马克思主义理论教育不应该自我封闭，要主动开放自己。在教学中，要正视社会矛盾，不回避各种社会问题和矛盾，只有用马克思主义理论对各种社会问题进行科学合理的解释和解决，才能抵消各种社会思潮的解释力。

3. 把握马克思主义主导权，展开与各种社会思潮的对话。在马克思主义教育中，只有使马克思主义占据意识形态的阵地，才能把握马克思主义对各种思潮的主导权。江泽民同志说过："我们的阵地如果无产阶级思想不去占领，非无产阶级思想就必然会去占领"，"马克思主义始终占领思想政治阵地，各种唯心论、非马克思主义和反马克思主义才没有可乘之机"。① 这就需要我们坚持从马克思主义的理论本性出发，用科学的、批判的、实践的马克思主义教育干部、群众和学生，才能使它们树立坚定的马克思主义信念。

在马克思主义理论教育中，会遇到来自社会、市场、生活等各方面思想的冲击，这就需要我们在掌握马克思主义话语主导权的前提下，与各种思潮开展对话。在坚持多样性的基础上，运用好马克思主义理论教育这个对话平台和对话渠道，在对话中进行思想的交锋，鉴别各种思潮的优劣。在对话中尊重思想差异，来达到最大限度的思想认同。

4. 保持马克思主义先进性，对社会思潮合理成分积极吸纳。随着世界局势的不断变化，马克思主义适应新的实践不断发展，在吐故纳新中保持自己的先进性。只要理论自身保持与时俱进的品质，具备对社会现实的解释力和创造力，就不怕任何社会思潮的诘难。马克思主义具有开放性，有善于吸纳各种优秀思想的理论勇气。马克思、恩格斯学说的创立，正是在不断吸纳各种优秀传统思想理论的有益元素而增强其理论的科学性和影

---

① 《江泽民文选》第2卷，人民出版社2006年版，第362页。

响力的。要保持马克思主义的先进性和影响力，就需要运用唯物史观，认真研究和分析各种社会思潮，开展对话，才能实现马克思主义的创新。只要马克思主义自身具备先进性，对自由主义提倡的市场经济、民主、自由的合理成分完全可以加以改造，为我所用。只有用不断发展的马克思主义教育干部群众，才能不断增强马克思主义理论教育的有效性和引导力。

# 参考文献

## 中文文献

1. 《马克思恩格斯选集》（1—4），人民出版社 1995 年版。

2. 《列宁选集》（1—4），人民出版社 1995 年版。

3. 《斯大林选集》（上、下）人民出版社 1979 年版。

4. 《毛泽东选集》（1—4），人民出版社 1991 年版。

5. 《邓小平文选》（1—3），人民出版社 1993、1994 年版。

6. 沈志华等：《苏联历史档案选编》（1—34），社会科学文献出版社 2002 年版。

7. 《哲学研究》编辑部：《苏联哲学资料选辑》（1—21），上海人民出版社 1963—1966 年版。

8. 中央编译局：《苏联共产党代表大会、代表会议和中央全会决议汇编》（第一—五分册），人民出版社 1956—1964 年版。

9. 北京师范大学外国问题研究所编译：《苏联教育法令汇编》，人民出版社 1978 年版。

10. 联共（布）中央特设委员会：《联共（布）党史简明教程》，中共中央马恩列斯著作编译局译，人民出版社 1975 年版。

11. 《赫鲁晓夫时期苏共中央全会文件汇编》，商务印书馆 1976 年版。

12. 《勃列日涅夫时期苏共中央全会文件汇编》，商务印书馆 1978 年版。

13. 贾泽林等：《苏联当代哲学 1945—1982》，人民出版社 1986 年版。

14. 李尚德：《20 世纪马克思主义哲学在苏联》，社会科学文献出版社 2009 年版。

15. 安启念：《苏联哲学 70 年》，重庆出版社 1990 年版。

16. 安启念：《俄罗斯向何处去——苏联解体后的俄罗斯哲学》，中国人民大学出版社 2003 年版。

17. 安启念：《当代学者视野中的马克思主义哲学：俄罗斯学者卷》，北京师范大学出版社 2008 年版。

18. 衣俊卿、陈树林：《当代学者视野中的马克思主义哲学：东欧和苏联学者卷》（上、下），北京师范大学出版社 2008 年版。

19. 袁贵仁、杨耕：《马克思主义哲学教学体系——历史与现状》（上下册），北京师范大学出版社 2011 年版。

20. 杨耕：《马克思主义哲学基础理论研究——马克思主义历史观研究》，北京师范大学出版社 2012 年版。

21. 孙正聿：《马克思主义哲学基础理论研究——马克思主义辩证法研究》，北京师范大学出版社 2012 年版。

22. 吴晓明：《马克思主义哲学基础理论研究——马克思主义本体论研究》，北京师范大学出版社 2012 年版。

23. 徐天星：《苏联史——斯大林模式的形成》，人民出版社 2013 年版。

24. 叶书宗：《苏联史——勃列日涅夫的十八年》，人民出版社 2013 年版。

25. 郑异凡：《苏联史——新经济政策的俄国》，人民出版社 2013 年版。

26. 左凤荣：《苏联史——戈尔巴乔夫改革时期》，人民出版社 2013 年版。

27. 孔明安等：《当代国外马克思主义新思潮研究》，中央编译出版社 2012 年版。

28. 金雁：《倒转红轮——俄国知识分子的心路回溯》，北京大学出版社 2012 年版。

29. 黄南森等：《马克思主义哲学史》（第 5 卷）北京出版社 1996 年版。

30. 高清海：《马克思主义哲学基础》（上册），人民出版社 1985 年版。

31. 高清海：《马克思主义哲学基础》（下册），人民出版社 1987 年版。

32. 孙伯鍨、侯惠勤：《马克思主义哲学的历史和现状 下》南京大学出版社 2004 年版。

33. 雍涛：《马克思主义哲学中国化的历史进程》，武汉大学出版社 2006 年版。

34. ［俄］维·尼·科洛斯科夫：《苏联马克思主义哲学史纲要（三十年代)》，王淑秋译，求实出版社 1985 年版。

35. ［苏］B．E．耶夫格拉弗夫：《苏联哲学史》，贾泽林等译，商务印书馆 1998 年版。

36. ［苏］弗罗洛夫：《哲学导论》（上、下），北京师范大学出版社 2011 年版。

37. ［俄］H. O. 洛斯基：《俄国哲学史》，徐凤林、贾泽林译，浙江人民出版社 1999 年版。

38. 苏联科学院哲学研究所、莫斯科大学俄罗斯哲学史教研室：《苏联各民族的哲学与社会政治思想史纲》（第 1 卷），周邦立译，科学出版社 1959 年版。

39. ［苏］H．A．康斯坦丁诺夫等：《苏联教育史》，吴式颖等译，商务印书馆 1996 年版。

40. ［苏］苏科院历史所：《苏联民族—国家建设史》，赵常庆等译，商务印书馆 1997 年版。

41. 华东师大教育系编：《列宁论教育》，人民教育出版社 1990 年版。

42. 腾大春：《外国教育通史》（第 5 卷），山东教育出版社 1993 年版。

43. 腾大春：《外国教育通史》（第 6 卷），山东教育出版社 1994 年版。

44. ［苏］叶留金：《苏联高等学校》，张天恩等译，教育科学出版社 1983 年版。

45. ［苏］托先科：《共产主义教育概论》，李元立、关怀译，工人出版社 1986 年版。

46. 《联共（布）关于宣传鼓动的决议和文件》，人民出版社 1953 年版。

47. 邢广程：《苏联高层决策 70 年——从列宁到戈尔巴乔夫》（1—5），世界知识出版社 1998 年版。

48. 陈万柏等：《思想政治教育学原理》，高等教育出版社 2001 年版。

49. 赵康太：《世界马克思主义理论教育比较研究》，中央编译出版社 2006 年版。

50. 孙来斌：《列宁马克思主义教育思想研究》，中国社会科学出版社 2003 年版。

51. 倪志安等：《马克思主义哲学教育方法论研究》，人民出版社 2006 年版。

52. 陈立思：《当代世界思想政治教育》，中国人民大学出版社 1999 年版。

53. 徐启贤：《中国共产党思想政治教育史》，中国人民大学出版社 2004 年版。

54. 叶卫平：《西方列宁学研究》，中国人民大学出版社 1991 年版。

55. 吕达等：《当代外国教育改革著名文献——苏联、俄罗斯卷》，人民教育出版社 2004 年版。

56. ［俄］米·约夫楚克：《普列汉诺夫传》，生活·读书·新知三联书店 1980 年版。

57. 张念丰等：《德波林学派资料选编》，吉林人民出版社 1981 年版。

58. 郑异凡：《布哈林论稿》，中央编译出版社 1997 年版。

59. ［俄］列·达·托洛茨基：《论列宁》，生活·读书·新知三联书店 1980 年版。

60. 贾泽林：《二十世纪九十年代的俄罗斯哲学》，商务印书馆 2008 年版。

61. 陈之骅：《勃列日涅夫时期的苏联》中国社会科学出版社 1998 年版。

62. 马龙闪：《苏联文化体制沿革史》，中国社会科学出版社 1996 年版。

63. 马龙闪：《苏联巨变的文化透视》，中国科学出版社 2005 年版。

64. 陈之骅：《苏联史纲（1953—1964）》，人民出版社 1996 年版。

65. 沈志华：《中苏关系史纲》，新华出版社 2007 年版。

66. 冯骥才：《倾听俄罗斯》，人民文学出版社 2003 年版。

67. 靳辉明：《社会主义的历史、理论与现实》，安徽人民出版社 2000 年版。

68. 李宗禹：《斯大林模式研究》，中央编译出版社 1999 年版。

69. 沈宗武：《斯大林模式的现代省思》，云南人民出版社 2004 年版。

70. 王南提：《马克思主义哲学中国化历程及其规律研究》，北京师范大学出版社 2012 年版。

71. 聂锦芳：《马克思的新哲学——原型与流变》，中国社会科学出版社 2013 年版。

72. 黎皓智：《20 世纪俄罗斯文学思潮》，北京大学出版社 2006 年版。

73. 王浩斌：《马克思主义中国化模式论》中国社会科学出版社 2010 年版。

74. 倪稼民：《从建构到失语——文化传统背景下的俄罗斯革命知识分子与斯大林模式》，江西出版集团、江西人民出版社 2007 年版。

75. 张翼星等：《读懂列宁》，四川人民出版社 2001 年版。

76. 宫达非：《苏联剧变新探》，世界知识出版社 1998 年版。

77. 俞良早：《东方视域中的列宁学说》，中央党校出版社 2001 年版。

78. 联共（布）中央特设委员会：《联共（布）党史简明教程》，中共中央马恩列斯著作编译局译，人民出版社 1975 年版。

79. 刘书林等：《斯大林评价的历史与现实》，社会科学文献出版社 2009 年版。

80. ［英］戴维·麦克莱伦：《马克思以后的马克思主义》，李智译，中国人民大学出版社 2004 年版。

81. ［美］约瑟夫·熊皮特：《资本主义、社会主义与民主》，吴良健译，商务印书馆 2004 年版。

82. ［俄］尤·瓦·叶梅利亚诺夫：《斯大林：未经修改的档案——通向权力之路》，张婕译，译林出版社 2006 年版。

83. 黄苇町：《苏共亡党十年祭》，江西高校出版社 2004 年版。

84. 刘洪潮等：《苏联 1985—1991 年的演变》，新华出版社 1992 年版。

85. ［美］罗伯特·文森特·丹尼尔斯：《革命的良心——苏联党内反对派》，北京出版社 1985 年版。

86. 《赫鲁晓夫回忆录》，赵绍棣译，中国广播电视出版社 1988 年版。

87. 刘晓：《出使苏联八年》，中共党史出版社 1998 年 3 月。

88. 吴冷西：《十年论战（1956—1966）中苏关系回忆录》，中央文献出版社 1999 年版。

89. ［俄］德·安·沃尔科戈诺夫：《斯大林》（上、中、下），张慕良等译，世界知识出版社 2003 年版。

90. 沈志华等：《苏联共产党九十三年》，当代中国出版社 1993 年版。

91. ［美］斯蒂芬·F. 科恩：《苏联经验重探——1917 年以来的政治和历史》，东方出版社 1987 年版。

92. ［苏］潘克拉托娃，安·米：《苏联通史》，山东大学翻译组译，生活·读书·新知三联书店 1980 年版。

93. ［俄］M. P. 泽齐娜：《俄罗斯文化史》刘文飞、苏玲译，上海译文出版社 1999 年版。

94. 周尚文等：《苏联兴亡史》，中国社会科学出版社上海人民出版社 2002 年版。

95. 沈志华：《一个大国的崛起与崩溃》（上、中、下），社会科学文献出版社 2009 年版。

96. 姚海：《俄罗斯文化》，上海社会科学院出版社 2005 年版。

97. 孟迎辉：《政治信仰与苏联巨变》，中国社会科学出版社 2005 年版。

98. 陈黎阳：《苏联解体后俄罗斯民族主义》，重庆出版社 2006 年版。

99. 刘杰诚：《毛泽东与斯大林会晤纪实》，中共党史出版社 1997 年版。

100. 张建华等：《红色风暴之谜——破解从俄国到苏联的神话》，中国城市出版社 2003 年版。

101. 吴楚克：《民族主义幽灵与苏联巨变》，中国人民大学出版社 2002 年版。

102. 郭春生：《勃列日涅夫 18 年》，人民出版社 2009 年版。

103. 王玉平：《马克思主义哲学在中国的理论嬗变》，中国社会科学出版社 2005 年版。

104. 刘爽：《苏联解体的史学阐释》，中国社会科学出版社 2009 年版。

105. 周新城：《苏联解体的原因与教训》，社会科学文献出版社 2008 年版。

106. 刘添才：《一元化体制与和谐体制》，中央编译出版社 2009 年版。

107. ［俄］亚历山大·季诺维也夫：《俄罗斯共产主义的悲剧》，侯艾君等译，新华出版社 2004 年版。

108. 曹长盛等：《苏联演变进程中的意识形态研究》，人民出版社 2004 年版。

109. 柯雄：《苏联国内资本主义复辟记事》，生活·读书·新知三联书店 1975 年版。

110. 艾思奇：《辩证唯物主义 历史唯物主义》，人民出版社 1961 年版。

111. 艾思奇：《大众哲学》，新华出版社 2001 年版。

112. 李达：《社会学大纲》，笔耕堂书店 1938 年版。

113. 斯大林：《辩证唯物主义与历史唯物主义》，人民出版社 1949 年版。

114. ［南］马尔科维奇：《国外学者论斯大林模式》，李宗禹主编，中央编译出版社 1995 年版。

115. ［美］尼克松：《1999：不战而胜》，长征出版社 1988 年版。

116. ［俄］雷日科夫：《大国悲剧：苏联解体的前因后果（修订版）》，徐昌翰等译，新华出版社 2010 年版。

117. ［俄］谢·卡拉—穆尔扎：《论意识操纵（上下）》，徐昌翰译，社会科学文献出版社 2004 年版。

118. ［苏］格·季诺维也夫：《列宁主义——列宁主义研究导论》，东方出版社 1989 年版。

119. 李兴耕：《前车之鉴——俄罗斯关于苏联巨变问题的各种观点综述》，人民出版社 2003 年版。

120. 蔡有法：《思想政治教育史》，河南大学出版社 1994 年版。

121. ［苏］阿·阿夫托尔哈诺夫：《勃涅日涅夫的力量和弱点》，杨春华等译，新华出版社 1980 年版。

122. 张雷声等：《新中国思想理论教育史》，高等教育出版社 2005 年版。

123. 王树荫等：《新中国思想政治教育史纲》，人民出版社 2010 年版。

124. 李华：《赫鲁晓夫与苏联治理》，中国社会科学出版社 2009 年版。

125. 吴式颖：《俄国教育史》，人民教育出版社 2006 年版。

126. 华东师范大学教育科学资料中心：《苏联 1984 年的教育改革》，华东师范大学出版社 1985 年版。

127. 中央教育科学研究所：《发展中的苏联教育》，教育科学出版社 1989 年版。

128. ［苏］E. C. 别列兹良克：《苏联学校管理》，1981 年。

129. 上海外国语学院苏联研究所：《苏联高等教育文件选编》，上海外语教育出版社 1984 年版。

130. 李子卓等：《苏联的教育管理》，文化教育出版社 1982 年版。

131. 谢雪峰：《从全面学苏到自主选择——中国高等教育与苏联模式》，华中科技大学出版社 2003 年版。

132. ［瑞士］I. M. 鲍亨斯基：《苏俄辩证唯物主义》，薛中平译，商务印书馆 1965 年版。

133. ［苏］法塔利也夫：《辩证唯物主义和自然科学问题》，上海人民出版社 1965 年版。

134. ［苏］Л. Я. 斯坦尼斯：《辩证唯物主义概论》，河北人民出版社 1987 年版。

135. 苏联科学院哲学教研室：《历史唯物主义概论》，河北人民出版社 1987 年版。

136. ［奥］哥斯塔夫·威特尔：《辩证唯物主义——苏联哲学之历史的和系统的概观》，周辅臣等译，商务印书馆 1963 年版。

137. 艾思奇主编：《辩证唯物主义 历史唯物主义（下篇）（修订版）》，人民出版社 1962 年版。

138. 艾思奇：《辩证唯物主义 历史唯物主义（上、下册）》，山西师范学院政法系函授组翻印，1977 年。

139. ［克罗地亚］普列德拉格·弗兰尼茨基：《辩证唯物主义和历史唯物主义》，克罗地亚马提查出版社 1961 年版。

140. ［东德］弗朗克·菲德勒等：《辩证唯物主义和历史唯物主义》，郑伊倩等译，求实出版社 1985 年版。

141. ［苏］菲·依·格奥尔吉也夫：《辩证唯物主义的若干问题》，王先睿等译，上海人民出版社 1961 年版。

142. ［保］多道尔·巴甫洛夫：《辩证唯物主义哲学与专门科学》，王德春译，上海人民出版社 1958 年版。

143. 《关于"辩证唯物主义"和"历史唯物主义"二书的讨论》，生活·读书·新知三联书店 1956 年版。

144. ［苏］弗·然·凯列：《辩证唯物主义与历史唯物主义经典著作介绍》，中国人民大学出版 1956 年版。

145. ［苏］C. T. 卡尔塔赫羌主编：《辩证唯物主义与历史唯物主义教学大纲（初稿)》，高等教育出版社 1956 年版。

146. 《苏联共产党中央直属高级党校"辩证唯物主义和历史唯物主义"教学大纲》，人民出版社 1955 年版。

147. ［苏］费·维·尼古拉也夫：《辩证唯物主义讲义》，中共中央高级党校出版，1955 年版。

148. ［苏］亚历山大罗夫：《辩证唯物主义》，马泽译，人民出版社 1954 年版。

149. ［苏］A. Д. 马卡罗夫：《论斯大林著"辩证唯物主义与历史唯物主义"》，林源译，五十年代出版社 1953 年版。

150. 联共（布）中央直属高级党校编：《联共（布）关于宣传鼓动的决议》，人民出版社 1953 年版。

151. 中共中央党校科学社会主义教研室编：《苏联"发达社会主义"理论资料选编》，中共中央党校科研办公室发行，1984 年版。

152. 教育部思想政治教育司：《辩证唯物主义和历史唯物主义教学大纲（修订本)》，中国人民大学出版社 1983 年版。

153. 李秀林等：《辩证唯物主义和历史唯物主义原理（高等学校文科教材)》，中国人民大学出版社 1982 年版。

154. 《马克思主义哲学纲要（辩证唯物主义部分)》，中央党校哲学教研室，1983 年。

155. ［苏］A. Π. 舍普图林等：《辩证唯物主义诸问题与现代资产阶级哲学》，赵修义等译，上海人民出版社 1987 年版。

156. 马立实：《苏联哲学家论辩证唯物主义和历史唯物主义问题》，人民出版社 1985 年版。

157. 郑永廷等：《社会主义意识形态研究》，中山大学出版社 1999 年版。

158. 廖胜刚：《新时期社会主义意识形态建设基本经验研究》，青海人民出版社 2009 年版。

159. 黄平槐：《高校思想政治教育的生态化发展价值研究》，江西教育出版社 2012 年版。

160. ［加］艾伦·梅克森斯·伍德：《民主反对资本主义——重建历史唯物主义》，吕薇洲等译，重庆出版社 2007 年版。

161. 陈先达等：《历史唯物主义新探》，中国人民大学出版社 1990 年版。

162. ［苏］弗·伊·拉津：《历史唯物主义是社会哲学理论》，徐小英等译，求实出版社 1988 年版。

163. ［苏］尼·布哈林：《历史唯物主义理论——马克思主义社会学通俗教材》，东方出版社 1988 年版。

164. ［苏］B. C. 巴鲁林：《当代历史唯物主义的发展趋势》，李树柏等译，社会科学文献出版社 1987 年版。

165. ［苏］康斯坦丁诺夫：《马克思列宁主义的历史过程理论（历史唯物主义)》，蔡振扬等译，上海人民出版社 1986 年版。

166. ［苏］康士坦丁诺夫等：《历史唯物主义》，刘丕坤等译，人民出版社 1955 年版。

167. ［苏］康士坦丁诺夫：《马克思列宁主义哲学与现时代》，赵承先等译，上海译文出版社 1986 年版。

168. ［苏］康士坦丁诺夫：《马克思列宁主义哲学原理》（1982 年版），人民出版社 1985 年版。

169. ［苏］康士坦丁诺夫等：《苏联哲学百科全书》（第 1 卷），上海译文出版社 1984 年版。

170. ［意］安·拉布里奥拉：《关于历史唯物主义》，杨启潾等译，人民出版社 1984 年版。

171. ［苏］Γ. E. 格列则尔曼：《历史唯物主义和社会主义社会的发展》，

汤侠声等译，生活·读书·新知三联书店 1978 年版。

172. ［苏］伊·察美良：《什么是历史唯物主义》，张家拯译，上海人民出版社 1959 年版。

173. ［苏］米丁：《论斯大林的〈辩证唯物主义与历史唯物主义〉》，杨献珍译，生活·读书·新知三联书店 1950 年版。

174. ［苏］米丁：《斯大林——马克思主义辩证方法的伟大巨匠》，刘执之译，海燕书店 1951 年版。

175. ［苏］米丁等：《辩证唯物论与历史唯物论》，沈志远译，商务印书馆 1936 年版。

176. ［苏］米丁：《辩证唯物论与历史唯物论教程大纲》，曹保华译，解放社 1950 年版。

177. ［苏］亚历山大洛夫：《西欧哲学史》，王永江等译，商务印书馆 1989 年版。

178. ［苏］德波林：《辩证法的唯物哲学》，刘西屏重译，上海青阳书店 1931 年版。

179. ［苏］德波林：《哲学与政治》（上、下册），李光谟译，生活·读书·新知三联书店 1965 年版。

180. ［苏］波齐涅尔：《辩证唯物论讲话》，胡明译，光明书局 1952 年版。

181. ［苏］克列：《辩证唯物论与历史唯物论讲课计划与课堂讨论计划》，中国人民大学辩证唯物论与历史唯物论教研室译，1953 年版。

182. ［苏］波诺马廖夫：《苏联共产党历史》（上、下册），上海人民出版社 1974 年版。

183. ［苏］泽列诺夫：《苏联共产党的思想基础》，石健译，人民出版社 1954 年版。

184. ［美］斯蒂芬·F. 科恩：《苏联经验重探——1917 年以来的政治和历史》，陈玮译，东方出版社 1987 年版。

185. ［苏］米·谢·戈尔巴乔夫：《改革与新思维》，世界知识出版社 1988 年版。

186. ［苏］A. 阿朱别伊：《赫鲁晓夫十年浮沉》，赵禹等译，宝文堂书店 1989 年版。

187. ［苏］罗伊·麦德维杰夫：《论苏联的持不同政见者：与意大利记者

皮尔罗·奥斯特林诺的谈话》，刘明等译，群众出版社 1984 年版。

188. ［英］格雷姆：《俄罗斯和苏联科学简史》，黄一勤等译，复旦大学出版社 2000 年版。

189. ［苏］柯瓦廖夫：《什么是对劳动人民的共产主义教育》，汝寿译，人民出版社 1955 年版。

190. ［苏］伊万诺夫：《苏联人民是共产主义建设者》，俊庄译，时代出版社 1956 年版。

191. ［俄］E. T. 盖达尔：《帝国的消亡——当代俄罗斯的教训》，王尊贤译，社会科学文献出版社 2008 年版。

192. ［苏］卡尔波夫：《苏维埃文化与苏联文化革命》，陈丹等译，时代出版社 1957 年版。

193. 章任贤等：《苏联干部问题资料选编》，安徽大学苏联问题研究所 1985 年。

194. 《哲学译丛》编辑部：《南斯拉夫哲学论文集》，生活·读书·新知三联书店 1979 年版。

195. 张利华：《南斯拉夫自治社会主义理论研究》，中国社会科学出版社 2002 年版。

196. 中国科学院哲学社会科学部学术资料研究室：《苏联哲学社会科学人名录》，商务印书馆 1964 年版。

197. 雷永生：《东西文化碰撞中的人——东正教与俄罗斯人道主义》，华夏出版社 2007 年版。

198. 梁柱：《历史虚无主义评析》，社会科学文献出版社 2012 年版。

199. 何秉孟等：《新自由主义评析》，社会科学文献出版社 2012 年版。

200. 周新成：《民主社会主义评析》，社会科学文献出版社 2012 年版。

201. 郭建宁：《马克思主义哲学中国化的当代视野》，人民出版社 2009 年版。

202. 中共中央宣传部：《习近平系列重要讲话读本》，学习出版社 2014 年版。

203. 梅荣政：《用马克思主义引领社会思潮》，武汉大学出版社 2008 年版。

# 俄文文献

204. В. М. Межуев, Маркс против марксизма. , 2007. (《马克思主义与反马克思主义》)

205. Т. Н. Ойзерман, Марксизм и утопизм. , 2003. (《马克思主义和乌托邦主义》)

206. ГоряеваТ. М. , История советской политической цензуры документы и комментарии, РОССПЭН, 1997. (《对苏联政治审查文件的评论》)

207. ЗубовА. Б. , История России 20 века：1939—2007, АСТ, 2009. (《20 世纪俄罗斯的历史（1939—2007）》)

208. Кукушкин Ю. С. , Чистяков О. И. , Очерк истории Советской Конституции, Политиздат, 1987. (《苏联宪法特殊的历史》)

209. В. Шубин, Парадоксы перестройки упущенный шанс СССР, Москва, 2005. (《苏联错过调整的时机》)

210. Е. Лигачев, Кто предал СССР?, Москва, 2010. (《谁背叛了苏联?》)

# 英文文献

211. Johann P. Arnason, *The Future that Failed：origins and Destinies of the Soviet Model*, London and New York. 1993.

212. Herbert Marcuse, *Soviet Marxism, a Critical Analysis*, New York：Columbia University Press. 1958.

213. Alexander Yakovlev etc, *The Fate of Marxism in Russia*, Yale University Press. 1993.

214. Ephraim Nimni, *Marxism and Nationalism：Theoretical Origins of a Political Crisis*, Pluto Press. 1991.

215. Alfred B. Evans, *Soviet Marxism – Leninism：The Decline of an Ideology*, WestPort Praeger Publishers. 1993.

216. Marcel van der Linden, *Western Marxism and the Soviet Union：a Survey of Critial Theories and Debates Since* 1917, BRILL. 2007.

217. David Morriee, *Hilosophy, Cience and Ideology in Political Thought*, New

York, St. Martin's Press. 1996.

218. Z. Rubinstein, *Soviet and Chinese Influence in the Third World*, Alvin Praeger Publishers. 1976.

219. Wblfe, Bertrarn David, *Lenin And The Twentieth Century*, Califomia, Hoover Institution Pr. Stanford University. 1984.

# 后 记

　　这本著作是我主持的 2012 年教育部人文社会科学研究项目"苏联思想政治教育的得失及其启示——从马克思主义哲学教育层面考察"的最终结项成果。项目从申报、立项到中期检查直至结项，得到了很多人的关心和支持。

　　课题组成员吴玉才、胡婷婷、贾淑品等合作完成了部分阶段性成果。在研究过程中，我查阅了大量的中外文文献资料，克服了资料分散和相关研究成果较少的困难，严格按照项目《申请评审书》设计的研究内容和研究计划开展工作，经过三年的努力，使成果得以最终完成。

　　本书的研究过程，也是挑战自我的过程。在此期间，我既要忙于单位的教学工作，又要兼顾项目的研究。很多次时间已经很晚，我拖着疲惫的身躯走在回家的路上，看到万家灯火，心中既感慨做学问的艰辛，同时又体味到做学问的欣喜。记得一年年终，我踏着积雪，独自一人走在空荡荡的校园里，而周边迎接新年的炮竹声已经此起彼伏地响起。由于我的忙忙碌碌，照顾家庭和教育孩子的任务几乎落在了爱人王元元一个人的肩上，同时她还承担了为研究收集部分资料的工作。正是她对家庭的无私奉献，对我的大力支持，才使我能静下心来开展研究。

　　在项目研究期间，正值我在上海大学社科学院攻读博士学位，得到了上海大学王天恩教授、陈新汉教授、欧阳光明教授、刘铮教授等诸多老师的指点和帮助。这里要特别感谢我的导师王天恩教授，他的严谨治学和长辈的宽厚给我留下了深刻的印象。在著作撰写过程中，从写作思路到篇章结构的完善，王老师都给予了悉心的指导。他提出的意见和建议，给了我诸多的启发。王老师不仅教导我如何求知，而且教导我如何求真、求实，使我终身受益。

　　为了完成这本专著，我多次外出开展调研、项目咨询和查阅资料，当别人还沉浸在新年阖家团圆的喜悦中，我已经坐在中央编译局的资料室里，感谢中央编译局资料室的同志为我查询资料提供的方便。这里我还要感谢我的硕士生导师安徽大学许俊达教授，感谢他为我的项目研究多次提供咨询。对淮南师范学院马克思主义学院领导和同事们的帮助，学校科研处给予项目研究提供的支持和方便，在这里一并表示感谢。

作为项目最终成果的专著得到同行鉴定专家的认可，并得以在中国社会科学出版社出版。项目研究时间跨度大、涉及范围广泛，不足和错误之处在所难免。本书的完成，并不代表问题研究的终结，而仅仅是本书所要研究问题的开始，真诚希望学术界同仁批评指正。

孙自胜

2015 年 3 月